新零售运营

——校园新零售运营与实践

陈彩芝　主编

上海交通大学出版社

SHANGHAI JIAO TONG UNIVERSITY PRESS

内容提要

2022 年修订的《中华人民共和国职业教育法》指出"国家鼓励行业组织、企业等参与职业教育专业教材开发,将新技术、新工艺、新理念纳入职业学校教材"。电子商务行业的快速发展势必对职业学校电子商务专业的教材提出更加高的要求。

本书是在校企合作的基础上,由校企共同开发的教材。是针对电子商务专业的综合性任务引领型的教材。教材以校园新零售线上店铺创建、线下门店创建以及门店运营为主线,把新零售基本理论、供应链管理、数据管理等内容穿插其中,以项目的形式呈现内容的主体。

本书操作性强,理论与实操一体,适合职业院校商贸类、电子商务类教师与学生使用。

图书在版编目(CIP)数据

新零售运营:校园新零售运营与实践/陈彩芝主编
. 一上海:上海交通大学出版社,2023.12
ISBN 978-7-313-28429-7

Ⅰ.①新… Ⅱ.①陈… Ⅲ.①旅游商品一零售商店一运营管理一高等学校一教材 Ⅳ.①F713.32

中国国家版本馆 CIP 数据核字(2023)第 050056 号

新零售运营——校园新零售运营与实践
XINLINGSHOU YUNYING——XIAOYUAN XINLINGSHOU YUNYING YU SHIJIAN

主 编:陈彩芝			
出版发行:上海交通大学出版社		地 址:上海市番禺路 951 号
邮政编码:200030		电 话:021-64071208
印 制:上海景条印刷有限公司		经 销:全国新华书店
开 本:787 mm×1092 mm 1/16		印 张:17.5
字 数:435 千字		
版 次:2023 年 12 月第 1 版		印 次:2023 年 12 月第 1 次印刷
书 号:ISBN 978-7-313-28429-7		
定 价:68.00 元		

前　　言

　　本书依据电子商务专业教学标准,参考新零售运营职业岗位要求,结合校园新零售实训内容编写。书中巧妙融入爱国精神、人文素养、科学素养,体现电商新技术、新工艺等多种元素。在内容安排方面,以校园新零售实践为基础,充分考虑学生的思维认知规律:从认识新零售,到线上店铺运营及线下门店运营,再到新零售供应链管理、数据管理及新零售营销,由简单到复杂,由单一到综合,理论与实操相结合,根据中职生的学习习惯循序渐进、逐步深入;在形式方面,关注学生实际,对接行业标准,着力突出实用性和实践性。

　　本书以职业能力、职业素养的培养为主线:职业能力的培养体现在理论实践一体化的任务设计中——通过学习能明确做什么、知晓为什么、懂得怎么做;职业素养的培养贯穿于任务中。

　　本书在内容处理上有以下说明:① 建议教学学时为 72 学时左右,采用"理实一体化"教学模式,建议实训学时不低于总学时的 50%;② 本书内容充分考虑专业教学与行业标准的衔接,学习任务高度复原工作岗位任务,在循序渐进的学习过程中掌握工作技能。用书单位可根据自身情况选用相关内容,或者将这些内容作为参考资料供学生阅读。

　　本书由陈彩芝主编,上海海事大学附属职业技术学校的蔡志峰、王玉华老师及来自企业的饶晴丽、李婷婷老师对书中实训内容提出了诸多建设性意见。本书在编写过程中得到了上海海事大学附属职业技术学校领导及同仁的指导与帮助,在此表示由衷的感谢和敬意。

编　者

2022 年 10 月

目　　录

项目 1

认识新零售

 **项目描述**

　　零售业是一个非常古老的行业,目前并没有具体资料说明商业到底起源于什么时候,但是中国历史上第二个朝代——商,就是以商立国的。中国对商业最早的记载出自《易经》:"日中为市,致天下之民,聚天下之货,交易而退,各得其所。"

　　本项目主要介绍零售发展的历史及现状,新零售概念的提出及新零售的本质和特点,新零售主要包括哪些环节等。

通过本项目学习,你将掌握

◇ 零售的关键要素有哪些?

◇ 新零售的本质是什么?

◇ 新零售主要包含哪些内容?

◇ 如何构建新零售运营框架?

模块 1　零售的发展与本质

学习目标

☆知识目标:(1)了解零售的概念;

　　　　　　(2)了解零售发展的四次革命。

☆能力目标:(1)掌握零售的本质;

　　　　　　(2)掌握零售的常用术语。

☆素养目标:(1)通过对零售发展历史的学习,了解我国商业发展的渊源,树立民族自豪感;

　　　　　　(2)通过对新零售现状的学习,了解新零售行业发展的现状,培养职业的发展观。

任务 1　零售的发展

任务描述

今天是肖峰入职兴程公司新零售部门的第一天,部门经理琳达与肖峰进行了一些沟通。

琳达:"欢迎加入兴程。你知道什么是新零售? 新零售之前的'老'零售又是什么样子呢?"

肖峰:"我知道新零售是当下电子商务全渠道运营的一种形式,它和'老'零售有什么区别我不是特别清楚。"

琳达:"那好,你先了解一下零售的发展,为我们后期的工作做准备。"

肖峰:"好的。"

知识加油站

零售　零售就是将"信息流、资金流、物流"三流合一,将三种基本要素进行有效组合,更好地满足客户需求的全过程。产品展现的参数和体验是信息流;付款和收款是资金流;把产品拿回家或者寄回家是物流。

信息流　信息流是一个比较宽泛的概念,在零售行业中信息流是指包括商品信息的展示及体验,包括商品的参数、促销行销、技术支持、售后服务等内容,也包括诸如报价单、付款通知单等商业贸易单证,还包括交易方的支付能力、支付信誉、中介信誉等。

资金流　资金流是在供应链成员间随着业务活动而发生的资金往来。资金流作为电子商务的四个构成要素之一,是实现电子商务交易活动不可或缺的手段,作为电子商务中连接生产企业、商业企业和消费者的纽带,银行是否能有效地实现电子支付已成为电子商务成败的关键。

物流　物流是供应链活动的一部分,是为了满足客户需要而对商品、服务消费以及相关信息从产地到消费地的高效、低成本的流动和储存进行的规划、实施与控制的过程。物流由商品的运输、配送、仓储、包装、搬运装卸、流通加工,以及相关的物流信息等环节构成。

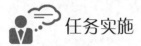任务实施

实施步骤1　了解零售的起源

新零售之前的"老"零售又是怎么样的呢? 零售,是一系列商业模式的统称,是通过某种"交易结构",让消费者与商品之间产生连接,把商品卖给消费者。零售其实就是把最终付钱的"人"(消费者)和"货"(商品)连接在一起的"场"。这个"场",可能是场景,可能是物理位置(卖场、门店、摊位),也可能是一个呼叫中心,还可能是你去拜访陌生客户的行为。

零售是整个商品供应链的最后一站,它的左手是所有为商品增值的参与者,而它的右手是顾客,是消费者。零售,是一个连接器、一个场景,帮助消费者找到商品,也帮助商品找到消费者。

小贴士

中国古代的零售

零售业是一个非常古老的行业,目前并没有资料说明商业到底起源于什么时候,但是我们中国历史上第二个朝代——商,就是以商立国的。

传统的零售分为两种形式,一种叫行商,一种叫坐商。行商就是没有固定店铺,流动式售卖的商人。行商又分为两种,一种是跨越地域的,一种是在固定城市走街串巷的。坐商是有固定店铺,坐店经营的商人。

最初的商品交易是没有固定店铺的,中国对商业最早的记载出自《易经》:"日中为市,致天下之民,聚天下之货,交易而退,各得其所。"就是每天中午,大家聚集在一起,相互交易。这个聚集的地方就叫市。这种交易一开始是在相邻部落之间进行的,大家把多余的物资拿出来调剂余缺。后来有一些人就从生产者中分离出来,变成专门从事商品交换的人。这样商业交易的范围就越来越大,而且形成了接力性质的商道,商品就这样一站一站地向远方传递,我们说的丝绸之路就是这样形成的。

最初的商人基本都是行商,没有固定店铺,但是为了交易方便,会有固定的交易时间和交易地点,这就形成了集市制度。很多集市后来成为人类的另一种重要发明,那就是城市。

实施步骤2　了解零售的四次革命

1. 第一次零售革命——百货商场的出现

由于工业革命的出现,在生产端机器大生产取代了手工操作,数百倍、数千倍地提升了生产效率。商品无论是从品种上,还是从数量上,都出现了大爆发,前所未有地丰富起来。生产端的商品爆发,必然导致大分销商也就是大批发商出现,这就为新型零售店铺的出现提供了条件。

工业革命在改变生产的同时,也改变了消费。它对消费的影响体现在:

（1）工业革命极大地提高了城市的生产力，在经济实力提升的同时，因为工业需要大量的产业工人，所以城市再也不是统治阶级的领地，大量工人涌入了城市，这就为大型商场出现提供了市场基础。

（2）人文主义理念的出现，打破了宗教对人思想的束缚，获得思想解放的人们，又迎头碰上了工业革命带来的丰富多彩的商品供应。消费的"魔鬼"一下就被释放出来，一个活泼的消费社会正式诞生了。

巴黎的繁华酝酿出第一次零售革命，百货商场出现。从名字我们就能判断出这次零售革命的特点，百货就是包罗万象，什么都有的意思，说明商场从单一品类专业经营走向了多品类综合经营的模式。

第一家百货商场——博马尔谢（法语廉价商场）创立于1852年，由百货商场之父阿里斯蒂德·布西科创建（见图1-1-1）。

图1-1-1　第一家百货商场博马尔谢

2. 第二次零售革命——连锁经营的出现

连锁经营实际上构建了一套分散经营、统一管理的运营体系。它的出现是一个不断将分店的管理职能剥离并上收的过程，最终只给分店留下了执行的职能。这个过程来自实践，是在店铺的实际经营运作中，不断总结、演化而来的。其中也经历了很多的失败与成功，最终才形成了一套成熟的连锁管理模式。

有记载的最早具备连锁经营特点的企业叫大西洋和太平洋茶叶公司，虽然名字很响亮，但它最初其实就是一个卖茶叶的店铺（见图1-1-2）。

连锁经营解决了零售中的以下几个问题。

（1）供应链原产地直采，没有中间商赚差价。

（2）解决了产销矛盾。

（3）促进了零售业的标准化运营。

（4）强化了零售业的规模优势。

我们可以看到，零售企业通过"总部+配送中心+分店"的模式完成了连锁革命，从而解决了大规模生产之后的产品去化问题。

图 1-1-2　大西洋和太平洋茶叶公司

3. 第三次零售革命——超级市场的出现

从定义来看,超市是一种开架自助式销售,统一收银的零售模式。现在对于国内的消费者来说,超市是再正常不过的一种零售形式,但是当它在 20 世纪 90 年代初登陆中国时,无论是商业经营者还是消费者,在零售观念上都受到了很大的冲击。

第一,它是开架的,就是敞开货架,让消费者可以直接接触商品,自由挑选。

第二,它采取了消费者自助的模式。

第三,取消了人对人的服务之后,销售效率也提高了。

第四,统一收银让消费者在购物过程中减少了支付压力,从而可以放心地购买。

从超市(超级市场)的名字来看,"超级"二字代表着体量大、品种多。

超市可以分为三种:大型综超、标超和仓储会员店。

商业史上公认的第一家超市是一个叫金·卡伦的商场。

4. 第四次零售革命——购物中心

购物中心是当下的一个热点业态,我们正在经历一个从百货转入购物中心的时代。购物中心并不是一家独立的店,它是一群店铺的集合体。虽然百货是联营制,是由商家分散经营的,但是你仍然可以把百货看成一家店,因为它独立经营的形式还在。

购物中心是以"人"为核心,构建拥有各类生活体验的"场"景,提供满足消费者各种选择的商品"货"。

一个购物中心的坪效是与消费者的停留时间成正比的,所以购物中心又被称为时间消费型购物中心。在国内,购物中心的发展是从一线城市起步,逐渐扩展到二线城市,目前正在向三四线城市下沉。它在二线城市的高速发展期也就是最近几年的时间。这是因为购物中心的发展跟当地的经济发展息息相关,只有经济发展到一定的水平,人们拥有大量的休闲时间,购物中心才会爆发式地增长。

任务评价

表1-1 学习任务评价表

评价 项目	评价内容	评 价 标 准	评 价 方 式		
			自我 评价	小组 评价	教师 评价
职业 素养	学习积极性	学习态度端正,能积极认真学习(1~10分)			
	学习主动性	能够独立思考,主动完成学任务(1~10分)			
	团队合作意识	与同学协作融洽,团队合作意识强(1~10分)			
专业 能力	零售的概念	正确阐述零售的概念及关键要素(1~10分)			
	零售的发展	能正确说出零售发展的四个阶段,以及每个阶段 的特点(1~10分)			
创新 能力	提出具有创新性、 可行性的建议	加分奖励(1~10分)			
合 计					
指导教师		学生姓名			
日 期					

任务2 零售的本质

任务描述

琳达:"零售的发展史源远流长,并且经过多次的革命,那么零售的本质包含哪些? 什么是零售的关键要素? 新零售又具备哪些'新'呢? 这些你清楚了吗?"

肖峰:"我还不是很清楚,我继续去整理这方面的内容。"

知识加油站

人流量 人流量是指某个时间段经过门店的人数。这些人中肯定存在门店的目标顾客。人流量不等于客流量。

转换率 转换率是指用户进行了相应目标行动访问次数与总访问次数的比率,即产生购买行为的客户人数与所有到达店铺的访客人数的比率。这是电子商务运营的一个重要指标,可以通过优化图片和文案、降低价格、包邮或买就送、提高销量等方法提升转换率。

客单价　客单价是指商场（超市）每一个顾客平均购买商品的金额，即平均交易金额。计算公式是：客单价＝销售额÷成交顾客数。

复购率　复购是指这个顾客本次购买后，下次还会回来购买。顾客觉得店铺好，随后新款上市或者有其他想购买的货物，又再次来购买，店铺此时就获得了复购率。

新零售　新零售是指个人、企业以互联网为依托，通过运用大数据、人工智能等先进技术手段，对商品的生产、流通与销售过程进行升级改造，进而重塑业态结构与生态圈，并对线上服务、线下体验以及现代物流进行深度融合的零售新模式。

 **任务实施**

实施步骤 1　了解零售的本质

零售的本质，是把"人"（消费者）和"货"（商品）连接在一起的"场"。不管技术与商业模式经历多少次变革，零售的基本要素都离不开"人""货""场"这三个字。

为了理解零售，研究零售，我们需要同时研究"人""货""场"这三个要素。

1. 人：流量×转化率×客单价×复购率

人即流量。研究"人"，就是研究"流量经济"。具体来说，就是指销售额公式，即

$$销售额＝流量×转化率×客单价×复购率$$

假如你要开一家服装店或者便利店，你的选址方法是什么？有多少人会经过你的店面？用互联网的语言来说，这些人就是"流量"，用线下的语言叫作"人流量。"

一个顾客走进你的店，逛一圈什么都没买就出去了，你会很伤心，因为你付出的流量成本没有转化为销售额。这在互联网上叫作"转化率"，线下叫作"成交率"。

客单价指的是指商场（超市）每一个顾客平均购买商品的金额，即平均交易金额。客单价是销售额与成交顾客数的比值，即单位客户交易额越大，客单价超高。

如果一个顾客走了，下次还会回来购买，这时你的店铺就获得了复购率。

2. 货：D-M-S-B-b-C

零售，是整个商品供应链的最后一站。我们把一件商品从设计、生产到消费市场的整个链条归纳为 D-M-S-B-b-C。

D＝Design（设计），指产品款式的设计过程；

M＝Manufacture（制造商），也可称其为工厂；

S＝Supply Chain（供应链），通常指的是代理商、分销商；

B＝Business（商场），大卖场、超市、连锁店；

b＝business（商店），便利店、微商、小店；

C＝Consumer（消费者），也就是最终端的客户。

零售从"货"的角度讲，就是研究 D-M-S-B-b-C，以及如何不断提高物流速度、减小库存规模、缩短产销周期，从而降低交易成本。

3. 场：信息流+资金流+物流

任何一个零售的完整的"场"，都包含信息流、资金流、物流这三种东西，在"人"和"货"之

间像水电一样不断连接、交互,隐藏在每一个购物过程之中。

比如消费者去超市购物,大型超市用两层楼的面积展示众多商品,目的就是提供"信息流"。消费者挑选商品时摸一摸材质,看看商品是否过期,营养成分是什么,也是"信息流"。消费者把商品带到收银台付钱,现金或者扫码支付,这是"资金流"。然后,自己开车或者通过其他途径把商品带回家,这是"物流"。

实施步骤2 什么是新零售

百货商场是1852年的新零售,连锁革命是1859年的新零售,超级市场是20世纪的新零售。最近十年,互联网、移动互联网、大数据、社交网络、人工智能等新技术层出不穷,新零售消费者与商品之间的路径越来越短,信息流、资金流、物流的连接方式日新月异。

21世纪的新零售,就是更高效率的零售。西尔斯、沃尔玛都大幅度提高了其所处时代的"人、货、场"的效率,是当时更高效率的新零售。

怎样才能利用新技术,提升我们这个时代的零售效率呢?我们用数据赋能,提升"场"的效率;用坪效革命,提升"人"的效率;用短路经济,提升"货"的效率。

综上,新零售就是个人、企业以互联网为依托,通过运用大数据、人工智能等先进技术手段,对商品的生产、流通与销售过程进行升级改造,进而重塑业态结构与生态圈,并对线上服务、线下体验以及现代物流进行深度融合的零售新模式。

 任务评价

表1-2 学习任务评价表

评价项目	评价内容	评价标准	评价方式		
			自我评价	小组评价	教师评价
职业素养	学习积极性	学习态度端正,能积极认真学习(1~10分)			
	学习主动性	能够独立思考,主动完成学任务(1~10分)			
	团队合作意识	与同学协作融洽,团队合作意识强(1~10分)			
专业能力	新零售的概念	正确阐述新零售的概念及关键要素(1~10分)			
	理解新零售的模式与逻辑	正确说出新零售的模式,以及之间的逻辑关系(1~10分)			
创新能力	提出具有创新性、可行性的建议	加分奖励(1~10分)			
合　　计					
指导教师			学生姓名		
日　　期					

阅读拓展

"商人"的由来

商朝是中国历史上的第二个重要朝代,延续了近 600 年。商朝的农业、畜牧业、养殖业发展都比较快,尤其是手工业中青铜器的冶炼与制造都相当成熟,各种常用的器具、礼器、酒器十分精美,著名的青铜器司母戊大方鼎、四羊方尊都铸造于这个时期。商朝是中国青铜文化走向繁荣的时期。

三千多年前的中国大地上,被人类开发的土地还很少,各氏族间相隔的土地多是野兽出没的荒野,互相往来很不容易。自从商部落的首领"亥"驯服了牛作为驮运工具后,荒寂的平原上经常能看到一队人赶着牛羊,穿梭行进在各个方国、部落之间进行贸易。随着亥和各国、部落间贸易的频繁,大家又都知道他是商族的首领,便都称呼他为"商人"。直到现在,人们依然把做生意的人叫做商人。

模块 2　新零售的本质及特征

学习目标

☆知识目标：(1) 了解"人""货""场"重构的意义；

(2) 了解新零售发展的过程。

☆能力目标：(1) 掌握新零售的本质；

(2) 掌握新零售的特征及组成。

☆素养目标：(1) 通过对新零售发展历史的学习，了解我国的商业发展史，树立民族自豪感；

(2) 通过对新零售现状的学习，了解新零售行业发展的现状，培养职业的发展观。

任务 1　新零售的本质

 任务描述

琳达："肖峰，你了解过新零售吗？"

肖峰："我知道新零售的一个案例是盒马鲜生，消费者可到店购买，也可以在盒马 App 下单快速配送。"

琳达："嗯，盒马鲜生是新零售的一个典型案例，搞懂新零售概念对于我们业务开展也很重要，今天你的任务是了解什么是新零售的本质。"

 知识加油站

数据是驱动新零售的关键力量　新零售能够实现"人""货""场"关系的重构，其最根本的驱动因素是数据。借助大数据技术，零售商获得了大量用户的精准数据，而数据是最为可靠的决策依据。

一方面，企业通过不断获取消费者的精准画像和购物行为，真正理解消费者的需求，最大化程度设计匹配消费者需求的产品，并提供最优购物体验。

另一方面，消费者数据正在重新定义供应链，从消费者数据出发，逆向牵引营销、分销、物流、采购生产和产品开发，使之成为一个整合了实时信息的协调完整的智能系统，实现高效与成本优化。

任务实施

实施步骤 1　了解"人""货""场"三者关系的重构

新零售是以消费者需求为中心的数据驱动的泛零售形态，其核心是零售组成三要素"人"

"货""场"三者的重新定义与关系重构(见图1-2-1)。

图1-2-1　新零售"人""货""场"重构的示意图

在以往的零售业中,消费者一次只能在一个固定的零售场所内选购目所能及的商品,消费需求的满足很大程度上取决于品牌商的供货,场景也相对固定和局限。而新零售则使消费者随时随地处在消费场景中,并可根据自身的喜好和需求对商品进行个性化的设计和定制,同时在各个消费环节和各类消费渠道中,消费者都得到很好的体验。

实施步骤2　了解"人"的重构

从被动到主动

新零售首先是以消费者为中心和出发点的,因此"人"的变化在于消费者由被动变为主动。具体体现为从"受品牌商引导的被动需求和单纯的商品购买者"转变为"从自身主动需求出发而牵引品牌商进行研发生产的参与者"。

之所以发生这样的转变,其本质因素是新时代下消费者需求和购物行为的变化。新时代消费者追求品质感与精致化、细分化与个性化、终极便利性,以及体验感和参与度。由此,"人"成为"货"和"场"的核心。"人"主导了以下三大关键问题的解决。

其一,消费者需要什么产品?消费者借由其主动需求,逆向地推动了新品的开发设计和迭代。

其二,消费者在何时需要多少体量的产品?消费者的主动需求也进一步逆向影响生产和供应链。

其三,消费者通过何种渠道获得产品?消费者对产品渠道的主动需求逆向推动了商家对"场"的构建和创新。

实施步骤3　了解"货"的重构

由单一的有形商品,向有形与无形相结合的"产品+"转变

新零售下的"货"直接反映了消费者需求的变化,其最显著的变化特征为:由单一的有形、实体商品向"产品+体验""产品+服务""产品+社交"等融合有形与无形双重形式的"产品+"转变。

同时,零售商们所提供的有形的"货",也呈现出产品选择更广泛、品类更细分、非标准化商品转型三个变化趋势,以此来激发销售额的新一轮提升。

实施步骤4 了解"场"的重构

从单一渠道向全渠道融合,激发全场景消费体验

经过单一线下渠道、线上线下多渠道的变革历程,新零售下"场"的变化体现为消费旅程各个环节上的全渠道融合。

从横向来看,消费旅程分解为六个部分:搜索、比较、购买、支付、配送及售后;从纵向来看,我们观察到实体门店、电商 PC 端、电商移动端及信息媒介的全渠道融合,且全渠道融合体现在消费旅程的每一个环节中。

新零售下,在消费者旅程的全流程中,线上线下各个"场"之间的界限已然模糊,消费者可自如地在各个场之间灵活切换。

新零售规避了以往线上线下渠道之间相对独立,且容易产生渠道利益冲突的障碍,取而代之的是全渠道深度融合,通过多个场景的营销实现渠道间的相互引流和助益。同时在消费者消费旅程的各个环节上都实现了多个"场"之间的无缝对接,全面优化消费体验。

小贴士

新零售商业模式的三个阶段

第一阶段:"从 0 到 1",核心产品是 MVP 产品(最小化可行产品),核心用户是天使用户,核心思维是减法思维,核心能力是试错能力。

第二阶段:"从 1 到 N",核心产品是标准化产品,核心客户是主流客户,核心思维是乘法思维,核心能力是标准化能力。

第三阶段:"从 N 到 1",核心产品是跨界产品,核心思维是跨界思维,核心能力是跨界能力。

对于企业来讲,以上三个阶段要依次发展,在合适的时机依次推进。切勿还没有发展到"从 1 到 N"阶段,就盲目进入"从 N 到 1"阶段。

任务评价

表1-3 学习任务评价表

评价项目	评价内容	评价标准	评价方式		
			自我评价	小组评价	教师评价
职业素养	学习积极性	学习态度端正,能积极认真学习(1~10分)			
	学习主动性	能够独立思考,主动完成学任务(1~10分)			
	团队合作意识	与同学协作融洽,团队合作意识强(1~10分)			

（续表）

评价项目	评价内容	评 价 标 准	评价方式		
			自我评价	小组评价	教师评价
专业能力	新零售的本质	正确阐述新零售的本质(1~10分)			
	"人""货""场"重构	能正确说出"人""货""场"重构的内容,以及每个不同的特点(1~10分)			
创新能力	提出具有创新性、可行性的建议	加分奖励(1~10分)			
合　计					
学生姓名		指导教师			
日　期					

任务2　新零售的特征与组成

任务描述

琳达:"肖峰,现在你对新零售概念有了初步的理解,新零售其实是基于零售的升级和改造,你知道这些改造体现在哪些方面吗?"

肖峰:"拿盒马鲜生举例,消费者既可以到门店,也可以使用 App 下单,这使零售的'场'的范围变大了。"

琳达:"很好,你已经学会使用零售思维思考问题了。那么,新零售的具体特征是怎样的呢?请你把新零售的特征做个梳理。"

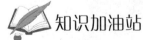

知识加油站

新零售模式主要是进行三要素"人""货""场"三者的重新定义与关系重构,在实际的零售场景中又体现出了五个特征:① 渠道一体化;② 经营数字化;③ 门店智能化;④ 商品社会化;⑤ 物流智能化。

 **任务实施**

实施步骤1 了解新零售的特征

1. 渠道一体化：多渠道深度协同融合成全渠道

消费者随时随地出现在实体门店、淘宝京东电商平台、美团等外卖平台，以及微店及网红直播频道等各种零售渠道。零售商不仅要打造多种形态的销售场所，还必须实现多渠道销售场景的深度闭合，才能满足顾客想买就买的需求（见图1-2-2）。

图1-2-2 多渠道深度协同

2. 经营数字化：大数据赋能，"人""货""场"重构

商业变革的目标就是一切在线，通过数字化把各种行为和场景搬到线上，然后实现线上线下融合。零售行业的数字化包括顾客数字化、商品数字化、营销数字化、交易数字化、管理数字化等。数字化是通过IT系统来实现的（见图1-2-3）。所有数字化战略中，顾客数字化是基础和前提。

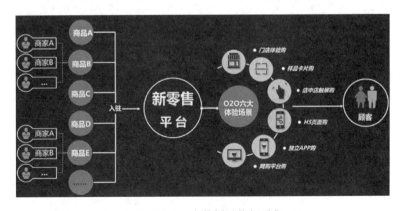

图1-2-3 大数据赋能新零售

3. 门店智能化：用户数据化、沉浸式体验、猜你喜欢

大数据时代，一切皆智能是必然。门店智能化可以提升顾客互动体验和购物效率，可以增加多维度的零售数据，可以很好地把大数据分析结果应用到实际零售场景中（见图1-2-4）。在零售行业，商家数字化改造之后，门店的智能化进程会逐步加快，但脱离数字化基础去追求智能化，可能只会打造出"花瓶工程"。

图1-2-4　门店智能化

4. 商品数字化：多品类、多SKU（最小存货单位）、低库存、高周转

我们去实体门店购物，会觉得店铺商品琳琅满目，东西买都买不完。当新零售把顾客数字化后，顾客不到实体店，通过线上店铺购物时，会觉得店铺东西少，品类缺乏。这就是新零售时代对品类管理的挑战，需要商家重构供应链。解决的办法就是社会化供应链：卖自家货、他家货；自己卖、请别人卖；土货、洋货、农特货等（见图1-2-5）。

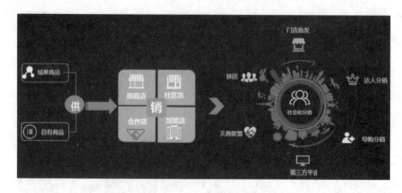

图1-2-5　商品社会化

5. 物流智能化：缩短配送周期，提升用户体验

传统零售只能到店消费，现取现卖。新零售使顾客可以全天候、全渠道、全时段都能买到商品,并能实现到店自提、快递配送等。这就需要对接第三方智能配送、物流体系,以此缩短配送周期、去库存化(见图1-2-6)。

图1-2-6 智能货柜提升用户体验

实施步骤2 熟悉新零售的组成与逻辑

零售的核心正在从"销售商品"向"服务消费者"转变,采用互联网、大数据、物流和支付等手段驱动线上线下融合,促进零售企业的数字化转型。为了应对这一变化,新零售在组成结构上也体现出了与以往零售不同的地方,从纵向看分成三个部分:线上(网店)、线下(实体店)及数据(中台)(见图1-2-7)。

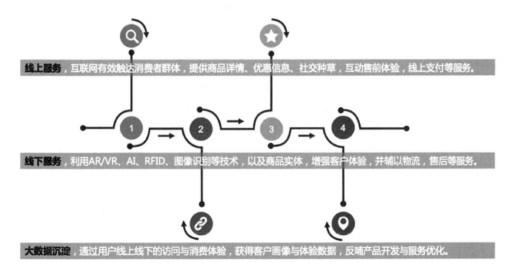

图1-2-7 新零售的组成

首先是线上网店,主攻消费者信息流和支付流,并主要进行消费者的营销端的展现。自从人类历史有了交易,"货比三家,择优而选"就一直是人们坚守的购物法则。某一天,你去商场买衣服,看中一件衬衫,售价600元。然后你到附近的专卖店看到同款衬衫的价格是700元。你又到另一家商场,发现同一品牌的同款衬衫卖800元。综合比较,你打算去买600元的那件,结果回去发现没货了。以上这种情况在线上不会出现,因为品牌货号等用关键词一搜,所有的信息都一目了然。因此互联网能够高效触达消费者群体,提供商品详情、优惠信息、社交种草、互动售前体验、线上支付等服务。

相对来说,线下实体店的优势主要是客户体验及物流等。你想买个床垫,在网上你只能看到床垫的长、宽、高等规格,以及这个床垫有20个弹簧支撑、进口乳胶、采用最先进原理设计等文字描述。就算照片拍得再具体、再精美,你还是感受不到床垫给你带来的、只有躺下去才能体验到的舒适感。因此线下主要负责利用新技术及商品实体,来增强客户体验,并辅以物流、售后等服务。

最后一个组成部分,也是必不可少的部分就是数据中台。前台主要面对客户,后台主要指公司的核心资源和能力,数据中台的出现弥补了数据和前台之间速度不匹配的问题,以及响应能力跟不上的问题。比如前台需要增加一个报表,后台需要十几天的时间来更改,这样团队的效率就会比较低。数据中台出现之后,它聚合和治理跨域的数据,将数据抽象封装成服务,对前台提供数据服务,给前台提供业务价值。

1. 线上部分

(1) PC网店。网上交易商城,用户可通过PC端进行浏览、收藏和购买。

(2) 移动App。移动互联网交易商城,微信小程序等,用户可通过移动端设备(手机、Pad等)进行浏览、收藏和购买。

(3) 微信/微博公众号。商城发布资讯、信息和促销内容的信息发布平台。

(4) 社群。通过微信、QQ建立起品牌、商家和粉丝交流的生态体系。

(5) 直播或短视频。抖音、淘宝、微视等以短视频、长视频为主的信息发布平台。

2. 线下部分(以服装零售为例)

(1) 电子标签。利用RFID标签的唯一性,在每件衣服上粘贴、嵌入或者植入RFID标签,就可以在装箱时彻底解决衣服识别、跟踪问题,实现精确装箱。门店收货时也不需要拆箱,可以整箱验货收货。

(2) 大数据采集与分析。通过智能货架、智能试衣间的应用,可以收集顾客的行为数据,结合销售数据,可以进行销售漏斗分析,为运营决策提供依据。

(3) 店面互动应用。基于RFID技术,店面内为与顾客的交互提供了更好的购物体验,可以快速找货、快速收银。智能试衣间对衣服信息的详细展示、配搭商品推荐、消费者评价、扫码在线购买等方式增强了互动性,提高了销售机会(见图1-2-8)。

3. 数据赋能中台部分

(1) 商品管理平台。进行仓库管理、商品创建和信息更新、全渠道销售订单的发货管理、订单信息查询、订单售后管理、订单统计分析等。

(2) 门店管理平台。门店基本信息管理、门店上架商品和库存管理、店铺客流分析管理、销售额统计和管理、门店收银等。

(3) 会员管理平台。线上访客数据、门店访客数据、用户标签和用户偏好统计。

(4) 销售分析平台。零售报表、品类趋势和定价分析、进销存分析和补货管理。

肖峰在向琳达的汇报中提到"人""货""场"三个要素。新零售是以消费者为中心的,在

图 1－2－8　线下组成案例展示

"货"的变化中,由单一的有形商品,向有形与无形相结合的"产品+"转变,新零售的"场"则是变成了通过全渠道来激发全场景消费体验。而新零售之所以能够实现"人""货""场"关系的重构,其最根本的驱动因素是数据。

 任务评价

表 1－4　学习任务评价表

评价项目	评价内容	评价标准	评价方式		
			自我评价	小组评价	教师评价
职业素养	学习积极性	学习态度端正,能积极认真学习(1~10分)			
	学习主动性	能够独立思考,主动完成学任务(1~10分)			
	团队合作意识	与同学协作融洽,团队合作意识强(1~10分)			
专业能力	新零售的特征	正确阐述新零售的特征(1~10分)			
	新零售的组成	能正确说出新零售的组成及各部分内在逻辑(1~10分)			

（续表）

评价项目	评价内容	评 价 标 准	评价方式		
			自我评价	小组评价	教师评价
创新能力	提出具有创新性、可行性的建议	加分奖励（1～10分）			
合　　计					
学生姓名		指导教师			
日　期					

阅读拓展

盒马鲜生打造鲜美生活

盒马鲜生是阿里巴巴对线下超市完全重构的，以数据和技术驱动的新零售业态，旨在为消费者打造社区化的一站式新零售体验中心，用科技和人情味带给人们鲜美生活。

1. 超市+餐饮店的新业态

盒马鲜生采用了"超市+餐饮店"的运营模式，主要经营蔬菜、肉类、水果和海鲜等商品。消费者在店内选购海鲜等食材之后。可以即买即烹，现场加工，现场使用。这种模式不但深受消费者的欢迎，提升了到店客流的转化率和线下体验，而且通过生鲜品类和餐饮制作的深度结合，解决了生鲜经营中最难的损耗问题。

除了保证食材新鲜之外，盒马鲜生也是提倡以新鲜的方式享受生活。盒马鲜生在线下门店中提供了各式各样的场景，引导消费者拍照与分享，创造新的生活观念和新鲜、有趣的做饭方式，增强消费者的黏性，培养他们的消费习惯。

2. 线上线下双体验

盒马鲜生结合"传统商超+外卖+盒马鲜生App"，开创了互联网驱动、线下体验的复合模式。消费者既可以到实体门店购买商品，也可以在盒马先生App下单购买，这种模式可以为消费者带来全渠道的购物体验。

从本质上来说，盒马鲜生还是一种线下的零售超市，但线上App的加入，让它实现了线上线下的深度融合。线上可以保证商品的即时性，线下可以给消费带来更丰富、多样化的消费体验，以满足消费者的差异性、个性化的消费需求。

3. 强大的供应链

盒马鲜生最大的特点之一就是配送快速：门店附近3 000米范围内30分钟送货上门。盒马鲜生之所以能够达到30分钟的配送时间，在于他采用了大数据、智能物联网、自动化等先进技术。实现了人、货、场三者之间的最优化匹配，从供应链、仓储到配送都有自己完整的物流体系。

盒马鲜生将本应该置于后端的物流仓储作业前置到了门店,和门店共享库存和物流基础设施。在店内部部署了自动化物流设备,门店的上方铺设了全自动悬挂链物流系统,这样能够在第一时间分拣店中陈列的商品,并将其快速送到后场出货。

门店的后场更是一个交织的传送系统。在盒马鲜生后端,每个商品都有独特的电子标签。消费者在线上下单之后,拣货员根据订单前往仓储区拣货,用掌上电脑(PAD)扫描之后放入专用拣货袋,并挂上传送带,然后进行配送。从商品供应到上架、打包、配送,都是通过智能设备去识别和作业,全数字化的供应、销售、物流过程保证了配送速度与消费体验。

4. 线上线下数据互通

盒马鲜生支持盒马鲜生 App、支付宝和现金付款,不支持其他支付。到店消费者只要绑定支付宝即可成为会员。支付宝的实名认证信息让盒马鲜生构建了一个更加立体的消费者数据库,更好地开展客户关系管理和营销。

模块3 区分新零售与电子商务

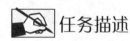

学习目标

☆知识目标:(1)知道电子商务发展的常规模式;

　　　　　　(2)了解电子商务的优势。

☆能力目标:(1)掌握新零售与电子商务的区别;

　　　　　　(2)掌握新零售的优势。

☆素养目标:通过对新零售现状的学习,了解新零售行业发展的现状,培养职业的发展观。

任务1 电子商务的模式及优势

琳达:"肖峰,你在学校学的是电子商务专业,能告诉我你认知的电子商务是什么吗?"

肖峰:"首先电子商务是把零售互联网化了,好处是省下了线下门店的租金,可以在网店中放无数个商品,并且网店中一个客服一天可以接待很多消费者,效率比较高。"

琳达:"说得很对,电子商务解决了传统零售的一些问题,但是电子商务也存在缺点。请梳理一下电子商务的模式及其优势。"

电子商务模式

B2C　企业与消费者之间的电子商务(Business to Consumer)。

B2B　企业与企业之间的电子商务(Business to Business)。

C2C　消费者与消费者之间的电子商务(Consumer to Consumer)。

C2B　消费者与企业之间的电子商务(Consumer to Business)。

O2O　线下商务与互联网之间的电子商务(Online To Offline)。

任务实施

实施步骤1　梳理电子商务的模式

电子商务是以信息网络技术为手段,以商品交换为中心的商务活动。也可理解为是在互联网、企业内部网上以电子交易方式进行交易活动和相关服务的活动,是传统商业活动各环节的电子化、网络化、信息化。

近年我国电子商务快速发展,交易额连创新高,电子商务在各领域的应用不断扩展和深化,相关服务业蓬勃发展,支撑体系不断健全完善,创新的动力和能力不断增强。

电子商务随着其应用领域的不断扩大和信息服务方式的不断创新,其类型也层出不穷,主要可以分为以下五种类型(见图1-3-1)。

(1)企业与消费者之间的电子商务(Business to Consumer,即B2C)。

(2)企业与企业之间的电子商务(Business to Business,即B2B)。

(3)消费者与消费者之间的电子商务(Consumer to Consumer,即C2C)。C2C商务平台就是通过为买卖双方提供一个在线交易平台,使卖方可以主动提供商品上网拍卖,而买方可以自行选择商品进行竞价。

(4)消费者与企业之间的电子商务(Consumer to Business,即C2B)。通常情况为消费者根据自身需求定制产品和价格,或主动参与产品设计、生产和定价,产品、价格等彰显消费者的个性化需求,生产企业进行定制化生产。

图1-3-1 电子商务的主要类型

(5)线下商务与互联网之间的电子商务(Online To Offline,即O2O)。这样线下服务就可以在线上揽客,消费者可以在线上筛选服务,还有成交可以在线结算,很快达到规模。该模式最重要的特点是:推广效果可查,每笔交易可跟踪。

实施步骤2 整理电子商务的优势

传统零售受场景影响,获客成本非常低,每一个路人都有可能是你的客户,而且消费者在进入卖场的同时,可以感受到商品的存在,能实实在在地感受品质优劣。在购物动作完成后,可以即时获得商品,整体交易体验感非常好。但是,传统零售的成本非常高。只要有店铺,就一定需要员工薪资以及房租,而在传统零售的场景下,员工最多只能一对一销售服务,不能一对多地销售。同时,受店铺大小以及装饰风格的影响,店里能放的商品有限,每一平方米的效用非常低。

电子商务恰好与其相反,一个店铺可能只需要一个客服,可以同时接待多个客户,店铺里可以同时销售非常多的商品,几乎是无限制。所以电子商务效率非常高,因为电子商务允许没有店铺,最多只需要一个仓库。但是电子商务也会面临问题,就是用户无法真实感受到商品的存在,没有办法即时感受商品质量优劣,而且购买后不能马上送到手上。同时,电商平台的获客成本日渐增长,在电商平台上,没有流量就没有销量。

电子商务的优势具体可以体现在以下几方面。

(1)时空优势。传统业务的特点是有固定的销售地点(即商店)和固定的销售时间。网上销售是通过以信息库为特征的网上商店进行的,因此其销售空间随着网络系统的扩展而扩大。在没有任何地理障碍的情况下,零售销售的时机由消费者,即互联网用户自己决定。

(2)速度优势。电子商务在速度和效率方面具有巨大优势,可以加速生产和流通。

(3)成本优势。与传统商业相比,使用互联网渠道可以避免传统商业渠道中的许多间接连接,降低流通成本、交易成本和管理成本,加快信息流动。

（4）个性化优势。由于在线交流的实时互动性和缺乏外部因素，消费者更容易表达对产品和服务的意见。一方面，它使在线零售商能够更好地了解用户的内部需求，更好地交付产品和服务；另一方面，这使得向用户提供个性化服务成为可能。

（5）信息优势。虽然传统销售可以向消费者展示商店里的实际商品，但对于普通消费者来说，他们对所购商品的理解往往非常肤浅，无法理解商品的内在质量。他们经常被外部因素混淆，如商品的外观和包装。利用电子商务技术，可以全面展示产品的内部结构和服务功能，帮助消费者充分了解商品和服务。

小贴士

传统企业发展电子商务业务的"四化要求"

传统企业发展电子商务业务，一般需要满足"四化要求"，即产品品牌化、产品系列化、制造瞬间化、价格差异化。

产品品牌化：企业是知名品牌。

产品系列化：产品系列全，品种多，可满足各类消费人群的要求。

制造瞬间化：短时间内能提供大量产品。

价格差异化：线上、线下产品要有区分，线上产品要有更强的竞争力，避免打价格战。

 任务评价

表 1-5　学习任务评价表

评价项目	评价内容	评 价 标 准	评价方式		
			自我评价	小组评价	教师评价
职业素养	学习积极性	学习态度端正，能积极认真学习（1~10分）			
	学习主动性	能够独立思考，主动完成学任务（1~10分）			
	团队合作意识	与同学协作融洽，团队合作意识强（1~10分）			
专业能力	电子商务的模式	正确阐述电子商务发展的各种模式（1~10分）			
	电子商务的优势	能正确说出电子商务的优势（1~10分）			
创新能力	提出具有创新性、可行性的建议	加分奖励（1~10分）			
合　　计					
学生姓名		指导教师			
日　　期					

任务 2 新零售与电子商务的对比

任务描述

琳达:"肖峰,上周你根据学校学习的知识并且借助互联网资源梳理了电子商务的特点及其对比传统企业的优势,你对新零售与电子商务的区别了解了吗?"

肖峰:"通过前一阶段的学习和研究,我已初步了解了他们各自的特点及优势。"

琳达:"很好,电子商务解决了传统零售的一些问题,但是电子商务也存在缺点,同时新零售也面临一些问题。请对比一下新零售与电子商务吧。"

知识加油站

全渠道 全渠道是指零售企业为消费者提供丰富的交易触点,创造多元的交易场景,构建包括门店、电商、微商城、社群营销、直播带货等多种交易类型,在覆盖目标人群的基础上,提升交易的效率,简化交易的路径。

任务实施

实施步骤 1 区分新零售与电子商务的不同

新零售就是以用户体验为中心,借助互联网技术最大化交易效率和生产效率,同时又与线下零售深度融合。新零售与电子商务相比具有以下特点:

1. 线上线下同款同价

消费者最开始选择电商消费的主要原因,不外乎零售店的体验不好,且价格昂贵。现在很多商业中心餐饮业异常火爆,门口排队络绎不绝,而服装等零售店却是门可罗雀。主要是因为跟其他零售相比,餐饮客单价低,人均 40~50 左右,味道也不错,线上下单,线下体验,价格还实惠。而其他线下零售因为租金、物流、人工都有成本压力,价格会比线上高出一些。

随着线上线下及物流的融合,未来零售体或将统一价格、质量、体验等方面,提供专业的服务、同质同价产品给消费者。

2. 终端提供叠加式体验,促生新业态

未来流量入口将没有线上与线下之分,而终端则是重要的体验场景。消费者不管是线上还是线下,只要能够高效愉悦地买到所需要的优质产品即可。消费体验和定制化服务将成为终端最主要的两大功能,甚至终端也将会是粉丝们聚会交流的"社区"。

技术的进步也能够确保支付环节能够像亚马逊无人便利店 Amazon Go 一样无须排队无须结账,通过技术与硬件能重构零售卖场空间,实现门店数字化与智能化改造终端。智能终端将取代旧式的货架、货柜,延展店铺时空,构建丰富多样的全新消费场景,以及新型门店与卖场,全面升级顾客体验。这样的终端将成为一种新业态。

3. 消费场景碎片化

消费者的消费渠道日渐碎片化,消费习惯走向个性化,零售从原来的规模驱动走向标准化驱动,走向个性化。消费场景不仅限于某些大型商场或者商业中心,大型零售体或将面临整合重组。

随着社区消费趋势铺展开来,社区化将成为零售行业未来发展的重要方向。沃尔玛、塔吉特等已经在国外开始做小型实体零售门店服务,人口密集处的邻里社区型门店是它们瞄准的方向,相信很快这样精细化运营的门店也会在国内出现。新零售是精细化运营的零售。

4. 实现全渠道融通

传统零售面临着渠道分散、客户体验不一、成本上升、利润空间压缩等多个困局。新零售将从单向销售转向双向互动销售,从线上或线下转向线上线下融合。

因此新零售要建立"全渠道"的联合方式,以实体门店、电子商务、大数据云平台、移动互联网为核心,通过融合线上线下,实现商品、会员、交易、营销等数据的共融互通,向顾客提供跨渠道、无缝化体验。实现"商品通""会员通""服务通"的效果。

实现全渠道分为两步:第一步强化 IT 支撑作用,通过大量投入,建立起覆盖大部分消费触点的营销渠道;第二步建立中台系统,打通企业的数据、服务、业务,深挖数据价值,构建消费者行为画像,统一渠道服务水平,提升交易的转化率和留存度。

实施步骤 2　对比新零售对电子商务的优势

电子商务有两个劣势:一是获客成本越来越高,二是物流成本居高不下。

在新零售中,线下门店的优势就能体现出来:第一,传统门店的客流获取成本低,只是没有把客流转化为用户经营而已,因此新零售对线上和线下的客户进行打通,统一管理;第二,传统门店都有一次进货补货过程,发生交易的时候这个物流成本已经发生。如果客户到门店自提,在就近的门店中将商品发到客户手中,那么物流成本将会大大降低;第三,门店在物理距离上离客户更近,能够为消费者提供本地化个性化的服务。

通过整理,肖峰发现新零售通过线上和线下的整合,不仅可以发挥线上的效率优势,同时通过线下门店弥补了线上电子商务的一些不足,总体上进行了取长补短。

表 1-6　电子商务和新零售对比

	电 子 商 务	新 零 售
获客成本	获客成本越来越高	线上线下获客,成本低
物流成本	仓库统一发货,成本高	可自提,可就近配送
商品价格	线上线下不同价	线上线下同款同价
购物体验	体验单一,只能通过流览商品页面了解商品	终端提供叠加式体验,可以线下实际体验
渠　　道	单一,只能在线上购买	全渠道融通,线上线下会员互通

任务评价

表 1－7 学习任务评价表

评价项目	评价内容	评价标准	评价方式		
			自我评价	小组评价	教师评价
职业素养	学习积极性	学习态度端正,能积极认真学习(1~10分)			
	学习主动性	能够独立思考,主动完成学任务(1~10分)			
	团队合作意识	与同学协作融洽,团队合作意识强(1~10分)			
专业能力	新零售与电子商务的对比优势	能准确说出新零售对比电子商务的优势(1~20分)			
创新能力	提出具有创新性、可行性的建议	加分奖励(1~10分)			
合　计					
学生姓名		指导教师			
日　期					

阅读拓展

顾客满意三定律

顾客满意第一定律:杠杆比24倍。一个企业只能听到4%不满客户的抱怨,其他96%抱怨的顾客心中已经有了定数:下一次不在这里买就是了,为什么要跟你抱怨。所以听到抱怨的占比是4,听不到的是96,4∶96,刚好是1∶24。换言之,杠杆比24倍的意思就是当你听到一个顾客的抱怨,代表背后有24个相同的抱怨。

顾客满意第二定律:扩散比12倍。中国有句古话:"好事不出门,坏事传千里。"坏事扩散速率要远远大于好事,一个不满的顾客造成企业的损失,需要12个满意的顾客创造出来的利润才能够平衡。

顾客满意第三定律:成本比6倍。吸引一个新客户的成本是维持老客户成本的6倍。

模块4　绘制新零售"蓝图"

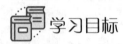 学习目标

☆知识目标：(1) 了解新零售体系搭建的步骤；

(2) 了解零售发展的四次革命。

☆能力目标：(1) 掌握新零售运营体系的搭建；

(2) 掌握零售的常用术语及计算方法。

☆素养目标：通过对新零售现状的学习，了解新零售行业发展的现状，培养职业的发展观。

任务1　了解新零售体系

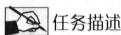 任务描述

琳达："肖峰，经过这一段时间的学习，你已经对新零售有了整体的了解，但是新零售本身是一个实践性很强的商业模式，打造新零售体系需要多部门的协作才能完成。你觉得新零售运营体系分为哪几个模块？"

肖峰："从新零售的组成来看，主要是线上和线下。"

琳达："除了线上和线下的运营之外，还需要供应链管理、数据管理和新零售营销的模块。请你整理一下这些模块包含哪些内容。"

 知识加油站

大数据　大数据是需要新处理模式才能具有更强的决策力、洞察发现力和流程优化能力来适应海量、高增长率和多样化的信息资产。

虚拟现实技术　简称VR，是20世纪发展起来的一项全新的实用技术。虚拟现实技术囊括计算机、电子信息、仿真技术，其基本实现方式是计算机模拟虚拟环境从而给人以环境沉浸感。

增强现实技术　简称AR，是一种实时地计算摄影机影像的位置及角度并加上相应图像的技术，是一种将真实世界信息和虚拟世界信息"无缝"集成的新技术，这种技术的目标是在屏幕上把虚拟世界套在现实世界上并进行互动，在虚拟环境与真实世界之间架起了一座桥梁。

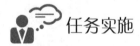 任务实施

实施步骤1　借助数据识别消费需求

借助消费者大数据，零售企业可以精准地识别和知晓各类消费者的产品需求和购物习惯。

因此零售企业可以基于数据和企业自身定位,决定最优的品类组合、最适合的品牌及产品组合、最具吸引力的价格区间;同时也能根据各个消费群体的消费特性,提供最适合的服务和消费体验,如货架的合理排布、多种"店中店"创新业态的布局、周期性的线上营销内容推送等,以真正理解和拥抱消费者为导向,进行规划和布局。

全链路数字化改造,打通线上、线下商品数据、用户数据,提升零售整体效率。如通过魔屏(见图1-4-1)丰富线下SKU品类,扫码同步人体数据进行虚拟试衣(身材、尺码、身高),跟踪用户消费行为,了解用户偏好(颜色、款式、面料、风格)。

图1-4-1 智能魔屏

实施步骤2 分解消费旅程探寻解决方案

在识别消费需求后,零售企业需要打造"最佳产品和购物体验"的消费闭环,落实到消费旅程的各个环节上。

因此,零售企业应当沿着消费旅程,逐一思考每个环节上的潜在解决方案,并结合企业实际情况,对各个选项进行效益、可行性等维度的评估,筛选出较优的选项,并思考各种组合方案的优劣、明确各个渠道的定位与承担的功能(见图1-4-2)。

了解潜在用户、成交用户各类数据,通过大数据分析和精准的人群画像进行不断的优化。

实施步骤3 整合资源能力形成方案

在识别出消费旅程各环节上的潜在选项后,零售企业还需对研发、采购生产、物流、市场推广和销售、财务、人力资源、信息技术等各个职能部门的资源和能力现状进行评估,结合自身现状,识别能力缺口及能力建设和转型所需的投入,通过综合考量,形成最优的新零售转型综合方案。

零售企业需要夯实支撑"新零售"业态创新发展的基础,其中包括大数据与技术支持,组织与运营模式的变革,以及供应链优化三个方面。

图 1-4-2　消费旅程分解

小贴士

阿米巴经营模式

　　阿米巴经营模式,就是在企业内部建立责、权、利高度统一的经营模式。将公司分成若干阿米巴小组,实行经营小组织,选拔组长。每个组长有人事、财务和经营等方面的权利,同时必须执行公司的相关方针和目标战略,始终围绕五个核心目标:尽量实现全员参与经营并精细核算到每个员工;高度透明经营;自上而下和自下而上来考核评价,让员工得到相对公平的利益;形成员工与企业共同成长、共同发展的利益共同体;搭建起良性发展的驱动机制。

 任务评价

表 1-8　学习任务评价表

评价项目	评价内容	评价标准	评价方式		
			自我评价	小组评价	教师评价
职业素养	学习积极性	学习态度端正,能积极认真学习(1~10分)			
	学习主动性	能够独立思考,主动完成学任务(1~10分)			
	团队合作意识	与同学协作融洽,团队合作意识强(1~10分)			
专业能力	新零售运营体系	能准确描述出新零售运营体系(1~20分)			

（续表）

评价项目	评价内容	评价标准	评价方式		
			自我评价	小组评价	教师评价
创新能力	提出具有创新性、可行性的建议	加分奖励(1~10分)			
合　计					
学生姓名		指导教师			
日　期					

任务 2　搭建新零售体系

 任务描述

　　琳达:"肖峰,你已经知道新零售包含线上和线下的运营及供应链管理、数据管理和新零售营销这些模块,请你尝试搭建新零售运营体系。"

　　肖峰:"OK。"

 知识加油站

　　供应链　我国发布的《物流术语》对供应链的定义是"生产及流通过程中,涉及将产品或服务提供给最终用户的上游或下游企业所形成的网链结构"。

　　供应链管理　全球供应链论坛将供应链管理定义成"为消费者带来有价值的产品、服务以及信息的,从源头供应商到最终消费者的集成业务流程"。

　　数据化管理　数据化管理是指运用分析工具对客观、真实的数据进行数据分析,并将分析结果运用到生产、营运、销售等各个环节中的一种管理方法。

 **任务实施**

　　新零售运营体系的搭建需要各个部门协同进行,其中包括线上运营、线下运营、供应链管理、数据管理和新零售营销五个部分。

　　实施步骤 1　构建线上商城

　　1. 构建线上商城

　　小程序店铺引流,支持会员登录、权益查看以及下单购买,案例可参考图 1-4-3。具体

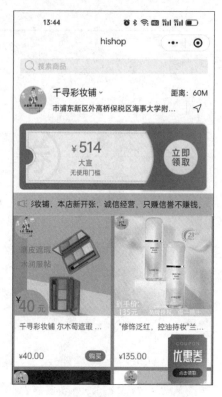

图 1-4-3　线上商城案例展示

要注意以下几点。

（1）每个门店对应一个线上店铺。

（2）根据用户当前的地理定位匹配，直接进入距离最近的门店。

（3）线上线下会员权益同步，更利于会员管理。

（4）支持商家配送、到店自提等物流方式。

2. 商铺、商品管理及操作

（1）进行店铺选品，将商品上架到店铺。包括编辑商品信息、商品价格的制定、商品主图和详情图的制作等。

（2）进行店铺订单的管理，对订单进行发货、退货、售后处理等工作。

（3）策划新零售活动，主要包括市场调查、活动机制设定、企划设计、商品准备等，案例可参考图 1-4-4。

图 1-4-4　店铺活动策划案例展示

实施步骤 2 　改造线下门店

通过改造线下门店,引流屏投放广告吸引客户进店,客流监控系统识别客户,防盗门禁以及无人售货机自助收银,案例可参考图 1－4－5。

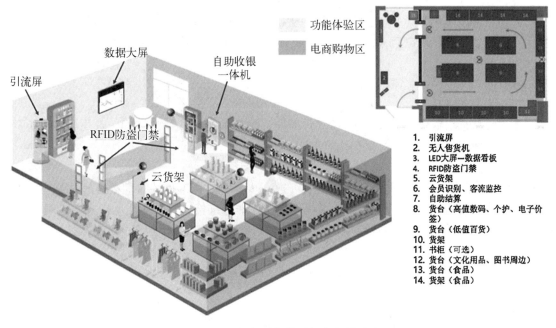

图 1－4－5 　新零售线下门店案例展示

进行线下门店布局、商品陈列的设计,良好的门店布局和陈列能够达到吸引消费者、促进销售的作用。

对门店的店员进行培训,促进销售话术的标准和优化,熟悉线下零售工具的使用包括扫码枪、收银机和价格标签等。

实施步骤 3 　构建新零售供应链

供应链是维系线上、线下交易的重要纽带,使原来两个渠道相互冲突或相互独立的关系,逐步演变为融合发展的关系,并促进线下实体商业和电子商务平台双向发展,最终提升客户的消费体验和企业的运营效率。

当线上销售额达到亿元级别后,电子商务企业对供应链管理的要求就会大幅提升。在订单快速增长的情况下,产品供货的及时、稳定,产品品质的长期保障等,都对采购及物流等供应链提出了更为苛刻的要求。

新零售供应链管理通过采购管理、库存管理和物流管理的工作,熟悉系统进销存的操作,把控商品流通中的各个环节。定期对仓库中的商品进行盘点,以减少不必要的货物损耗。

实施步骤 4 　搭建数据管理平台

数据化管理是指运用分析工具对客观、真实的数据进行数据分析,并将分析结果运用到生产、营运、销售等各个环节中去的一种管理方法,根据管理层次可分为业务指导管理、营运分析管理、经营策略管理、战略规划管理四个由低到高的层次。根据业务逻辑还可以分为销售中的数据化管理、商品中的数据化管理、财务中的数据化管理、人事中的数据化管理、生产中的数据化管理、物流中的数据化管理等。

数据化管理流程分为 7 个步骤,它和常规数据分析最大的不同就是强化应用,要求应用模板化。实施数据化管理之后,每个层面看到的不再是枯燥的数据和表格。具体流程如下:

1. 分析需求

分析需求又包括收集需求、分析需求、明确需求三个部分。

2. 收集数据

收集数据是根据使用者的需求,通过各种方法来获取相关数据的过程。数据收集的途径包括公司数据库、公开出版物、市场调查等。

3. 整理数据

对收集到的数据进行预处理,使之变成可进一步分析的标准格式。需要整理的数据包括非标准格式的数据、不符合业务逻辑的数据两大类。非标准格式数据如文本格式的日期、文本格式的数字、字段中多余的空格符号、重复数据等。在零售中不符合业务逻辑的数据包括为了冲销售额而进入系统的不真实的销售数据。

数据整理得好与坏直接决定了分析的结果。数据整理的方法主要有: 分类、排序、做表、预分析等。

4. 分析数据

在业务逻辑的基础上,运用最简单有效的分析方法和最合理的分析工具对数据进行处理。

5. 数据可视化

数据可视化是将分析结果用简单且视觉效果好的方式展示出来,一般运用文字、表格、图表、信息图等方式进行展示。现代社会进入了一个速读时代,好的可视化图表可以自己说话,很大程度地节约了人们思考的时间。用最简单的方式传递最准确的信息,让图表自己说话,这就是数据可视化的作用。

6. 分析报告

分析报告是数据分析师的产品,可以用 Word、Excel、PPT 作为报告的载体。写数据分析报告犹如写议论文。议论文有三要素: 论点、论据和论证。数据分析报告也要有明确的论点,有严谨的论证过程和令人信服的论据。

7. 应用

将数据分析过程中发现的问题、机会等分解到各业务单元,并通过数据监控、关键指标预警等手段指导各部门的业务。

实施步骤 5　开展新零售营销

新零售运用数字化营销形式,包括全域营销、体验营销,以及新媒体运营等,进行线上线下的营销推广,扩大影响力。

1. 多平台投入,触达更多用户

(1) 社交平台。在抖音、快手、B 站、小红书、视频号等围绕探店、评测、优惠、商品、店面等方面进行视频投放。

（2）直播带货。在抖音、视频号、淘宝上围绕商品、优惠、店面等开启直播。

（3）线下广告投放：一般选择写字楼、电梯的广告位。

2. 引流用户，打造私域流量池

（1）公众号。公众号日常推文内容中除在标题上明显标注优惠信息外，文内也在显著位置穿插优惠提示。

（2）小程序和 App。让用户沉淀在自己的渠道上，便于快速完成订单转化。

（3）社群：社群运营除了可以沉淀用户外，也给用户们提供了一个可以互相交流的平台，分享彼此的购物体验，加强用户互动，更有助于增加用户黏性。

（4）线下实体店引流。在收银台设置相关的二维码，如社群、公众号等，并告知进群、线上下单有特殊优惠等，这样既能把用户引入自己的私域流量池里，也有助于将普通用户培养为忠实用户。

（5）朋友圈。频率是一天一条或者一天两条发布内容，内容以优惠券等福利活动、视频号产品宣传以及产品推荐为主，且所有配图海报上都带有小程序码，用户识别后即可下单。

（6）企业微信。和朋友圈类似，企业微信也可发朋友圈，但建议频次不要太高。企业微信还有一些微信没有的功能，如自动回复、商品展示等，并且用企业微信会给用户留下一种更专业的感觉。

3. 精细化运营

针对不同的用户需采取不同的策略，一般有新人优惠、分享有礼、会员制度等，还须学会数字营销，用数据驱动行为。

4. 善用活动运营

常见的活动运营方式有满减、满赠、节日促销、季节促销、限时秒杀等。

经过对新零售部门下各个小组工作内容的了解，肖峰整理了下面的运营框架整理表（见表 1-9）。接下来的时间，肖峰就要开始深入新零售部门的各个小组进行具体工作内容的学习了。

表 1-9 新零售运营框架整理

类 别	主 要 内 容
新零售线上运营	构建线上商城、店铺选品、订单管理、活动策划
新零售线下运营	门店布局、商品陈列、销售话术、运营工具使用
新零售供应链管理	采购管理、库存管理、物流管理
新零售数据管理	数据收集、各项指标整理、分析
新零售营销	运用全域营销，体验营销，以及新媒体运营等，进行营销推广

 任务评价

表 1-10　学习任务评价表

评价项目	评价内容	评价标准	评价方式		
			自我评价	小组评价	教师评价
职业素养	学习积极性	学习态度端正,能积极认真学习(1~10分)			
	学习主动性	能够独立思考,主动完成学任务(1~10分)			
	团队合作意识	与同学协作融洽,团队合作意识强(1~10分)			
专业能力	新零售框架体系的组成	能准确描述出新零售框架体系的组成(1~20分)			
合　计					
学生姓名		指导教师			
日　期					

 阅读拓展

"将军红": 蜕变前行,引领营销 3.0 时代

"两百个将军同一个故乡,前无古人后无来者,两位大将联合建厂,如此深厚的红色文化底蕴值得我们去发扬光大。"傅博作为一个从业二十余年的营销人,主要致力于微电商的研究与实践,2012 年他率队果断收购国营麻城酿酒厂和红安县天台酒厂时如此说道。

麻城酿酒厂位于麻城七里桥举水河畔,1952 年由陈赓大将和王树声大将在原麻城郭氏糟坊的基础上援建。该厂产品早期全部为军供,其老将军、老麻粮酒曾多次获中国白酒精品金奖,龟山牌枸杞酒被列入国家星火计划,并获得香港国际食品博览会金奖、国际诗酒节金奖。建厂以来,周恩来、李先念、李鹏、朱镕基、王树声、陈再道、陈锡联等党和国家领导人曾多次到酒厂视察并给予勉励和关怀。在 20 世纪 80 年代麻城酿酒厂的销售额一度达到 4 000 万元,是湖北省八大酒厂之一,综合生产能力达到年产万吨白酒的规模,在湖北酿酒行业可谓首屈一指。然而在市场经济浪潮中,这家有着悠久历史的老酒厂却面临淘汰的命运。

2012 年 5 月,多米国际集团入驻后,当年 9 月 19 日新产品"将军红"便隆重面市。"将军红"品牌以将军精神为引领,以红色文化为底蕴,以大别山原生态环境为依托,再造"将军红"经典。

"将军红"如何利用移动互联网+,抓住营销 3.0 时代的机遇? 如何使传统酒业与移动互联

网发展相结合？这是一个市场新命题，傅博作为营销人始终走在移动电商的前列，他专门打造以战友为核心目标人群、以微信为核心营销平台的专属子品牌"一起扛过枪"。同时策划落地"将军红战友创业营"，打造各地战友创业交流社交公益互助平台。短短两年，傅博让这家白酒企业"起死回生"。"将军红"迅速在业内声名鹊起，新零售模式让红色老区就业开辟出新天地。

定制酒热销："将军红"推出"结婚定制酒""企业定制酒""私人定制酒""寿宴定制酒""珍藏纪念定制酒"等C2B定制酒服务，好口碑和高性价比，让定制酒成为市场热销产品。

创办创业营：2015年5月启动全国第一个"创业营"项目，采用社交电商模式，线上微商城、微信、微博推广，线下项目导入、技能培训，帮助加盟合伙人掌握营销方法。2017年8月"黄埔特训班"在湖北省委党校振华大厦举办，分析微信群裂变技巧，分析代理商利用粉丝群如何做大做强。2019年9月"将军红"联合小蓝鲸酒店举办了"微营销与健康养生论坛"。

项目小结

一、零售的概念

零售就是将"信息流、资金流、物流"三流合一,将三种基本要素进行有效组合,更好地满足客户需求的全过程。产品展现的参数和体验是信息流,付款和收款是资金流,把产品拿回家或者寄回家是物流。

二、零售的四次革命

(1)第一次零售革命——百货商场的出现。

(2)第二次零售革命——连锁经营的出现。

(3)第三次零售革命——超级市场的出现。

(4)第四次零售革命——购物中心的出现。

三、零售的本质

零售的本质,是把"人"(消费者)和"货"(商品)连接在一起的"场"。不管技术与商业模式经历多少次变革,零售的基本要素,都离不开"人""货""场"这三个字。

四、新零售的概念

个人、企业以互联网为依托,通过运用大数据、人工智能等先进技术手段,对商品的生产、流通与销售过程进行升级改造,进而重塑业态结构与生态圈,并对线上服务、线下体验以及现代物流进行深度融合的零售新模式。

五、新零售的本质

由零售的本质推广到新零售层面,"新零售"是以消费者需求为中心的数据驱动的泛零售形态,其核心是零售组成三要素"人""货""场"三者的重新定义与关系重构。

六、新零售的特征

新零售模式主要是进行三要素"人""货""场"三者的重新定义与关系重构,在实际的零售场景中又体现出了五个特征,包括:渠道一体化、经营数字化、门店智能化、商品社会化、物流智能化。

七、电子商务的常用模式

(1)B2C。

(2)B2B。

(3)C2C。

(4)C2B。

(5)O2O。

八、新零售对比电子商务的优势

(1)线上线下同款同价。

(2)终端提供叠加式体验,促生新业态。

(3)消费场景碎片化。

(4)实现全渠道融通。

九、新零售体系的搭建

新零售运营体系的搭建需要各个部门协同进行,其中包括线上运营、线下运营、供应链管理、数据管理和新零售营销五个部分。

第1关　单项选择题

1. 零售企业通过"总部+配送中心+分店"的模式完成了连锁革命,从而解决了大规模生产之后的产品去化问题,此次零售革命属于(　　　)。

   A. 第一次零售革命　　　　　　　　　B. 第二次零售革命

   C. 第三次零售革命　　　　　　　　　D. 第四次零售革命

2. 第三次零售革命的代表是超级市场,下面关于超级市场的描述正确的是?(　　　)

   A. 封闭货架,明码标价　　　　　　　B. 一对一服务

   C. 最早出现在20世纪50年代　　　　D. 统一收银,减少支付压力

3. 零售的本质包含哪几个要素?(　　　)

   A. "人""货"　　　　　　　　　　　B. "货""场"

   C. "人""场"　　　　　　　　　　　D. "人""货""场"

4. 零售中的销售额公式是(　　　)。

   A. 销售额=流量×转化率×复购率

   B. 销售额=流量×客单价×复购率

   C. 销售额=流量×转化率×客单价×复购率

   D. 销售额=转化率×客单价×复购率

5. 商品的流通路径"D-M-S-B-b-C"中,S指的是(　　　)。

   A. 供应链　　　　B. 产品的生产　　　　C. 产品的设计　　　　D. 终端消费者

6. 下面哪一项不是新零售的五大特征之一?(　　　)

   A. 渠道一体化　　B. 运营一体化　　　　C. 商品社会化　　　　D. 物流智能化

7. 与传统零售相比,属于新零售竞争优势的是(　　　)。

   A. 以生产和渠道为主

   B. 受门店及线下场所面积限制

   C. 现金支付、排队支付

   D. 线上、线下营销联动,通过互联网的社交营销方式

8. 当新零售把顾客数字化后,顾客不到你的实体店,通过线上店铺购物时,会觉得你的店铺东西少,品类缺乏。解决的方案是什么?(　　　)

   A. 社会化供应链　　　　　　　　　　B. 收购店铺

   C. 加快产品研发和更新　　　　　　　D. 通过数字化选择上线的产品

9. 新零售对"人""货""场"进行了重构,下面描述中错误的是(　　　)。

A. 新零售中消费者一次只在一个固定的零售场所选购所见的商品

B. 新零售中商品基于消费者需求数据而定制化

C. 新零售中消费者随时随地都处在消费场景中

D. 新零售中商品基于消费者需求数据而定制化

10. 在新零售中,"人""货""场"三个要素中,哪个是起主导作用的核心? (　　　)

　　　A. 人　　　　　　　B. 货　　　　　　　C. 场　　　　　　　D. 以上三个都是

第 2 关　多项选择题

1. 以下哪些是连锁经营模式出现带来的好处? (　　　)

　　　A. 强化了零售的规模优势　　　　　　　B. 解决了商品产销的问题

　　　C. 客户的满意度更高了　　　　　　　　D. 促进了零售业标准化的运营

2. 零售的本质中的"场"主要由哪些部分构成? (　　　)

　　　A. 客户流　　　　B. 信息流　　　　C. 资金流　　　　D. 物流

3. 新零售下"场"的变化体现在消费旅程各个环节上的全渠道融合,下面属于消费者旅程的有(　　　)。

　　　A. 搜索　　　　　B. 售后　　　　　C. 支付　　　　　D. 配送

4. 零售企业如何提高消费者满意度,以及提升零售的效率? (　　　)

　　　A. 对各个解决方案进行效益、可行性等维度的评估

　　　B. 多采购礼品送给消费者

　　　C. 可以沿着消费旅程,逐一思考每个环节上的潜在解决方案

　　　D. 了解潜在用户、成交用户各类数据,通过大数据分析和精准的人群画像进行不断的优化

5. 新零售系统中属于商品创建流程的有(　　　)。

　　　A. 点商品,然后点击商品管理,点击发布商品

　　　B. 填写商品资料

　　　C. 填写进货数量

　　　D. 上传商品图片

第 3 关　简答题

1. 请根据本课程内容的学习,谈一谈盒马鲜生为什么会出现? 请简要叙述。

2. 请根据本课程内容的学习,从市场调研、活动目的、统筹规划、店铺策划、商品准备、市场运营、企划设计、行政后勤、团队协作等几个方面,拟一份 618 促销活动方案,活动可执行性高、逻辑自洽、活动合理即可。

3. 从零售的概念这个角度入手,请分析耐克、万象城、任天堂、腾讯,谁是零售商? 说说你的理由。

项目 2

新零售线上店铺运营

 项目描述

　　新零售的"新"是以"人"为核心进行的体验升级改造,新零售与数字化不可分离,传统零售业要实现向新零售的转型必然要走上数字化经营的道路,通过运用信息技术对消费者的行为数据进行记录、对门店进行智慧化管理,提升门店经营效能。

　　本项目从线上店铺创建、店铺选品、订单管理、活动策划及会员管理等线上运营要素讲述新零售店铺的运营方式。

通过本项目学习,你将掌握

◇ 线上店铺创建的流程

◇ 店铺选品及误区规避

◇ 线上店铺后台商品管理

◇ 店铺后台订单处理

模块 1　线上店铺的创建

学习目标

☆知识目标：(1) 了解线上店铺的定位；

(2) 熟悉线上店铺创建流程。

☆能力目标：(1) 熟悉线上店铺搭建平台功能；

(2) 掌握线上店铺搭建操作流程。

☆素养目标：(1) 通过对店铺的定位，树立以"消费者"为核心的新零售运营思维，培养专业的服务意识；

(2) 通过线上店铺搭建的操作，培养动手实践的能力。

任务 1　线上店铺创建的准备

任务描述

肖峰经过一段时间的学习，对新零售的概念、模式和逻辑有了深入的了解，还掌握了新零售与传统电子商务的不同。现在肖峰将解锁新的新零售知识内容，那么上司琳达会给肖峰布置什么任务呢？

琳达："肖峰，公司最近接入一个新的新零售项目，需要你创建一个新零售线上店铺，知道怎么做吗？"

肖峰："嗯……虽然我之前没有创建过店铺，但是我认为需要先了解一下新零售线上店铺的定位，了解为什么要创建新零售线上店铺，之后再着手创建店铺。"

知识加油站

消费者画像　消费者画像是企业通过收集与分析消费者社会属性、生活习惯、消费行为等主要信息的数据之后，完美地抽象出一个用户的商业全貌。可以看作是企业应用大数据技术的基本方式。用户画像为企业提供了足够的信息基础，能够帮助企业快速找到精准用户群体以及用户需求等更为广泛的反馈信息。

数据中台　数据中台是一套可持续"让企业的数据用起来"的机制，是一种战略选择和组织形式，是依据企业特有的业务模式和组织架构，通过有形的产品和实施方法来支撑，构建一套持续不断把数据变成资产并服务于业务的机制。数据中台需要具备数据汇聚整合、数据提纯加工、数据服务可视化、数据价值变现 4 种核心能力，让企业员工、客户、伙伴能够方便地应用数据。

任务实施

实施步骤 1　了解新零售线上店铺的定位

随着生活水平的不断提升,消费者们不再是单纯的购买产品,对他们来说消费购买的是一种生活方式。所以线下经济需充分发挥本身的优势,满足消费者心理和物质上的双重感受,通过优质的产品与便利的服务,提升消费者的消费体验,让进场消费者产生依赖,进而形成用户黏性,产生更多的回头客。

但是这样的消费体验,绝不是仅靠一个门店就能够满足的,整合资源是最好的出路。而线上店铺正是一个整合资源的载体,通过线上店铺的运营可以达到以下三个方面的目的:① 信息的传递;② 商家的营销;③ 店铺商家的形象塑造。

小贴士

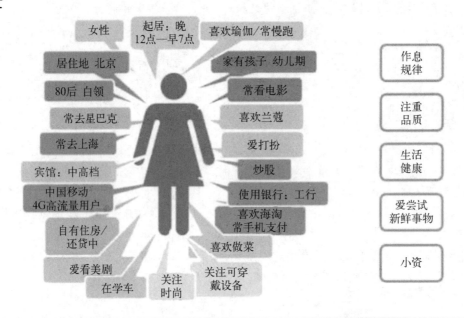

实施步骤 2　确定线上店铺的运营目的

1. 信息的传递

在新零售线上店铺的运营过程中,我们能够更好地传递信息以及接收用户反馈。传统的线下销售在遇到一些节日或者促销活动的时候,很多优惠的信息不能够及时传递到消费者的手中,如派发传单、门店宣传展示等都不能起到很好的宣传作用。

而建立了新零售线上店铺之后,商家就可以通过线上平台一键式发布店铺的优惠促销信息,并且能够及时地发送到目标用户手中,以实现信息传递效益的最大化。同时,消费者也能第一时间知道相关的优惠信息,促进到店消费的成交量。图 2-1-1 为某新零售线上店铺促销活动的图片展示。

图 2-1-1　新零售线上店铺促销活动的图片展示

2. 商家的营销

除信息传递之外,在平台内的各个商家还能够更好地获得第一手的信息,消费者也能够更便捷地在平台上搜寻到自己需要的产品。同时,新零售线上店铺还可以通过区域内的综合营销手段,来活跃线下消费经济,如会员活动、积分消费、节日促销等。除单一的店家营销之外,平台还允许多家店铺联合起来进行组合营销,充分发挥新零售店铺的线上营销价值。图 2-1-2 为某新零售线上店铺的商家会员促销活动。

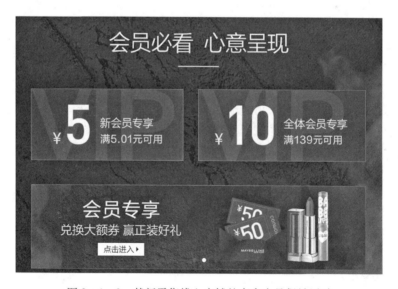

图 2-1-2　某新零售线上店铺的商家会员促销活动

3. 店铺商家的形象塑造

对于新零售线上店铺来说,想要增强用户的黏性、提高消费者的重复购买率,树立起良好而具体的商家形象是非常必要的。在新零售线上店铺建立过程中,除了商家相关的促销信息以外,还可以做相关的店铺形象宣传,如店铺介绍、消费评价、新品宣传等,以此来提升店铺的知名度,让店铺在消费者心中的形象更加立体。图 2-1-3 为某新零售线上店铺对本店的形象塑造与店铺的价值定位。

图 2-1-3　某新零售线上店铺形象塑造与价值定位案例展示

实施步骤 3　明确线上店铺的载体

目前新零售的发展,不再是以大量的顾客来维持,而更需要将目光转移到建立自有流量池,深度挖掘线下的流量价值上。让 20% 的顾客贡献 80% 的业绩,这样可以弥补在大环境下线下营业额的流失。

如今很多的商家都已经有了自己的会员制度,但会员制度在消费者经营中能起到的作用并没有想象中的那么有效果,如设立的会员折扣、积分制度等都没有起到很好的会员维护作用。而且在会员消费的分析和统计上,也很难做到数据的收集和整理。

但是搭建了新零售线上店铺以后,我们就可以运用大数据的算法,对各类的会员进行精准的分析分类,形成专业的用户画像,更有利于线上线下店铺后期的发展,大大提升用户的消费体验。随着用户数据的不断精准优化,我们还能利用线下获取到的流量做更多线上的营销推广、用户裂变等,从而大大提升用户身上的商业价值。

1. 小程序+新零售

小程序+新零售,通过社交的分享可以为店铺带来流量,流程展示如图 2-1-4 所示。

2. 小程序作为新零售模式下新载体的优势

线上的电子商务从一开始就是基于信息流和数据流的。因为看不见真人,只能根据顾客在网上的行为,如搜寻、浏览、点击,以及实际发生的销售数据等,来判断顾客的行为,从而为顾客提供商品推荐等服务。

线上店铺有数据和信息的优势,因此产生了精准广告投放、推荐销售、产品之间的交叉销售等新方式。在很长时间内,线上的商家是有优势的。而在"新零售"背景下,线下的商家需要把自己变成一个巨大的信息流和数据流的集合。目前对于线下商家来说最便捷的方式就是小程序。目前小程序的出现除了给线下商家提供数据化和信息化的便利外,还有以下 4 大优势:① 利用小程序的分享功能,打通线上线下;② 利用"附近小程序"功能,创造商业新契机;③ 利用小程序支付功能,创建新渠道;④ 利用小程序的传感信息系统,实现交互共享。

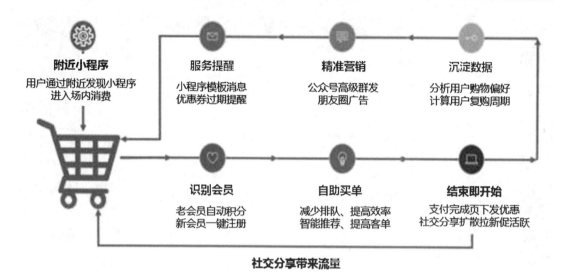

图 2-1-4　小程序+新零售模式案例展示

3. 新零售系统的常用模式

平台商城供货给门店,门店销售给线下顾客。图 2-1-5 为新零售系统的模式图。

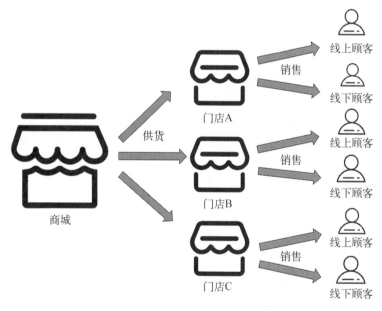

图 2-1-5　新零售系统的模式图

实施步骤 4　初涉线上店铺搭建小程序——友数平台

友数连锁,是 HiShop 推出的专业为直营/加盟连锁门店提供新零售门店管理解决方案,致力于帮助连锁企业实现门店网店线上线下业务融合的平台。其中包括线上小程序商城、门店进销存管理、智慧门店在线导购化、会员营销管理及门店收银管理等模块,连接"人""货""场",构建连锁企业新零售闭环(见图 2-1-6)。

图2-1-6　友数平台示意图

肖峰通过查询资料,从新零售线上店铺的运营目的、新零售模式的载体以及新零售系统的模式,到新零售线上店铺的定位与价值做了全面了解,开始创建新零售线上店铺。

 任务评价

表2-1　学习任务评价表

评价项目	评价内容	评价标准	评价方式		
			自我评价	小组评价	教师评价
职业素养	学习积极性	学习态度端正,能积极认真学习(1~10分)			
	学习主动性	能够独立思考,主动完成学任务(1~10分)			
	团队合作意识	与同学协作融洽,团队合作意识强(1~10分)			
专业能力	线上店铺的定位	能够清楚线上店铺如何定位(1~10分)			
	友数平台熟悉度	能熟悉友数平台的功能(1~10分)			
创新能力	提出具有创新性、可行性的建议	加分奖励(1~10分)			
合　　计					
学生姓名		指导教师			
日　　期					

<h1 style="text-align:center">任务 2　线上店铺的创建</h1>

任务描述

琳达:"肖峰,你已经了解了创建线上店铺的基本信息,并熟悉了其中一个平台,现在能否开始搭建线上店铺?"

肖峰:"好,我再仔细熟悉一下平台操作的关键步骤,就可以开始线上店铺的创建了。"

知识加油站

呱呱赞　呱呱赞是一个小程序免代码制作平台,有 300 多种不同样式的小程序模板。模板设计非常精致,界面简洁美观,设计感强,呈现的视觉效果非常好。用户能根据自身需求自定义主题颜色、装修小程序,做出自己的个性。

上线了　"上线了"是一个免费建站平台,无须任何编程和设计经验即可进行免费网站建设。可作为商城小程序、名片、域名、网站的建立工具,风格比较小清新,界面较为简洁。

任务实施

实施步骤 1　新增线上店铺

登陆"友数"平台账号,点击"门店"中的"门店管理",点击"新增门店"后编辑店铺相关信息,操作步骤指引请参考图 2-1-7 新增店铺操作流程展示。

图 2-1-7　新增店铺操作流程展示

实施步骤 2　完善店铺基本信息

根据线上步骤修改编辑的操作方法进入门店后,对经营模式、门店名字、店铺地址、详细地址、店铺标识、配送方式、配送半径、配送费、起送费、营业时间、责任人、责任人手机、责任人账号、确认密码等信息根据实际情况填写,页面可参考图2-1-8。所有信息填写完成后点击保存,店铺即成功创建。

图2-1-8　店铺信息填写页面展示

实施步骤3　线上店铺装修

1. 店铺装修模块组成

店铺装修一共有5个模块可以选择,即图片广告、图文导航、文字链接、辅助线、辅助空白,合理运用这5个模块就能将店铺构建起来,案例可参考图2-1-9。

第一步:点击"图片广告"模块,本模块一般用于店铺置顶设计,用于宣传店铺活动、店铺新品等店铺大事件。

第二步:点击"图文导航"模块,与图片广告模块操作类似,但是图文导航所需要的图片更小,选择适合左右两边放置的图片。

第三步:点击"文字链接"模块,此模块填写相应的文字及链接即可。

第四步:点击"辅助线"模块,根据自己在页面上的需求制定辅助线。

图2-1-9　店铺装修模块组件

第五步：点击"辅助空白"模块,该模块一般用于区分上下不同活动间隔,功能类似分隔线。

2. 店铺基础装修

第一步：登录门店账号,点击"店铺",然后找到"首页装"修点击进入,即开始装修店铺基础装修,案例可参考图 2-1-10。

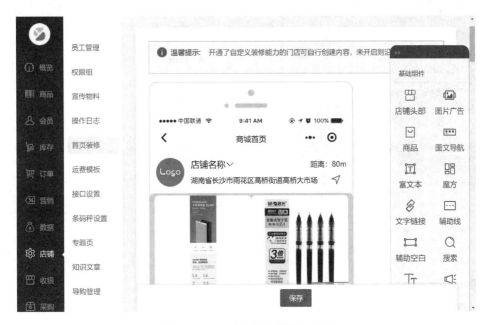

图 2-1-10　店铺基础装修展示 1

第二步：选择不需要的板块,点击"删除"。

第三步：点击"图片广告",将广告图片模板删除至只剩下一块即可。

第四步：点击"请选择图片",上传素材图。

第五步：选择上传图片,点击"使用选中的图片",完成广告图片模板。

第六步：点击"图文导航",并将广告图片删到只剩下 2 个模块,点击"链接到"。

第七步：在下拉窗口点击"选择商品",弹出窗口中选择自己小组内上架的商品。

第八步：重复上一步将另外图片区块完成,点击"保存",这样即完成店铺装修。完成后通过二维码进入小程序查看店铺的装修效果以及链接的有效性,案例可参考图 2-1-11。

3. 店铺页面制作注意事项

有部分商户在装修小程序的首页时主次不分,想把某个商品突出,所以大量使用不同字体和色彩或是使用动画图。这样可能会使顾客不知道重点在哪里,设计排版就没有考虑到用户体验。一般通用的店铺页面排版方式有如下方式：

（1）图文导航——店铺的名称;

（2）图片广告——店铺爆款;

（3）图文导航——店铺优惠券活动;

（4）文字链接——店铺全店活动/店铺物流/店铺公告;

（5）图文导航——次爆款商品。

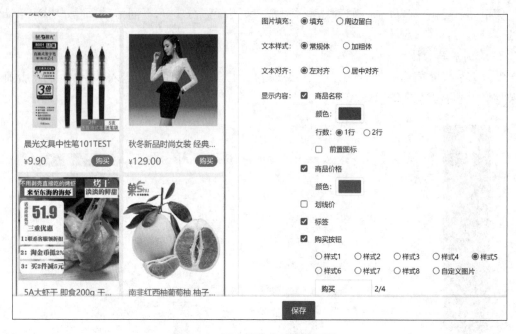

图 2-1-11　店铺基础装修展示 2

　　肖峰经过了一天的学习和操作,已经将店铺创建完成,新零售线上店铺正式开设,店铺内商品上传后即可上线营业。创建后的门店效果如图 2-1-12 所示。

图 2-1-12　门店创建成功展示

小贴士

网店装修小技巧

店招　进入网店首先会看见店招,设置店招应该突出品牌文化以及特色,店招放在显眼的地方,配色设计方面建议简约一些。

导航栏　导航栏建议不用太多下拉菜单,应该把重要的选项放在上面,如促销活动、新品推荐、爆款、搭配套餐等。

分类　分类选项应该明确清晰,如按价格、按种类、按上下架时间、按季度等,能够引导买家的分类才是好分类。

海报　海报是整间店铺最重要的区域,能让热推的商品进一步展示出来,而该区域有 960 和 750 两种宽度,建议选择 960 宽度的,选 3~5 张爆款的图片使用轮播效果,图片要求靓丽一些,最好把促销活动的文字也添加进去,刺激买家的购买欲。

商品图片　一张高质量的商品图片能体现出店铺的面貌,更能提升目标客人的购买欲望。相反,低质量、低清晰度会让买家有这间店铺不太好的感觉,连最基础的都没做好,客服的服务质量也不会好到哪里去。

任务评价

表 2-2　学习任务评价表

评价项目	评价内容	评价标准	评价方式		
			自我评价	小组评价	教师评价
职业素养	学习积极性	学习态度端正,能积极认真学习(1~10分)			
	学习主动性	能够独立思考,主动完成学任务(1~10分)			
	团队合作意识	与同学协作融洽,团队合作意识强(1~10分)			
专业能力	店铺操作熟练程度	能够熟练利用友数平台搭建店铺框架(1~20分)			
创新能力	提出具有创新性、可行性的建议	加分奖励(1~10分)			
合　计					
学生姓名		指导教师			
日　期					

IP 时代，文化在左，商业在右

文/鲸典

最开始我们谈论 IP 的时候，只是单纯的以 IP 的原生含义为中心，讨论其衍生的各类产物。当时所认为的 IP 是某种知识产权著作，并且是塑造出受人喜爱的著作形象。最终的落脚点都是一个整体形象。

在早期，IP 的商业价值在于直接的经济价值，比如通过电影塑造的 IP，商业价值在于相关电影的票房。出版作品在于其背后的销量。

当背后的 IP 操盘手发现了 IP 的更广阔的价值时，开始对 IP 的衍生价值进行挖掘。包括各类 IP 本身的周边产品，以及对于 IP 的二次开发。

但这些都只是在挖掘 IP 本身的价值，后来 IP 开始出现了符号化或者说标签化的概念，让 IP 在商业实践中拥有了为产品提供溢价的能力，又开始了新一轮的 IP 价值挖掘。

但这些都只是基于 IP 的文化属性和情感属性进行商业变现。在某种程度上来说，IP 本身是文化人创造的文化产物，有着文化人独有的矜持。所以变现手段也相对含蓄，只是在挖掘自己的价值。

文化赋予 IP 价值

IP 本身就是文化人创造出的文化产物，是通过某种文化手段创造出来的集成形象。他本身包含了被受众所广泛接受的价值观和文化观念，并且集成在一个被受众乐于接受的形象当中。因为文化 IP 自身所包含的属性，也让 IP 在商业活动中有了自己的优势。

流量价值

IP 本身就是被流量堆积出来的产品，只有流量才能塑造出一个成功的 IP。所以 IP 天然就有着流量价值，在 IP 的粉丝心中，只要是 IP 出现的地方，那么一定对此投放自己一定的注意力，这就是 IP 对粉丝的天然吸引力。正是这种吸引力的存在，让 IP 有了为产品提供流量的可能。当产品与 IP 进行结合时，粉丝对于 IP 的注意力就会在一定程度上转移到产品上。

品牌价值

对于粉丝来说，IP 是某种价值观和文化观念的集合。本身就代表着对于 IP 本身强烈的认同感，只因为有认同，才会对 IP 投以持续性的关注，并且给予自己的喜爱。

那么对于 IP 所结合的产品，在一定程度上也把 IP 背后的价值观和文化观念同样赋能到了产品上。这就会让粉丝对于产品的价值观和文化观念进行深层次的了解，尤其是有着 IP 作为背书，那么更容易让粉丝也认同产品。对于品牌来说，价值观和文化观念是品牌存在生命力的两个特征。IP 的品牌价值，就等于是为品牌激活价值观以及文化观念，并且让品牌具有了情感属性和文化属性。

圈层价值

圈层价值是流量细分之后的产物。IP 现在出现的数量越来越多，我们能看到越来越多雷同的 IP 的出现，对于粉丝来说，同一种类型的 IP 有一个最好的就够了，有限的关注和喜爱不足以分配给除了自己"本名"以外的其他 IP。

　　这就导致IP的粉丝越来越细分,IP在进行塑造时也越来越去切入精准粉丝的群体。也就是说,新生代的IP不再希望得到最广阔的粉丝,而是寄希望于得到一批精准的死忠粉。

　　这些粉丝往往有着许多共通的特性,这些特性就是这个群体的壁垒。这也是Z时代的典型特征。这些群体壁垒构成了相对封闭性,也就成为一个圈层。

　　在圈层之中,大家都会对圈层外的东西并不感冒,但是对圈层内的东西十分上心。所以当产品被圈层所认可的IP赋能时,那么IP就会把产品带入到新的圈层中,实现新的消费群体增长。

文化在左,商业在右

　　因此对于IP含义的重新解读,也让IP的创作路径产生了两条道路,也是文化路径和商业路径。在某种角度上说,商业路径可以看作是将文化路径中打造IP的关键节点,通过更有效率的方式重新塑造出来,极大地提高了IP的创作效率。

　　在过去,可能要通过几年、十几年甚至几十年才能打造出来的IP,通过商业化的手段可能仅仅需要几个月就可以创造出来,有经验有资本的企业甚至可以更进一步缩短IP的创造时间。但是这种短期快速包装出来的IP,从生命力上并不足以跟通过文化手段创造的IP相媲美,更多是满足用户浅层并且表象化的需求,这样的价值极易被代替。

　　所以在未来的IP市场,肯定会出现文化路径和商业路径的结合,通过更进一步的文化与商业的结合,既缩短IP打造的时间,又增加IP的生命了。现在的IP的市场已经出现了初步的运营模型。

模块 2　线上商品管理

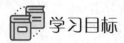

学习目标

☆知识目标：(1) 了解商品的基本概念；

　　　　　　(2) 掌握选品的基本理论。

☆能力目标：(1) 能够为产品上线进行 E 化操作；

　　　　　　(2) 能够在线上平台进行商品管理。

☆素养目标：(1) 通过商品选品的基本理论学习,培养选品能力；

　　　　　　(2) 通过商品的 E 化处理。

任务 1　商品选品的基础

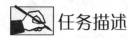

任务描述

肖峰向琳达汇报了他创建新零售店铺的进度,随后琳达给他布置了新的任务。

琳达:"肖峰,公司新零售项目线上店铺创建你完成得不错,今天你着手准备店铺选品的事情,争取将店铺尽快上线。"

肖峰:"好的,我现在去准备。"

知识加油站

商品定位　商品定位是指零售企业针对目标消费群体和生产商的情况和动态,分析确定店铺内所经营的商品的结构,以实现商品配置最优化状态的活动,包括对商品品类、价格、档次、服务等方面的定位。商品定位既是零售业经营者对消费市场分析判断的结果,同时也体现了企业的经营理念,是零售企业利用商品而设计的企业在消费者心中的形象。

任务实施

实施步骤 1　做好商品定位

商品定位会受到业态、目标消费群体、消费需求等因素的影响,因此进行商品定位需要从以下三个方面出发：

1. 明确业态类型

零售业态是指零售企业为满足不同的消费需求进行相应的要素组合而形成的不同经营形态。通俗地讲,业态就是指零售店卖给谁、卖什么和如何卖的具体经营形式,主要包括百货店、超级市场、大型综合超市、便利店、专业市场(主题商城)、专卖店、购物中心和仓储式商场等形式。

业态的不同，其实质就是店铺内商品构成的不同。例如，对于超市来说，生鲜食品类是主力商品，在所有商品中所占的比例通常会在 50% 以上；而对于便利店来说，追求的是便捷，食品类以速食和饮料为主，生鲜食品则较少。因此业态确定了商品定位和商品构成。

2. 分析目标消费群体

零售企业明确了业态之后，基本上就明确了目标消费群体。当然，也会有特殊情况的存在，即零售企业的业态相同，但由于企业所处的地理位置不同，面对的目标消费群体不同，其所经营的商品结构也会有所不同。因此，明确业态后还需要对目标消费群体进行深入的分析。只有充分了解目标消费群体的特征，才能有针对性地组织商品服务。对目标消费群体进行分析可以从以下几个方面来展开：

(1) 所处的地理位置。一个区域的经济发展水平、气候特点、地势特点等因素会对消费者习惯产生一定的影响，所以在进行商品定位时，需要考虑目标消费群体所处的地理位置。

(2) 人口属性。消费者的消费习惯会受到年龄、性别、职业、收入水平、受教育水平、家庭规模等因素的影响，所以在进行商品定位时需要考虑这些因素。

(3) 消费心理。消费者所处的社会阶层、生活模式、价值观等因素也会影响消费者的消费行为。零售企业经营者需要了解企业所在地区内目标消费群体的消费行为特征、生活态度，从而进行商品定位。

3. 分析消费需求

分析并掌握目标消费群体的特征后，需要对目标消费群体的消费需求进行分析，这样才能进一步了解目标消费群体对商品及服务的需求。分析目标消费群体的消费需求的方法有以下几种：

(1) 访谈法。在商圈内，以座谈会或者聚会的形式，分批次邀请一些不同性别、不同年龄的消费者，对其进行访问，让他们畅所欲言，自由地提出意见，在这个过程中了解消费者对商品或服务的需求。

(2) 观察法。这是一种非常直接的方法，通过观察消费者的生活方式，甚至与他们一起购物，分析消费者对商品或服务的需求。

(3) 问卷调查法，是指通过制订详细、周密的问卷，要求被调查者据此进行回答，以收集资料的方法。零售企业经营者向消费者发放调查问卷，在消费者作答后对问卷进行回收，然后将收集的资料进行统计整理，从中分析消费者的需求，为进行商品定位提供参考。

实施步骤 2　明确商品定位的方法

1. 细分市场，做个性化店铺

所谓的细分，就是指在一个大的行业下，去发现那些大部分人洞察不出的市场需求。图 2-2-1 为服装行业连衣裙的市场细分。

服装市场非常大，首先需要进行切分，如果锁定连衣裙这个市场，其实类目还是会比较大，我们可以再次进行切分，如按款式可细分为高腰连衣裙等。款式细分之后还可以按年龄段细分，如学生穿的高腰连衣裙等。还能继续进行价格细分，如 100 元以下等。当细分到某一部分人群需求的时候，你的发展空间就会很大，而且客户群非常精准，你可以很好地选择这类产品，并且做出自己店铺的特色。所以选品细分得越细，对应的客户群就越精准，之后获得流量的时

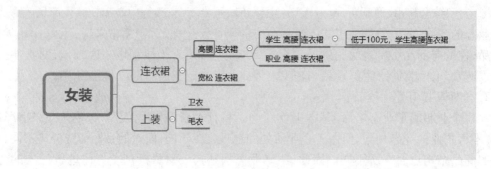

图 2-2-1　连衣裙市场细分案例

候才越容易。电商的特点就是人群细分,所以越细分的生意越容易找到客户群。

2.冷门市场,做特色店铺

冷门,说明做的人少,或者市场小,但是市场小不代表没有需求,而且冷门的行业只是现在阶段没有发展起来,未来一旦机会来了,冷门就会变成热门。例如二次元的周边产品(见图 2-2-2)在早两年会非常冷门,需求有但不大。随着新一代年轻人进入这个市场以后,需求逐渐变大,现在二次元周边的产品销量都非常不错。所以说冷门的不一定就是没有需求和盈利,只是很多人还没有挖掘,如果恰巧被挖掘到,好好利用,就能创造出利润。

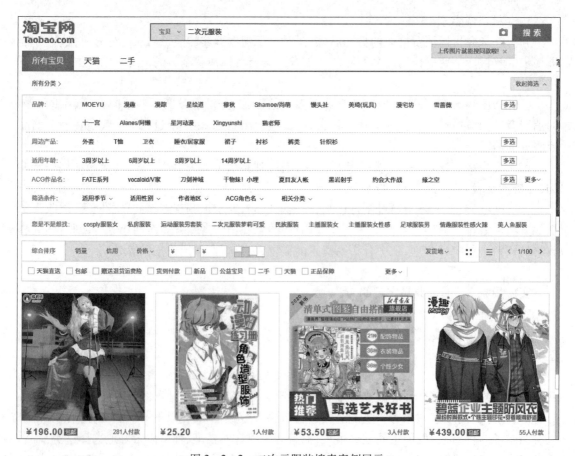

图 2-2-2　二次元服装搜索案例展示

3. 优质的货源是店铺盈利的保证

（1）线上阿里巴巴采购。阿里巴巴作为全国最大的网上采购批发平台,拥有非常多的货源,为很多卖家提供了很大的选择空间。它不仅查找信息方便,也专门为小卖家提供了相应的服务,且起拍量很小,还支持一件代发,给新手卖家提供了便利。同时阿里巴巴也有很强大的搜索功能,进货时可以最大限度地货比三家。还可以同时选择几家发样品进行参考做比较,方便做出更好的选择。

（2）线下批发市场采购。每个城市都会有一些批发市场,线下批发市场的商品价格一般也比较便宜,新手卖家在线下批发市场采购的话,进货时间、数量自由度很大;能看到实物,更便于卖家挑选比较;还可以节省商品运输的时间。同时多跑跑地区性的批发市场,通过和一些批发商建立良好的供求关系,就能拿到第一手的货品,降低商品的成本。

（3）从源头(产地或工厂)直接进货。从源头进货,优势体现在以下几个方面：减少周转环节,成本相对低,质量相对更有保障,品质稳定性会更好,做得大甚至可以垄断货源和厂家签独家。但缺点是必须要有量,没一定的量,以上无法谈。而且要压货,适合已经有一定销量基础的卖家。

实施步骤3　掌握店铺选品需要规避的误区

1. 店铺产品繁多

目前阶段电商运营更加注重的是精细化运营,学会将店铺化繁为简是非常重要的。线上店铺产品种类繁多会导致格局杂乱,打理起来容易顾此失彼,而且用户也没有耐心看完,所以选品需要挑选核心的、竞争力强的产品上架。

2. 选品跟着感觉走

很多卖家特别是新手卖家,经常会把自己喜欢的产品当作主推款。切记,选品需要有科学的数据支撑,最有效的做法不是跟着感觉走,而是跟着市场走。

3. 定价过低

消费升级时代,价格早已不是唯一的价值衡量维度,买家更加注重消费体验和性价比。而且把产品价格定得过低,还可能让用户对你的产品质量产生怀疑。

小贴士

商品定位的两大原则

商品定位要遵循适应性和竞争性两个原则。

适应性原则包含两个方面：一是商品的定位要能够满足消费者的需求,才能刺激消费者产生购买行为。二是商品定位要与企业本身的人、财、物等资源配置相符合,才能保证商品的质量。

竞争性原则也叫差异性原则,是建立在企业对同行竞争对手分析的基础上,通过对行业竞争对手数量、实力、产品定位的分析,保证本企业商品定位的精准,有效降低竞争风险。

 任务评价

表 2-3　学习任务评价表

评价项目	评价内容	评价标准	评价方式		
			自我评价	小组评价	教师评价
职业素养	学习积极性	学习态度端正,能积极认真学习(1~10分)			
	学习主动性	能够独立思考,主动完成学任务(1~10分)			
	团队合作意识	与同学协作融洽,团队合作意识强(1~10分)			
专业能力	商品选品的原则	能够明确说出商品选品的原则(1~10分)			
	商品选品的误区	能够准确表述商品选品的误区(1~10分)			
创新能力	提出具有创新性、可行性的建议	加分奖励(1~10分)			
合　　计					
学生姓名		指导教师			
日　　期					

任务 2　商品上架的准备

 任务描述

　　琳达:"肖峰,你前期对店铺商品选品的要点做了梳理,那么店铺商品要上架还要有哪些准备?"

　　肖峰:"商品要上架还要做基本的 E 化处理,即商品详情页的制作,商品的主图、辅图,以及商品客服都还要做相应的准备。"

　　琳达:"好的,那请你根据以前学过的知识,对商品上架的准备做一个梳理,为商品上架做好准备。"

 知识加油站

　　标题优化　指通过对商品标题和关键词进行优化设置,使店铺商品关键词排名靠前、商品曝光率和点击率增加来提高店铺流量,同时提高进店顾客的购物体验,进而提高商品转化率。

任务实施

　　一个商品的详情页组成结构分为主图/封面图、商品标题、商品详情以及商品服务。因此商品上架前的思考方向也需要从这几个角度出发。

小贴士

商品详情页的要素

　　(1) 店铺活动。添加 1~2 个促销活动,提高顾客活跃度,促成转化。

　　(2) 场景使用效果图。利用商品配合场景,让商品更时尚,从而让顾客联想到自己穿上后的效果。

　　(3) 商品图。多角度进行拍摄、摆拍,造型相当重要,图片要清晰,突出主题。

　　(4) 商品材质细节图。细节主要包括面料、工艺、细节、品牌标签等(服装类商品对这点十分看重)。

　　(5) 尺寸说明图。把每一个尺码以图片的形式展示出来即可,忽略这点只会增加客服的工作量。

　　(6) 合格证明图。详情页里放置商品合格证明图、检测图等,增加顾客(用户)对商品的信任感。

　　(7) 商品包装图。不少顾客对"暴力快递"比较揪心,所以详情页如果添加商品包装图的话,同样能增加顾客购买欲。

　　(8) 关联营销。利用连带(关联)把商品与引流款或爆款、新品串联起来,最大程度带动店铺其他商品销量,增加店铺访问深度与浏览时长。

实施步骤 1　确定商品标题

　　商品标题一般由"品牌+产品+形容词+型号"组成,案例可参考图 2 - 2 - 3。优化标题是

图 2 - 2 - 3　商品标题案例展示

非常重要的一个环节,是指通过对商品标题和关键词进行优化设置,使店铺商品关键词排名靠前、商品曝光率和点击率增加来提高店铺流量,同时提高进店顾客的购物体验,进而提高商品转化率。

实施步骤2　完成商品主图

商品主图一共分为9种,分别为:商品正面/侧面图、商品功能图、商品细节图、商品模特图、商品尺寸图、商品使用说明图、商品包装图、场景应用图、拆解结构图。

1. 商品正面、侧面图

商品正面、侧面图可以让买家多角度了解店铺的商品,此种主图对于款式型的商品来说比较重要,如衣服、鞋子等。另外商品侧面图也不一定要全侧面,斜侧面也可以,案例可参考图2-2-4。

正面图　　　　　　　　　　　　　　　侧面图

图2-2-4　商品正面/侧面图案例展示

2. 商品功能图

商品功能图以图文的方式来呈现商品的功能,让买家更清楚商品的功能。功能图里可以添加文字,一般放最重要的三点即可,也就是这个商品最重要的三个卖点,并且要言简意赅,案例可参考图2-2-5。

图2-2-5　商品功能图案例展示

3. 商品细节图

商品细节图突出商品的重要细节,可以增加商品的竞争力,让买家一目了然。细节图可以几张图组合在一起,如果是数码商品可以展示接口、配件等,如果是服装就展示面料、走线做工等,案例可参考图2-2-6。

图2-2-6 商品细节图案例展示

4. 商品模特图

某些商品需要模特烘托才能更好地展现,比如服装,这时候商品模特图就要纳入商品的布局中,案例可参考图2-2-7。

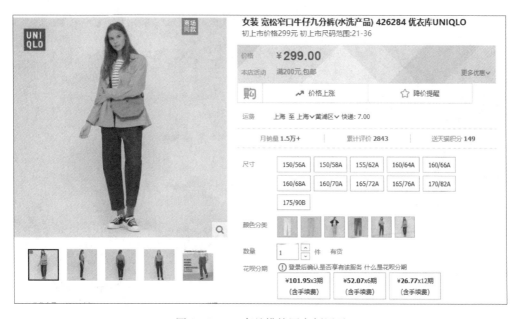

图2-2-7 商品模特图案例展示

5. 商品尺寸及参数图

尺寸/参数图是必不可少的,如鞋子、衣服、数码商品等,要让买家心中有底,明白自己到底能不能用这个商品,案例可参考图2-2-8。

图2-2-8　商品尺寸/参数图案例展示

6. 商品使用说明图

大多数商品都有使用说明书,但是一份商品使用说明图比起枯燥的文字,更容易让人接受,案例可参考图2-2-9。

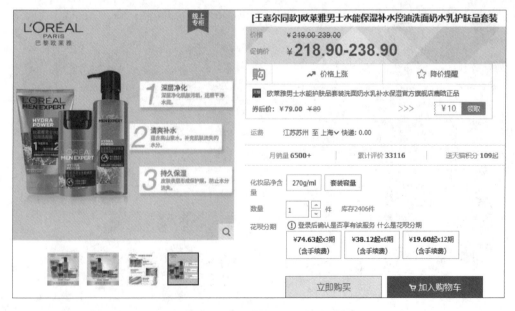

图2-2-9　商品使用说明图案例展示

7. 商品包装图

商品包装图不仅是展现商品的盒子,还要告诉买家在买了这个商品后将会获得的商品有哪些,数码类商品和美妆商品的用户最在意的是包装怎么样,里面有什么配件,甚至有些商家会做个概览图,案例可参考图 2-2-10。

图 2-2-10　商品包装图案例展示

8. 商品场景应用图

商品场景应用图可以让买家知道该商品能应用在什么地方,或者能适配哪些其他类型和型号的商品,案例可参考图 2-2-11。

图 2-2-11　商品场景应用图案例展示

9. 商品拆解结构图

商品拆解结构图可以将商品各个部件的结构通过立体图呈现出来,让买家对商品的结构一目了然,案例可参考图 2-2-12。

图 2-2-12　商品拆解结构图案例展示

实施步骤 3　掌握商品主图设计的核心思想

商品主图的设计核心是向用户传递有用的、有效的信息,知道你的用户是谁、你的对手是谁。如何进行创新才是设计思想的源泉。

1. 错误案例分析

图 2-2-13 中的纸伞是一种艺术品,购买此产品的消费者关注点主要是从艺术角度,而

图 2-2-13　商品主图设计错误案例展示

非功能角度,所以带不带有防雨功能,用户是丝毫不关心的,商家通过防雨的卖点来吸引消费者,这个思想从出发点来说就是错误的。

2. 正确案例分析

同类的产品,图 2-2-14 中左图的卖点为无任何添加剂,并且通过买两件减 5 元弱化了无任何添加剂的比例,突出产品的促销活动,所以右图找到了机会点,通过"纯手工、更健康"的文案来强化产品的健康特色,这种主图的卖点设计属于正确抓住了设计的核心。

图 2-2-14　商品主图设计正确案例展示

 任务评价

表 2-4　学习任务评价表

评价项目	评价内容	评价标准	评价方式		
			自我评价	小组评价	教师评价
职业素养	学习积极性	学习态度端正,能积极认真学习(1~10 分)			
	学习主动性	能够独立思考,主动完成学任务(1~10 分)			
	团队合作意识	与同学协作融洽,团队合作意识强(1~10 分)			
专业能力	商品主图的设计操作	能根据商品的特点设计商品主图(1~20 分)			
创新能力	提出具有创新性、可行性的建议	加分奖励(1~10 分)			
合　计					
学生姓名		指导教师			
日　期					

任务3　商品上架及后台管理

任务描述

琳达:"肖峰,对于商品上架你做好准备了吗?"

肖峰:"商品上架的基本准备已经完成。"

琳达:"好的,那请你根据自己准备的素材完成商品的上架,并且对已上架的商品做好后台的管理。"

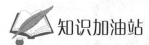知识加油站

电商网店商品拍摄的误区

(1)相机像素越高越好:相机的像素并不是越高越好,200万~300万像素就够了。商品的照片像素一般是1 024×768,太大的图片在处理时会增加难度。

(2)照片一定要后期处理效果更好:真正好的照片在拍摄时已经综合考虑构图、明暗等,后期进行一些文字处理即可。

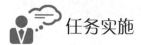任务实施

实施步骤1　设置商品的基础信息

第一步:点击"商品",然后点击"商品管理",再点击"发布商品",案例可参考图2-2-15。

图2-2-15　商品基础信息设置案例展示1

第二步：填写资料，案例可参考图 2-2-16。

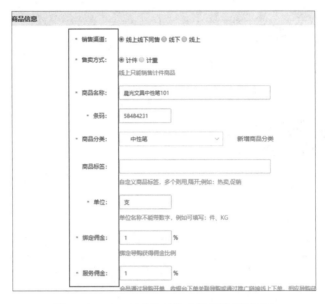

图 2-2-16　商品基础信息设置案例展示 2

第三步：上传图片，点击主图中的"+"，根据提供的主图素材，按照序号依次上传，并用第一张作为封面图，案例可参考图 2-2-17。

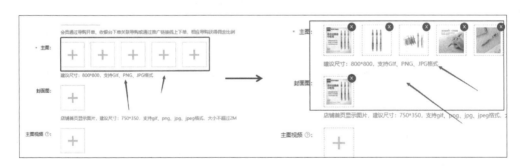

图 2-2-17　商品基础信息设置案例展示 3

第四步：填写销售价格并点击"下一步"，案例可参考图 2-2-18。

图 2-2-18　商品基础信息设置案例展示 4

第五步：点击"新建"，然后点击"保存并发布"，案例可参考图2-2-19。

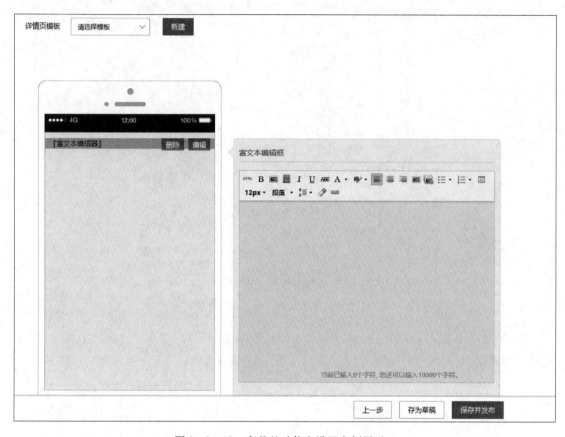

图2-2-19　商品基础信息设置案例展示5

实施步骤2　编辑商品详情

第一步：点击"商品"，然后点击"商品管理"，在界面中找到自己上次发布的商品，点击"编辑"，案例可参考图2-2-20。

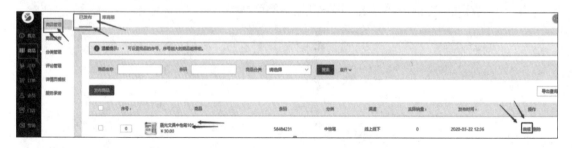

图2-2-20　商品详情编辑案例展示1

第二步：直接点击"下一步"，跳转到详情编辑界面，案例可参考图2-2-21。

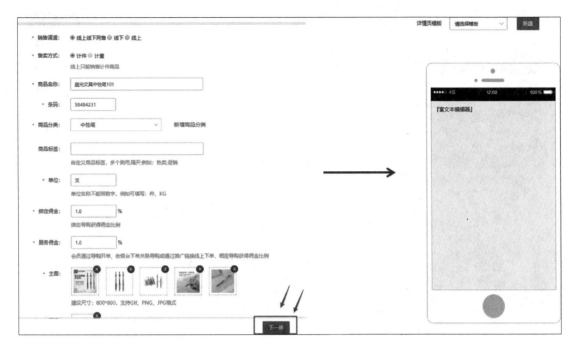

图 2 - 2 - 21　商品详情编辑案例展示 2

　　第三步：在右侧边栏，点击"富文本"，在弹出的编辑框中点击"上传图片"按钮，案例可参考图 2 - 2 - 22。

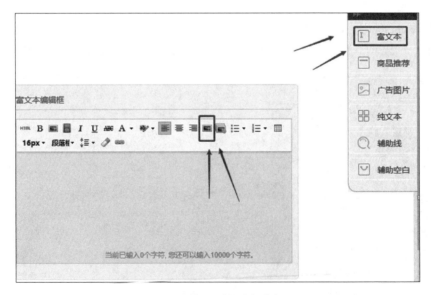

图 2 - 2 - 22　商品详情编辑案例展示 3

　　第四步：根据提供的详情页素材上传图片，全部上传完毕后点击"保存"，案例可参考图 2 - 2 - 23。

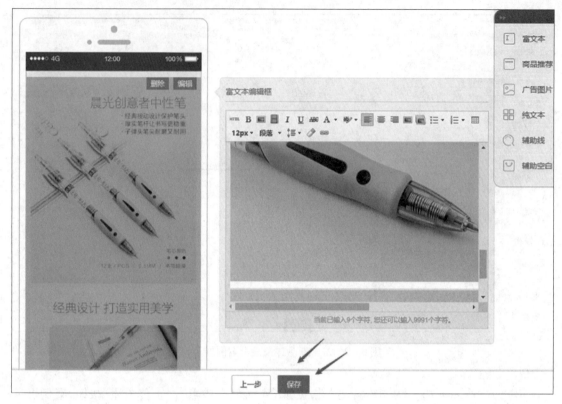

图 2 - 2 - 23　商品详情编辑案例展示 4

实施步骤 3　编辑商品分类

第一步：点击"商品"，然后点击"分类管理"，最后点击"新增分类"，案例可参考图 2 - 2 - 24。

图 2 - 2 - 24　商品分类编辑案例展示 1

第二步：填写分类名称及上级分类，然后点击"保存"，案例可参考图2-2-25。

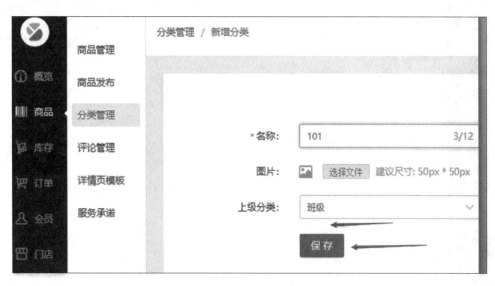

图2-2-25　商品分类编辑案例展示2

第三步：在商品管理中，找到之前自己发布的商品，点击"编辑"，案例可参考图2-2-26。

图2-2-26　商品分类编辑案例展示3

第四步：在商品分类中，将分类修改为自己的学号，并点击"下一步"以及"保存"，案例可参考图2-2-27。

实施步骤4　填写商品服务承诺

第一步：点击"商品"，然后点击"服务承诺"，最后点击"新增服务承诺"，案例可参考图2-2-28。

第二步：填写服务承诺名称，操作流程案例可参考图2-2-29，参考文案如下。

（1）收货时请确认包裹完好无损后签收，如有破损，请于快递员当面验收后签收。

（2）如拆包后发现异常，请保留面单、纸箱，并第一时间拍照联系在线客服处理。若丢失以上物件将导致投诉无效。

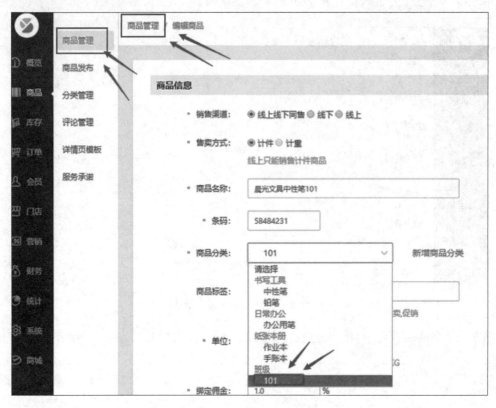

图 2 - 2 - 27　商品分类编辑案例展示 4

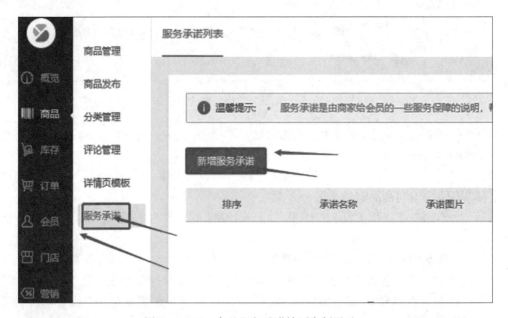

图 2 - 2 - 28　商品服务承诺填写案例展示 1

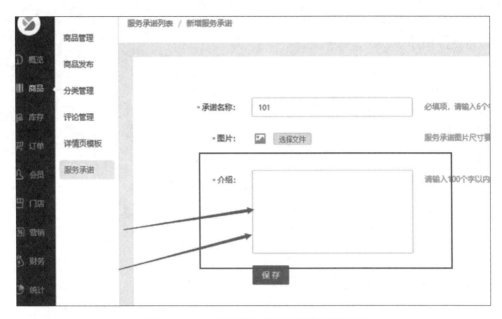

图 2 - 2 - 29　商品服务承诺填写案例展示 2

第三步：上传服务承诺图片，并点击"保存"，案例可参考图 2 - 2 - 30。

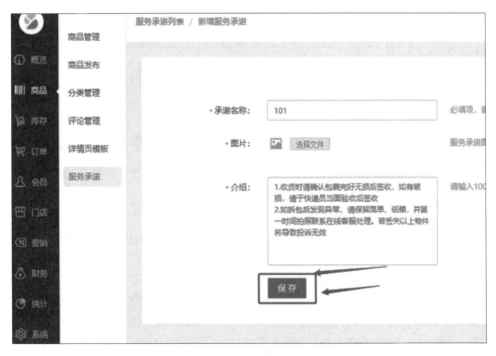

图 2 - 2 - 30　商品服务承诺填写案例展示 3

任务评价

表 2-5　学习任务评价表

评价项目	评价内容	评 价 标 准	评价方式		
			自我评价	小组评价	教师评价
职业素养	学习积极性	学习态度端正,能积极认真学习(1~10分)			
	学习主动性	能够独立思考,主动完成学任务(1~10分)			
	团队合作意识	与同学协作融洽,团队合作意识强(1~10分)			
专业能力	商品详情的编辑	能够熟练根据店铺定位进行商品详情的编辑(1~20分)			
创新能力	提出具有创新性、可行性的建议	加分奖励(1~10分)			
合　计					
学生姓名		指导教师			
日　期					

阅读拓展

借力华为云构建数字化渠道,良品铺子一体化平台占尽先机

良品铺子成立于 2006 年,是一个集休闲食品研发、加工分装、零售服务为一体的专业品牌。2019 年,其门店数量已超 2 000 家。2019 智慧零售潜力 TOP100 排行榜,良品铺子排名第 42。2020 年 2 月 24 日,良品铺子成功上市,目前市值超过 290 亿。

作为 A 股上市公司新零售第一股,良品铺子很早就开始全面拥抱移动互联网,在数字化方面做了诸多探索,可谓零售领域全渠道、全品类、O2O 发展的典范。

2018 年,在华为云 SAP 解决方案的帮助下,良品铺子将所有 SAP 开发测试系统从线下迁移到华为公有云上。构建了全渠道一体化管理平台,以保证重大事件下的系统平稳运行,同时能够快速响应市场需求,为顾客提供最佳的购物体验,实现精准营销,抢占市场先机。

华为云的纵向和横向扩展灵活性,保证了良品铺子能够轻松应对各种业务高峰。线下资源不足时,可以在华为公有云上自动扩展,轻松应对“6.18”、“双十一”等重大促销活动期间几百万级别的订单交付量挑战。

同时,基于华为云上开放的微服务引擎等 PaaS 服务,复用大量业务代码,简化研发流程,进一步加速了良品铺子的整体研发效率。以前需要三四天的时间部署的带生产环境数据的测试系统,现在通过云上系统克隆的功能,可以轻松在1小时内完成任务。

都说数字化转型太难,但良品铺子全渠道零售平台的打造过程就是这么简单。选择一个合适的云计算厂商,完成数字数据迁移,建设多个数字化营销渠道,再加上一个可伸缩能够自由吞吐的自适应云服务,营销业务的数字化升级就此完成。

模块3 线上店铺管理

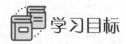
学习目标

☆知识目标：(1) 了解库存的基础知识；
(2) 了解备货的基本常识。
☆能力目标：(1) 掌握线上店铺管理的操作；
(2) 掌握线上订单管理的操作。
☆素养目标：(1) 通过对线上店铺及订单的操作，培养动手实践的能力；
(2) 通过对新零售现状的学习，了解新零售行业发展的现状，培养职业发展观。

任务1 店铺备货的基础

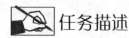
任务描述

新零售项目的新店目前已经建立，装修及选品也已经结束，接下来需要储备库存，进行上下架及后台订单的操作。

琳达："肖峰，今天的任务是将之前的选品备好库存，你了解店铺备货的基本知识吗？"

肖峰："我知道一部分，不能盲目备货但是也不能断货。"

琳达："好，你去梳理店铺备货的一些基本要点是什么，为后期店铺备货做准备。"

知识加油站

备货时间 又称提前时间，是指从订货到货物进入"存储"需要的时间。存储是缓解供给与需求之间不协调的重要环节。存储问题的要素包括以下三部分：① 要达到的目标：满足需求，达到最小成本；② 可控变量：订货时间和每次进货量；③ 成本的构成：与存储有关的费用，由缺货所引起的费用，采购费用。

日均销量预估 根据商品销量分析商品的日均销量，算出备货周期、备货需求量，当然要注意需备货商品的销量趋势，上升，平缓，还是下降，预估日均销售量。

SKU 销售占比拆分 按照平时售卖数量算出每个颜色、码号的销售占比情况，作为备货的依据，预估周期量后根据历史销售占比，仔细地分析平常卖出的数据比例，把总备货量仔细合理的拆分至每个 SKU 尺码上，这样就可以尽量保证预估卖货量与备货量相接近。

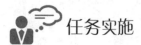
任务实施

对于网店而言，备货一方面要保证足够的库存以防止断货，另一方面又要防止过多备货导致的库存积压。准确地预测库存需求,可以促进店铺销售,最大限度降低流动资金需求,维护客户满意度。备货过程中需要注意一些问题,如产品的生命周期、季节性、颜色、尺寸、款式等。

实施步骤1　了解日常备货的基本数据

1. 确认备货周期

首先需要确认备货的周期,如7天、15天、30天的备货量。又称提前时间,是指库存问题中从订货到货物进入"存储"需要的时间。存储是缓解供给与需求之间不协调的重要环节。存储问题的要素包括以下三部分。要达到的目标:满足需求;达到最小成本。可控变量:订货时间;每次进货量。成本的构成:与存储有关的费用;由缺货所引起的费用;采购费用。

2. 日均销量预估

根据宝贝销量分析宝贝日均的销量算出备货周期的备货需求量,当然要注意需备货宝贝的销量趋势,是上升、平缓,还是下降,决定出预估日均的销售量。

3. SKU销售占比拆分

按照平时售卖数量算出每个颜色,码号的销售占比情况,作为备货的依据,预估周期量后根据历史销售占比,仔细地分析平常卖出的数据比例,把总备货量仔细合理的拆分至每个SKU尺码上,这样就算尽力保证预估卖的量与备货的比例相接近。

日常备货中需要注意以下几个方面:备货款式是否是接下来要打造的爆款,流量方面的引入趋势,转化的预估,是否能准确地预估出周期的总备货量以避免后期出现紧急缺货情况等。

实施步骤2　了解平台活动期间的备货

1. 平台流量引入及转化率预估

首先确认活动平台需要定量的库存,并且预估该平台引入的流量,预估转化率,结合以往活动的流量转化情况,定出目标销售额,定出整个活动周期的备货量。

2. 同类同价活动竞品销量观察

如果是小卖家第一次上活动,对流量销量心里没有底,可以在活动平台里对同类型同等价位活动竞品销量进行观察。

实施步骤3　关注双十一等特殊节日大促备货

大促活动的销量预估值,可结合前几年的销量以及今年的日常数据进行增量预估。以前没参加过双十一活动的,可参考以下数值。

(1) 没入选双十一会场,没打标:日销量的4~5倍。

(2) 入选双十一分会场:等同于半个月到一个月的销量。

(3) 入选双十一主会场:等同于3个月左右的销量。爆发力猛,或者有大资源支持的大牌,可能冲到相当于4~5个月的销量。

实施步骤4　了解备货的其他注意事项

1. 销售目标勿制订过高

要根据自己的流量获取能力、资金周转能力、仓储发货能力,结合销量预估来备货。不少卖家因销售目标制定过高,销量无法达到预期目标,导致产品大量积压库存,占用大量流动资金。

2. 备成品和半成品灵活变通

需大量备货的卖家,一般可备原料,先不把产品生产出来。一来考虑到风向问题,销量可能无法达到预期量;二来剩余的原料可用在其他款式上,可以非常灵活地变通。

3. 提前了解清楚超卖后紧急备货时间

备货前与供应商或者厂家提前了解沟通好出货期,确保超卖后能快速赶货出货。如活动1~2天期间观察销量是否与预估销量接近,如大量超卖,可提前做好紧急备货工作。

4. 推新品勿堆积库存

对于即将推出的新品,备货时切勿过乐观决定备货数量,前期建议保守备新品量,避免出现堆积库存的情况。

5. 根据产品势力做好准备

可对前一个月生产单做出统计,按销售量多少进行排序。对于销售量大的,一般是还要继续大量生产的;对于销量不好的,需要进一步分析,要考虑产品生命周期,以及其他的一些因素,如转化率、质量问题等,需要进行一段时间观察。

6. 注意备货的季节性

做统计不但要做上一个月的,还要对前两个月的销售量进行比较,视野放宽,这样可以得到相对具有稳定性的结论,更好地把握产品的走势。同时还要把旺季的销量与淡季销量进行比较。

7. 仓库做好发货准备

重视发货的工作,避免造成发货压力大,提前做好包装及发货打包的人员准备工作。

根据备货注意事项以及各个时间点备货的方法,肖峰准备开始在店铺的要货平台进行产品要货的操作。

 **任务评价**

表 2-6　学习任务评价表

评价项目	评价内容	评价标准	评价方式		
			自我评价	小组评价	教师评价
职业素养	学习积极性	学习态度端正,能积极认真学习(1~10分)			
	学习主动性	能够独立思考,主动完成学任务(1~10分)			
	团队合作意识	与同学协作融洽,团队合作意识强(1~10分)			
专业能力	店铺备货的注意要点	能够完整地描述商品备货的要点(1~20分)			

（续表）

评价 项目	评价内容	评 价 标 准	评 价 方 式		
			自我 评价	小组 评价	教师 评价
创新 能力	提出具有创新性、 可行性的建议	加分奖励（1～10分）			
合　　　计					
学生姓名			指导教师		
日　　期					

任务2　线上库存管理

任务描述

琳达："肖峰，你今天的任务是在前期备货的基础上，通过线上操作平台完成库存的相关操作设置。"

肖峰："好的，我会根据我们店铺的主要选品及备货需求进行相应的操作。"

任务实施

实施步骤1　进行店铺要货操作

店铺要货具体操作如图2-3-1所示，具体操作步骤如下。

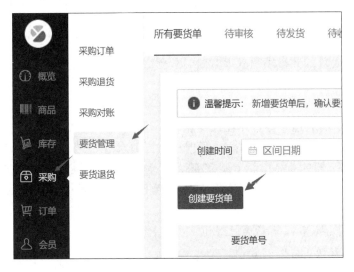

图2-3-1　店铺要货操作案例展示

第一步：登录门店账号，点击"库存"，再点击"要货管理"，然后点击"创建要货单"。

第二步：点击"选择商品"，在之前创建的商品上打钩，点击"保存"。

第三步：完成后就会显示待审核状态，商城通过门店的要货申请后，待审核状态就会变为待收货状态，此时需要点击"确认收货"，收货确认后，即已经做好库存储备工作。

在要货操作完成之后，商品并没有上架，还需要通过登录门店，点击店铺和宣传物料后，用微信扫一下线上商城的二维码，检查目前店铺的商品状态，如出现售罄的提示，则表示该商品尚未上架，是无法销售的。那么如何操作商品上架呢？肖峰会带着大家一起操作一遍。

实施步骤 2　设置店铺库存

设置店铺库存如图 2-3-2 所示，具体操作步骤如下。

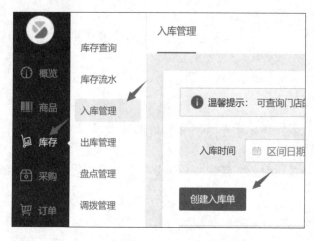

图 2-3-2　店铺库存设置案例展示

第一步：点击"入库管理"，点击"创建入库单"，只有创建了入库单，商品库存的数量才会有变化。

第二步：点击"选择商品"，选择之前操作入库的商品，并点击"保存"。

第三步：根据要货的数量填写入库数量，填写入库价格，并点击"确认入库"。

第四步：后台显示已完成即商品已经上架。

实施步骤 3　了解店铺库存操作注意要点

1. 若不需要商品在前台显示，在商品管理—销售中点击"下架"即可。

2. 若想让之前下架的商品重新上架，在商品管理—仓库中寻找，然后点击"上架"即可。

3. 完成后，可通过店铺宣传物料查看商品是否上架，库存是否正确。以上的操作要点可参考图 2-3-3。

经过一系列的操作，新零售新店已经正式上线，开始销售并产生了一些订单，这里就需要肖峰到店铺的后台去操作订单的处理。

图 2-3-3 店铺库存操作注意要点展示

 任务评价

表 2-7 学习任务评价表

评价 项目	评价内容	评 价 标 准	评 价 方 式		
			自我 评价	小组 评价	教师 评价
职业 素养	学习积极性	学习态度端正,能积极认真学习(1~10分)			
	学习主动性	能够独立思考,主动完成学任务(1~10分)			
	团队合作意识	与同学协作融洽,团队合作意识强(1~10分)			
专业 能力	店铺库存设置操作	能够熟练在平台上对店铺库存设置进行操作(1~20分)			
创新 能力	提出具有创新性、可行性的建议	加分奖励(1~10分)			
合 计					
学生姓名		指导教师			
日 期					

任务3　线上订单管理

任务描述

琳达:"肖峰,你今天的任务是在前期的基础上,通过线上操作平台完成订单管理的相关操作设置。"

肖峰:"好的,我会根据我们店铺的主要选品及备货需求进行相应的操作。"

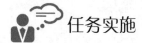任务实施

实施步骤1　下订单

第一步:门店后台可查看该门店所有状态下的订单,可对订单进行备注,同时也支持导出查询结果,案例可参考图2-3-4。

图2-3-4　订单管理——下订单案例展示1

第二步:通过店铺宣传物料微信扫描进入店铺,找到自己创建的商品,进行下订单操作,案例可参考图2-3-5。

第三步:添加收货地址,点击"提交订单"。

第四步:客户支付完成后会形成一个订单编号,同时后台也会对应生成一个待配送订单,点击"备注"。

第五步:在备注中,选择绿旗,输入订单特殊情况说明,点击"保存"。备注一般用于提醒自己此订单情况,如什么时间发货,需要赠品等情况,案例可参考图2-3-6。

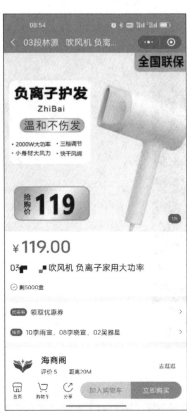

图 2-3-5　订单管理——下订单案例展示 2

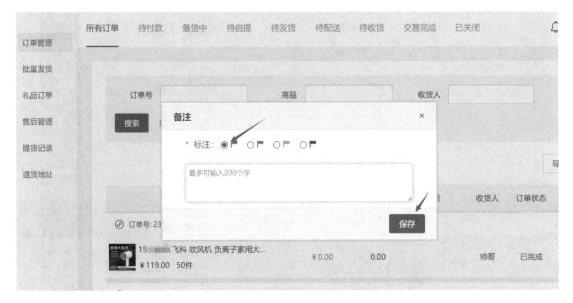

图 2-3-6　订单管理——下订单案例展示 3

实施步骤 2　发货

第一步：登陆门店账号，点击"收银"，案例可参考图 2-3-7。

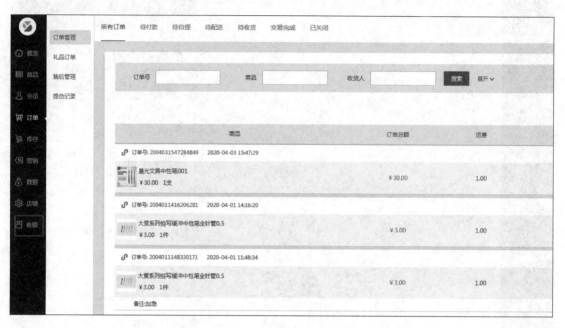

图 2-3-7　订单管理——发货案例展示 1

第二步：进入收银台，点击左上角的菜单，在弹出窗口点击"订单"，案例可参考图 2-3-8。

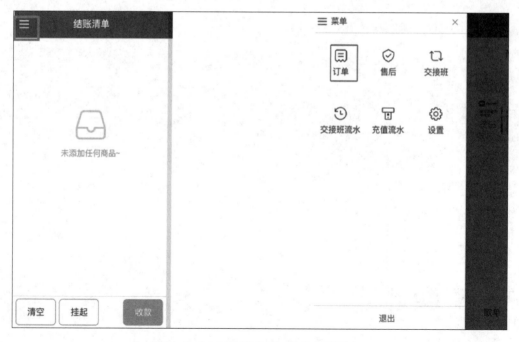

图 2-3-8　订单管理——发货案例展示 2

第三步：点击右上角符号，在订单状态下选择"待配送"，来源和类型选择"全部"，时间选择"近30天"，点击"确认"，案例可参考图2-3-9。

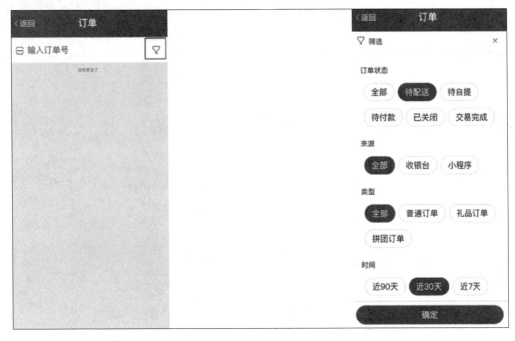

图2-3-9　订单管理——发货案例展示3

第四步：在弹出的界面中，找到自己支付的订单，点击"发货"，即完成发货过程，案例可参考图2-3-10。

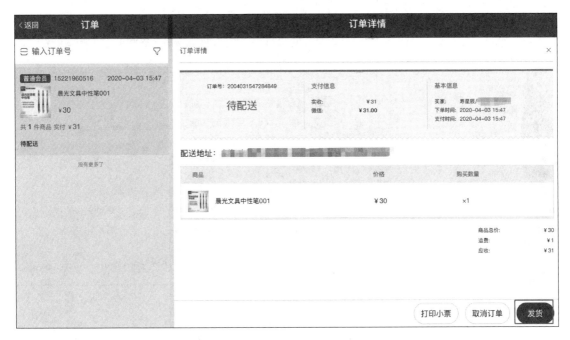

图2-3-10　订单管理——发货案例展示4

第五步：完成订单后，订单状态从待配送变为待收货状态，案例可参考图2-3-11。

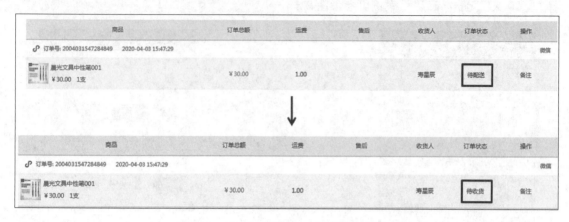

图2-3-11　订单管理——发货案例展示5

实施步骤3　处理售后订单

售后管理功能一般用于售后退款处理。

客户订单一共分为5种情况，需要根据实际情况考虑是否退款。

（1）代付款——客户未付款。

（2）待发货——客户已付款门店未发货。

（3）待收货——门店已发货但客户未确认收货。

（4）待评价——客户已确认收货未评价。

（5）售后——客户收到货后发现有问题。

小程序订单退款流程：买家发起退款申请→门店同意→门店发起退款→退款完成。

第一步：点击"订单"，点击"售后管理"，页面将显示所有售后订单，案例可参考图2-3-12。

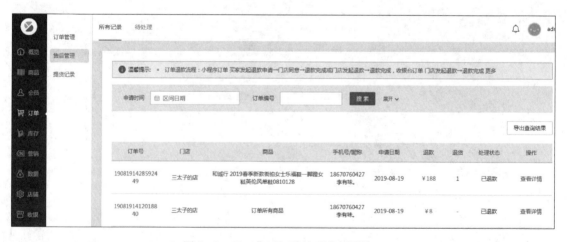

图2-3-12　售后订单处理案例展示1

第二步：在售后管理中找到待处理的订单，点击"处理退款"，案例可参考图2-3-13。

图 2 - 3 - 13　售后订单处理案例展示 2

第三步：在备注中输入退款的订单需要备注的情况（此单就备注为自己的学号），点击"确认退款"，案例可参考图 2 - 3 - 14。

图 2 - 3 - 14　售后订单处理案例展示 3

第四步：此时客户就会收到退款到账通知，同时订单管理中订单状态也会变为已关闭状态，案例可参考图 2 - 3 - 15。

图 2 - 3 - 15　售后订单处理案例展示 4

通过对库存以及备货相关知识的了解与掌握,肖峰根据以上四个实施步骤完成了店铺产品的上下架,店铺上线后并对产生的订单进行了发货、退款等相关售后处理。

任务评价

表 2 - 8　学习任务评价表

评价项目	评价内容	评价标准	评价方式		
			自我评价	小组评价	教师评价
职业素养	学习积极性	学习态度端正,能积极认真学习(1~10分)			
	学习主动性	能够独立思考,主动完成学任务(1~10分)			
	团队合作意识	与同学协作融洽,团队合作意识强(1~10分)			
专业能力	线上订单管理	能熟练进行线上订单管理操作(1~20分)			
创新能力	提出具有创新性、可行性的建议	加分奖励(1~10分)			
合　　计					
指导教师		学生姓名			
日　　期					

阅读拓展

电子商务包装的六要点

对电子商务企业而言,包装就是品牌的终端体现,既要实用,具备对内件的保护功能,又要环保、美观,能体现出企业的实力和特点。

(1)纸箱尺寸要合适:这样可以减少缓冲材料的支出费用,降低包装破损率。

(2)尽量减少箱内空隙:产品摆放要科学。

(3)缓冲材料要齐全:缓冲材料包括 EPS、珍珠棉、气泡粒、气泡垫、气泡枕和气泡柱等。规范的企业,在电子商务仓库内会对气泡粒包裹的层数与封箱带的缠绕方式都提出明确要求。

(4)重在下、轻在上:避免将多个重量悬殊的产品放在同一纸箱内。

(5)杜绝过度包装:绿色包装也是电子商务企业社会责任感的体现。

(6)特殊产品专属包装:包括冷链产品包装、防撞产品包装等。

模块 4　店铺会员管理

学习目标

☆知识目标：(1)知道新零售线上店铺会员管理的重要性；
　　　　　　(2)了解会员管理的基本知识点。
☆能力目标：(1)掌握客户关系管理的构成、实施及流程；
　　　　　　(2)通过客户数据分析能有效识别目标客户。
☆素养目标：通过对新零售现状的学习，了解新零售行业发展的现状，培养职业的发展观。

任务 1　会员管理的基础

任务描述

肖峰已经入职一段时间了，认识了什么是新零售并掌握了新零售线上店铺开店及运营管理的流程。为了更好地对新零售店铺进行客户会员管理，琳达会布置新的内容给肖峰完成。

琳达："肖峰，今天给你一个新的任务，你知道会员管理涉及哪些内容吗？"

肖峰："我之前没有接触过新零售会员管理，不过我觉得第一步是先了解新零售会员管理的产生背景和重要性，第二步是查询客户关系管理的构成、实施及流程是什么，等等。"

琳达："这个步骤是可以的，但还要注意一点，不要忘记新零售会员管理的主要目的，即利用客户数据分析来识别有效目标客户，最后达到赋能店铺销量的目的。"

知识加油站

客户关系管理　客户关系管理是指通过 CRM 系统以客户数据的管理为核心，利用信息科学技术，实现市场营销、销售、服务等活动自动化，并建立一个客户信息的收集、管理、分析、利用的系统，帮助企业实现以客户为中心的管理模式。

CRM 系统　CRM 系统是 Customer relationship management system 的简称，即客户关系管理系统，是指利用软件、硬件和网络技术，为企业建立一个客户信息收集、管理、分析和利用的信息系统。该系统以客户数据的管理为核心，记录企业在市场营销和销售过程中和客户发生的各种交互行为，以及各类有关活动的状态，提供各类数据模型，为后期的分析和决策提供支持。

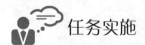任务实施

实施步骤 1　了解新零售模式下会员管理的变化

1. "人""货""场"中的"人"

在以往的零售业中,消费者一次只能在一个固定的零售场所内选购目所能及的商品,消费需求的满足很大程度上取决于品牌商的供货,场景也相对固定和局限。而新零售使消费者随时随地处在消费场景中,并可根据自身的喜好和需求对商品融入个性化设计和定制,同时,在各个消费环节和各类消费渠道中,消费者都处在体验之中。

以优衣库为例,消费者在网上购物时,优衣库就会为其提供周边店面的位置及库存情况,发放可以在实体店使用的 App 优惠券。而消费者在线下购物时,也可以通过手机扫码的方式查看选中的衣服在该店和其他分店的库存,实现精准下单,案例可参考图 2-4-1。

1、登录优衣库天猫官方旗舰店选择商品并购买　2、选择门店自提服务并选择提货门店　3、24 小时内可收到备货完成短信　4、前往购买时选择的门店并在门店营业时间内提货

图 2-4-1　优衣库新零售案例展示

2. "人"的变化:从被动到主动

新零售首先是以消费者为中心和出发点的,因此"人"的变化在于消费者由被动变为主动,具体体现为从"受品牌商引导的被动需求和单纯的商品购买者"转变为"从自身主动需求出发而牵引品牌商进行研发生产的参与者",之所以发生这样的转变,其本质因素是新时代下消费者需求和购物行为的变化。

新时代消费者的追求体现在以下几个方面。

(1)品质感与精致化。消费升级的大背景下,人们在面对越来越丰富的商品选择时,也更注重对产品品质的诉求,从而全方位提升生活品质。

(2)细分化与个性化。以"90后"甚至"95后"为代表的新一代年轻消费群体更在意时尚新潮,他们乐于尝鲜,善于分享,也更特立独行和追求自我价值的彰显,激发了细分化、个性化的需求。

(3)终极便利性。随着生活节奏的加快,人们更注重全购物流程的省时省力,他们期望能够精准搜索、一键下单、移动支付、配送到家。

(4)体验与参与:现今的消费者也不再单一地局限于对商品的功能性诉求,他们更多地关注商品所附带和传递的情感性,追求整体购物流程中的参与感与体验感,要求产品与服务合一。

3. "货"和"场"的核心"人"

(1)消费者需要什么产品?消费者的主动需求通过线上渠道、社交平台等能够迅速传达

给商家,借由大数据等技术,消费群体画像将逐步明晰,从模糊的消费群体画像到精准的消费个体全息画像,由此商家能基于每一个消费者的需求,去开发品质更佳、功能更齐全、更具吸引力的产品。

（2）消费者在何时需要多少体量的产品? 通过精准定位消费群体,商家也可以根据线上消费者的消费习惯,如访问店铺的次数等数据来精准化预测生产数量及供应链所需时间,通过大数据的利用来大大提高商家的效率及利润。

（3）消费者通过何种渠道获得产品? 消费者还是消费场所的选择者,在各个消费环节中,他们都可以选择多种途径,如移动购物、网页消费或是传统的现场体验对商品进行搜索、购买、体验,逆向推动了商家对"场"的构建和创新。

小贴士

案 例 分 析

案例　这个月是丽莎第三次出差了,她乘坐出租车从波士顿机场到达丽思·卡尔顿这家她最喜爱的酒店。门童为她打开车门并向她问好:"欢迎回到丽思·卡尔顿,丽莎女士。"当她走到前台,接待员给了她一把钥匙,并问她是否愿意将此次入住的花费记录到她的美国运通卡中。接着她走进房间,发现一切正合她意:一间能看到公园的房间,一张大号床以及另加的一个枕头和一条毛毯,一部与电话相连的传真机,还有一个水果篮,篮里装满了她最喜欢的水果和点心。

案例启发　丽莎的经历是丽思·卡尔顿酒店客户关系管理项目的一个例子,由此可见,客户关系管理是一种商业理念及一套战略、方案和系统,侧重于识别对零售商而言最具价值的客户并建立起忠诚度。在此理念下,零售商可以通过与相对优质的客户建立关系,以此来增强盈利能力。

实施步骤2　明确客户关系管理的重要性

良好的客户关系管理一方面可以提升企业的竞争力,另一方面可以提升企业的服务能力,与客户之间维持良好的关系也可以提高企业品牌力度,这对企业的长期发展都是有着重要意义。客户关系管理的重要性是树立以客户为中心的企业发展理念,并在此基础上制定职业的发展战略目标,优化企业生产服务流程,提高客户满意度是提升企业效率及企业核心竞争力的重要手段。

客户关系管理也是在企业发展新客户的同时留住老客户并维持企业长期经济增长的一项重要工作。企业通过积累和维持客户信息可以建立和制定以满足客户需求的市场战略,而同时发展新客户的成本要高于保留现有客户的成本,所以可以通过维持现有客户的关系,为现有客户提供可靠的服务将其转变为长期客户,从而增加企业的商机。这对于企业的发展起到积极的推进作用。

客户关系管理的重要性主要体现在以下几方面。

其一,客户关系管理可以提升企业业务运行效率,降低企业客户资源发展成本,提高企业的经营水平。通过对客户信息的收集以及整理,达到客户信息资源的共享,为客户提升服务水平,提升企业的用户体验。

其二,可以发掘潜在客户价值,防止长期客户的流失,提高客户忠诚度,开拓企业销售市场,从而提升企业经营水平。积极地维持企业与客户之间的良好客户关系,提高企业对客户的重视程度,是企业发展自身客户群体,建立良好企业品牌的一种方式,提供优质的服务也是提升企业业务水平的一项重要举措。

其三,客户关系管理重要性体现的三大定律如图 2-4-2 所示。

5倍定律
开发一个新会员的成本是维护一个老会员成本的5倍

2/8定律
20%的顾客给公司带来80%的销售利润

64倍定律
1位资深会员会给企业带来64位新客户

图 2-4-2　客户关系管理重要性体现的三大定律

实施步骤 3　掌握客户关系管理的构成、实施及流程

1. CRM 系统的构成

CRM 系统是集成了客户关系管理思想和先进技术成果的客户关系管理系统,是企业实现以客户为中心战略导向的有力助手(见图 2-4-3)。一个完整有效的 CRM 系统应当包含以下四个子系统:

图 2-4-3　CRM 系统截图

(1)客户合作管理系统。

客户关系管理系统要突出以客户为中心的理念,首先应当使客户能够以各种方式与企业

进行沟通交流,而客户合作管理系统就具备这项功能。

（2）业务操作管理系统。

企业中每个部门都需要与客户进行接触,而市场营销、销售、客户服务部门与客户的接触最为频繁,因此,客户关系管理系统需要对这些部门提供支持,业务操作管理系统便应运而生。

（3）数据分析管理系统。

数据分析管理系统中,主要进行数据仓库、数据集市、数据挖掘等工作,并在此基础上实现商业智能和决策分析。此系统主要负责收集、存储和分析市场、销售、服务及整个企业的各类信息,对客户进行全方位了解,为企业市场决策提供依据,从而理顺企业资源与客户需求之间的关系,提高客户满意度,实现挖掘新客户、支持交叉销售、保持和挽留老客户、发现重点客户、支持面向特定客户的个性化服务等目标。

（4）信息技术管理系统。

由于客户关系管理的各功能模块和相关系统运行都由先进的技术进行保障,因此对于信息技术的管理也成为 CRM 系统成功实施的关键。

2. 客户关系管理流程

客户关系管理流程是将顾客数据转化成顾客（客户）忠诚度和重复购买行为的互动过程,具体内容见图 2 - 4 - 4。

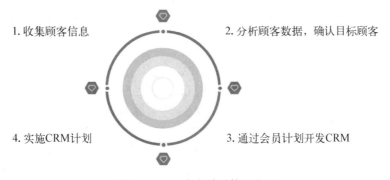

图 2 - 4 - 4　客户关系管理流程

这个流程始于收集并分析客户数据以及确认其最优目标客户,分析环节会把顾客数据转换成向这些目标顾客提供价值的信息和活动,这些活动通过与客户进行个性化的营销沟通得以执行。

3. 新零售 CRM 系统实施的前提

对于线上店铺来说,它所面对的流量更多、更广,可以轻松吸引到大量会员,会员数量可以达到几百万甚至上千万的规模,这是线下门店所不能比拟的。然而,线上会员也具有难以管理、流动性大、忠诚度不高等缺点。而线下门店因为其可以面对面为会员提供服务,使会员获得优质的切身购物体验,所以它的会员数量虽然不多,但忠诚度往往较高。所以,在新零售时代,零售企业要做的就是将线上线下的会员体系打通,使两者相互融合,实现优势互补,进一步增加会员数量,管理会员并提高其忠诚度,也就是做到线上线下会员通。

线上线下会员通的实施前提:拥有线上线下会员资格、会员权益通用及会员数据共享。

4. 会员用户信息收集的工具

线上线下会员通需要汇聚线上客流和线下客流,收集消费者的基础信息,把所有的客户信息进行数据化处理。收集线上客户信息比较容易,网站自带的数据处理功能可跟踪收集用户所有的行为记录,如读取用户端的硬件地址、网站缓存、用户日志等基础信息,或者人为地通过政策鼓励用户完善注册信息。

这里主要说一下线下收集用户信息的主流手段,具体内容见图2-4-5。

1. Wi-Fi探针

2. 人脸识别技术

3. iBeacon

4. POS机消费数据

图2-4-5　收集用户信息的手段

 任务评价

表2-9　学习任务评价表

评价项目	评价内容	评价标准	评价方式		
			自我评价	小组评价	教师评价
职业素养	学习积极性	学习态度端正,能积极认真学习(1~10分)			
	学习主动性	能够独立思考,主动完成学任务(1~10分)			
	团队合作意识	与同学协作融洽,团队合作意识强(1~10分)			
专业能力	客户关系管理的概念	能够熟练完成客户关系管理系统操作(1~20分)			
创新能力	提出具有创新性、可行性的建议	加分奖励(1~10分)			
合　计					
指导教师			学生姓名		
日　期					

任务2　会员管理操作

任务描述

琳达:"肖峰,结合你前面对会员的了解,请写一份新零售会员管理的学习报告。"

肖峰:"好的,我会根据前面了解的新零售会员管理产生的背景和重要性以及客户关系管理的构成、实施、流程等来综合考虑。"

琳达:"好的,不过还是要提醒你一下,不要忘记新零售会员管理的主要目的是什么。"

知识加油站

Recency(最近一次消费)　指上一次的消费时间与今天的间隔,简称R,计算公式是:R=当前日期-上次消费日期。如今天是5月11日,而某个客户最后一次在店铺消费时间是5月4日,则R=7。R值越小的客户是价值越高的客户,即对店铺的回购刺激最有可能产生回应。R值是动态变化的,R值逐渐变大,客户最终会进入生命周期的终点。

Frequency(消费频率)　指客户在固定时间内(一般以1年作为统计周期)的购买次数,简称F。客户购买频率F的高低是客户品牌和店铺忠诚度的体现。F值受限于品类宽度,如3C数码等。

Monetray(消费金额)　指客户在一段时间(通常是1年)内的消费金额,简称M,用来区分客户对店铺的价值贡献和消费能力。对一般店铺而言,可以选择使用客户在店铺的累计购买金额和平均客单价替代传统的M值。

任务实施

实施步骤1　了解常用的分析方法

在客户关系管理中,最常用的分析方法为RFM分析法和购物篮分析法。

1. RFM分析法

零售商通过分析客户数据,将其转换为有助于自身开发出用以提升其最佳客户(或那些忠诚且再次惠顾能大幅提升零售商销售额的消费者)价值的计划。

在客户关系管理中,最主要的数据分析方法是RFM分析。

RFM模型(具体内容见图2-4-6)是衡量客户价值和客户创利能力的重要工具和手段。在众多的客户关系管理(CRM)的分析模式中,RFM模型是被广泛提到的。该模型通过一个客户的近期购买行为、购买的总体频率以及花了多少钱这3项指标来描述该客户的价值状况。

RFM模型最早是将R、F、M每个方向定义5个档,共5×5×5=125种用户分类,这对大部分运营和产品来说过于复杂。现在我们把R、F、M每个方向定义为高、低两个方向,然后找出R、F、M的中值,高于中值就是高,低于中值就是低,这样就有2×2×2=8种用户分类。

	R	**F**	**M**
内涵	最近一次消费（Recency）	消费频率（Frequency）	消费金额（Monetary）
影响因素	店铺记忆强度 接触机会多少 回购周期	品牌忠诚度 店铺熟悉度 商品品类 购买习惯养成	消费能力 产品认可度
应用场景	决定接触策略 决定接触频次 决定刺激力度	决定资源投入 决定营销优先级 决定活动方案	决定推荐商品 决定折扣门槛 决定活动方案

图 2-4-6　RFM 模型的表现内容

图 2-4-7、图 2-4-8、图 2-4-9 分别为 RFM 值对客户的分类、通过 RFM 的坐标图对客户的分类、RFM 客户分析的效果图。

类别	R	F	M
重要价值用户	高	高	高
重要发展用户	高	低	高
重要保持用户	低	高	高
重要挽留用户	低	低	高
一般价值用户	高	高	低
一般发展用户	高	低	低
一般保持用户	低	高	低
一般挽留用户	低	低	低

图 2-4-7　RFM 值对客户的分类

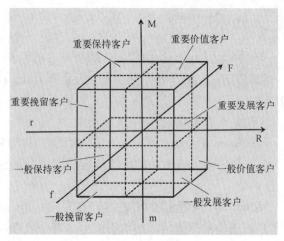

图 2-4-8　通过 RFM 的坐标图对客户的分类

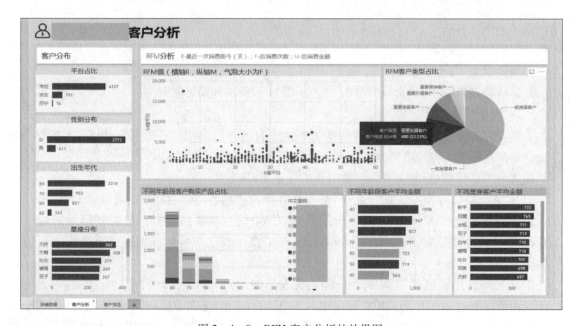

图 2-4-9　RFM 客户分析的效果图

2. 购物篮分析

购物篮分析（market basket analysis）是确定客户在单次购物之旅中有哪些产品出现在其购物篮中的一种数据分析工具。这一分析工具可以为商店应该在何处放置商品以及如何将某商品和其他商品放在一起促销等方面提供建议——基于这些商品往往会出现在同一个购物篮中。

小贴士

案 例 分 析

案例　一个比较经典的购物篮分析的例子是，有一家超市连锁店发现，在星期五晚上6点到7点之间，许多人（特别是那些男性购买者）的购物篮子里都包含啤酒和尿布。之所以会出现啤酒和婴儿尿布一起出现在购物篮里，是因为尿布都是大包装的，所以大部分家庭主妇往往会把购买尿布这一件事留给丈夫。而当丈夫在周五购买尿布时，他们还想买些啤酒来打发周末的时光。当超市发现了这种购物模式之后，就在尿布旁边放了一个高级的啤酒展示柜。

案例启发　购物篮分析一般通过关联规则算法实现，主要指标包括支持度、置信度和提升度，基于这些数据可以筛选并组成新的套装进行售卖。

实施步骤 2　通过会员制度开发 CRM

1. 设立会员等级

会员等级制度的设定，其目的是通过不同等级差异化的会员权益，来刺激会员的消费欲望。选择注册会员，代表着顾客认可店铺，并且想要享受"高人一等"的会员专属服务以及优惠权益。店铺设置会员等级，区分会员权益，是针对已注册会员的再营销。一致性的会员特权会逐渐让老会员失去兴趣，活跃度下降，通过会员等级的刺激，能够激发老会员的消费热情，让会员保持高活跃度，持续不断地为商家创造价值。

会员等级的提升，需要设置等级成长值，根据会员积分的数额来划分等级。会员积分的获取，主要来源于会员消费、储值以及参与会员活动，通过会员积分的多少能够直观反映出会员的活跃度以及消费能力。在免费会员管理系统后台，设置好相应的积分规则，会员每次消费、充值赚取积分，累积到一定值，系统会自动为会员升级，并通过短信以及微信公众号发送升级通知信息至会员手机，会员等级设置案例图见图 2-4-10。

图 2-4-10　会员等级设置案例图

2. 精准营销

建立用户标签体系,可为零售商提供以下支持。

(1)营销推广支持:基于人群的购物偏好和渠道触达习惯,指定投放的人群(人群属性、人群分组或人群标签),设置投放的时间、投放的频次及投放的地点,推送个性化的内容。

(2)活动方案支持:根据人群地域分布、性别、品类、品牌喜好,策划活动的位置、主题和内容,通过各种方式触达消费者,进行优惠或新品的推送。

精准营销过程见图2-4-11。

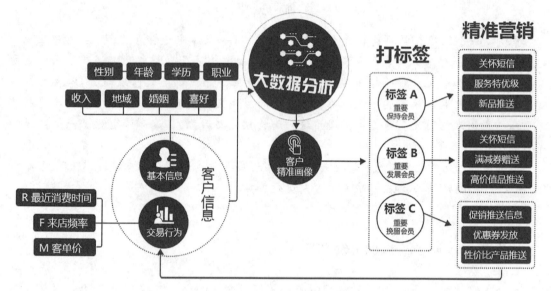

图2-4-11　精准营销过程

实施步骤3　实施 CRM 积分管理

会员制度或者忠诚度计划是奖励重复购买行为的营销活动,而要建立真正的用户忠诚度,零售商需要与消费者建立情感上的联系,以及从他们身上获得某种承诺。

积分管理,是用户通过在平台内的消费、评论等行为赚取积分,然后再根据平台的积分商城或积分抵现等规则花费出去。用户支付订单,平台从中赚取利润,平台再将利润的百分之多少通过积分抵扣或积分兑换的形式回馈给用户,从而提高用户对平台的黏性。这个过程和超市的会员卡的原理一致,消费就给积分,积分又可以兑换商品,在占便宜心态的驱使下,购买者会对平台更加专一,更努力积攒积分。平台也实现了薄利多销,从而培养出一批忠实粉丝。

积分管理一般分赚积分和花积分两种形式。

积分的赚取通过设计积分的规则进行,每消费一次就可获取一定的积分,或者进行其他的行为如注册、评论、晒单等获取积分,案例可参考图2-4-12。

花积分可以通过积分商城的形式设置兑换的规则,用于购买实物商品,案例可参考图2-4-13。

图 2 – 4 – 12　积分规则案例展示

图 2 – 4 – 13　积分兑换案例展示

 任务评价

表 2 – 10　学习任务评价表

评价项目	评价内容	评价标准	评价方式		
			自我评价	小组评价	教师评价
职业素养	学习积极性	学习态度端正,能积极认真学习(1~10分)			
	学习主动性	能够独立思考,主动完成学任务(1~10分)			
	团队合作意识	与同学协作融洽,团队合作意识强(1~10分)			

（续表）

评价项目	评价内容	评价标准	评价方式		
			自我评价	小组评价	教师评价
专业能力	会员管理的概念	熟练说出会员管理的概念(1~10分)			
	会员管理的操作	熟练掌握会员管理的操作(1~10分)			
创新能力	提出具有创新性、可行性的建议	加分奖励(1~10分)			
合　　计					
指导教师		学生姓名			
日　　期					

 阅读拓展

新零售的五大趋势

趋势一：全渠道发展

现在零售行业的全渠道发展趋势已经不可避免。零售商们不再有专门的网络或移动部门,每个零售商都是一个融合了线下和线上顾客体验的独立单元。当零售商们重新配置他们的组织架构时,如建立新的部门,扩展分销渠道或者思考连接线上线下的仓储方式,可能面临着不同的结局。有些可能如鱼得水,有些则可能销声匿迹。

对许多优秀的实体零售而言,如王府井、大悦城、天虹、绫致、百果园等,全渠道战略是重要的方向之一,围绕数字化门店和门店互联网化运营展开,通过实体店内部的变革,以及线上线下的协同运作,进行全渠道工作的全面实践。

趋势二：物联网(IoT)

第二个趋势与第一个紧密相连,因为物联网提供了额外的数据层用来支持全渠道发展。高盛的研究表示,物联网已经包含了120亿件物品,而到2020年这一数值将会提高到300亿。那些没有将他们的门店接入物联网技术的零售商们将很快面临着失去关联性的风险。

尽管物联网的重点常常在"物",但是物联网真正的价值是在与其他数据相连的数据中,这样的数据可以促进数据分析,并且将线上线下的行为连接起来。

物联网无处不在。2011年,中国奶制品龙头企业伊利引入产品追踪系统:所有产品都有唯一编码,通过在产品流通节点即时扫描可以跟踪精确到每一批次每一个产品(从生产商到各级代理商再到零售商),旨在防止代理商与零售商滥用合约条款,恶意削价过度打折,向非折扣渠道或转卖折扣产品等(通常这类行为被称为窜货)。据伊利方面评估,这项措施已将窜

货乱加事件显著地减少至每月不足100起,而且其中75%能够获得有效的解决(相比过去数不清的未解决案例)。综合计算后,引入该系统一年以来已为企业节约数百万美元。

趋势三：虚拟现实(VR)和增强现实(AR)

零售商们先试水了虚拟商业,通过撬动VR和AR设备为未来的消费者提供全新的便捷体验。AR和VR略有不同,增强现实是在我们现实世界的基础上又叠加了一层全息图。

不管是VR还是AR,都让零售商重新思考从营销到产品选择、店铺设计和订单完成的整个流程。而且这两项技术简直就是创意营销的必备利器,想象一下,你能在全息图上看见你最爱的名人(不管是活着还是已故的),或者在火星上来一次极其仿真的漫步,那该是多么让人激动事情啊。

VR和AR不仅仅有营销上的游戏价值,还可以应用在很多商业领域当中,如研究单位。医学专家在研究解剖学的时候,这两项技术可以增强研究时的效果。设计领域也可以应用这两项技术,开发出新的装饰、装修房屋的方案。

趋势四：人工智能(AI)

一周七天,哪天是顾客最喜欢消费的日子?你的顾客多久会来一次你的门店?天气状况会影响你的销售效果吗?这些问题过去可能很难用常识来回答,但是有了AI,一切都不一样了。AI融合了大数据、深度学习算法,现在已经深入到了商业的方方面面。AI引发的全新形态包括制造机器人、配送无人机、自动结算和聊天机器人,等等。

举例来说,2017年10月,京东就建成全球首个全流程无人仓,成为全球首个正式落成并规模化投入使用的全流程无人的物流中心。在货物入库、打包等环节,京东无人仓配备了3种不同型号的六轴机械臂,应用在入库装箱、拣货、混合码垛、分拣机器人供包4个场景下,实现了从入库、存储、包装、分拣的全流程、全系统的智能化和无人化,对整个物流领域而言都具有重要意义。

除此之外,人工智能中的人脸识别技术也是传统线下零售商重新站稳脚跟的借力之一。该技术能够帮助卖家获得顾客和潜在顾客更精准的信息,构建用户画像。

在零售业务上主要有两种"人脸识别"产品:一种可以安装在超市、商场、门店等入口,用来统计每天进入门店的人数、大致年龄和性别等;另一种可以安装在货架上,用来分析客户的关注点和消费习惯等。这样就能实时识别VIP客户,并推送至店员手机,VIP历史入店信息及购买记录一目了然。另外,AI也能通过大数据分析挖掘回头客,提升客户提袋率和VIP转化率。

趋势五：超个性化体验

云端学习、虚拟测试和智能科技会带来什么?为什么数据如此重要?结论只有一个:超个性化体验。现如今零售的整体趋势背后一个重要推动力就是通过增强个性化体验,将消费者转化为忠实顾客,提高客户终身价值来促进消费者和零售商之间的关系。

想象一下未来一家商店里面99%的物品都是依据你的喜好和购物历史专门为你准备的,一个可供购物的虚拟冰箱里放满了你喜欢的食物,智能音箱知道你的消费历史,并且可以通过简单的语音指令预定一杯你常喝的咖啡。门店的库存、信息、价格甚至大小都是为你定制的。很快我们就会觉得在一个非定制的商店里消费简直就是浪费时间。

与未来的这些商店相比,巨大的钢筋水泥(实体)商店将会渐渐消失。现在零售商们应该重新思考新零售时代的产品、商店和消费者们都是什么样的了。或许他们需要的只是一点想象力和很多数据就能到达未来。

一、了解线上店铺运营的目的

（1）信息的传递。

（2）商家的营销。

（3）店铺商家的形象塑造。

二、线上店铺创建步骤

（1）线上店铺基本信息修改。

（2）店铺内相关信息完善。

（3）店铺基本装修。

三、做好商品的定位

（1）明确业态类型。

（2）分析目标消费群体。

（3）分析消费需求。

四、商品定位的方法

（1）细分市场，做个性化店铺。

（2）冷门市场，做特色店铺。

五、店铺选品误区

（1）店铺产品繁多。

（2）选品跟着感觉走。

（3）定价过低。

六、线上店铺操作

（1）商品基本信息设置。

（2）商品详情页的编辑。

（3）商品入库、出库操作。

（4）商品上架、下架操作。

（5）店铺会员管理操作。

七、客户关系管理

客户关系管理一般通过 CRM 系统来实现。CRM 系统是以客户数据的管理为核心，利用信息科学技术，实现市场营销、销售、服务等活动自动化，并建立一个客户信息的收集、管理、分析、利用的系统。包括以下四个子系统。

（1）客户合作管理系统。

（2）业务操作管理系统。

（3）数据分析管理系统。

（4）信息技术管理系统。

第 1 关　判断题

1. 新零售规避了以往线上线下渠道之间相对独立且容易产生渠道利益冲突的障碍。

2. 商品主图是一个详情图的扩充版,能充分说明店铺商品的优势和阐述消费者为什么要购买的原因。

3. 商品标题、主图和详情图都是其显性竞争力(即同行可以模仿复制),商品服务是隐性竞争力,是难以模仿和复制的。

4. 在新零售线上店铺建立中,除了商家相关的促销信息以外,还能做相关的店铺形象宣传,诸如店铺介绍、消费评价、新品宣传等,提升进场消费者圈内店铺的知名度,让店铺在消费者的心中更加立体。

5. 产品细节图是以图文的方式呈现产品的功能,让买家更清楚产品的功能。

6. 在新零售时代,零售企业线上和线下的会员体系相互独立,互不干扰。

7. 商品主图包括商品功能图和模特图,不包括场景图。

8. 商品主图包括商品正面/侧面图、商品包装图、商品尺寸图。

9. 商品正面/侧面图可以让买家多角度了解你的商品,这对一些款式型的商品来说比较重要,如衣服、鞋子等。商品侧面图一定要全侧面,不可使用斜侧面。

第 2 关　单选题

1. 线上店铺的定位和价值,是指通过线上店铺的运营可以达到(　　)。
   A. 信息的传递　　　　　　　　　　B. 商家的营销
   C. 店铺商家的形象塑造　　　　　　D. 以上选项都是

2. 线上店铺的定位中信息的传递错误的是(　　)。
   A. 商家可以通过线上一键发布自己的优惠促销信息
   B. 优惠促销信息可以及时发送到相关的目标用户
   C. 树立起良好而具体的商家形象
   D. 消费者能第一时间知道相关的优惠信息,促进到店消费的成交

3. 新零售线上店铺的商家营销不包括(　　)。
   A. 会员活动　　　　　　　　　　　B. 积分消费
   C. 节日促销　　　　　　　　　　　D. 电话预约

4. 小程序的出现除了给线下商家提供数据化和信息化的便利外,还有哪些优势?(　　)
   A. 利用小程序的分享能力,打通线上线下
   B. 利用"附近的小程序"能力,创造商业新契机
   C. 利用小程序支付能力,创建新渠道
   D. 以上选项都是

5. 在进行新零售系统操作时,不属于线上商品包装范畴的是( )。

    A. 商品的主图/封面图　　　　　　　　B. 商品的标题

    C. 商品的外包装　　　　　　　　　　　D. 商品的详情

6. 下面选项中不属于商品主图类型之一的是( )。

    A. 商品的服务说明　　　　　　　　　　B. 商品的包装图

    C. 商品的使用说明图　　　　　　　　　D. 场景应用图

7. 下面关于商品主图的描述错误的是( )。

    A. 商品细节图突出商品的重要细节,可以增加商品的竞争力,让买家一目了然

    B. 商品尺寸/参数图是必不可少的,如鞋子、衣服、数码产品等,要让买家心中有底我到底能不能用你的商品

    C. 商品场景图以图文的方式呈现商品的功能,让买家更清楚商品的功能

    D. 商品拆解结构图可以将产品各个部件的结构通过立体图呈现出来,让买家对商品的结构一目了然

8. 在新零售时代,零售企业要做的就是将线上线下的会员体系打通,使两者相互融合,实现优势互补,也就是做到会员通。会员通不包含下面的哪一项? ( )

    A. 会员的好友　　　　　　　　　　　　B. 线上线下会员资格

    C. 会员权益通用　　　　　　　　　　　D. 会员数据共享

9. 下列选项关于 RFM 分析描述错误的是( )。

    A. Recency(最近一次消费):指上一次的消费时间和今天的间隔,计算公式是: R = 当前日期 - 上次消费日期

    B. R 值越大的客户是最近消费的客户,即对店铺的回购刺激最优可能产生回应

    C. Frequency(消费频率):指客户在固定时间内(一般以 1 年作为统计周期)的购买次数

    D. Monetray(消费金额):指客户一段时间(通常是 1 年)内的消费金额,用来区分客户对店铺的价值贡献和消费能力

第 3 关　多选题

1. 新零售线上商品的主图可以分为( )。

    A. 商品功能图　　　　B. 商品细节图　　　　C. 商品尺寸图　　　　D. 商品包装图

2. 下面关于客户关系管理的流程正确的有( )。

    A. 收集顾客信息　　　　　　　　　　　B. 分析顾客数据,确认目标顾客

    C. 通过会员计划开发 CRM　　　　　　　D. 实施 CRM 计划

3. 盒马鲜生中电子价签的作用是什么? ( )

    A. 建立了一个产品的"数字系统"

    B. 智能推荐给客户相关产品

    C. 记录客户的相关评价

    D. 迅速确定货品位置,帮助配送人员找货

4. 以下哪些属于仓储会员店的特点? ( )

    A. 采用的是会员制　　　　　　　　　　B. 商品是精选的

    C. 采用的是仓储式的重型货架　　　　　D. 商品品质优良,价格又便宜

5. 以下哪些是新零售的组成结构？（　　　）

　A. 线上（网店）　　　　　　　　B. 线下（实体店）

　C. 数据（中台）　　　　　　　　D. App（前台）

第4关　综合题

请根据新零售会员管理的特点撰写一份学习报告。

新零售会员管理学习报告

一、引言

二、报告内容

1. 谈谈新零售会员管理的重要性。

2. 说说新零售会员管理对于店铺的意义。

3. 说一说店铺如何进行客户数据分析，才能更好地识别目标客户。

三、新零售会员管理学习感想与启发。

报告人：＿＿＿＿＿＿＿＿

＿＿＿年＿＿月＿＿日

项目 3

新零售线下门店运营

 项目描述

　　在新零售模式下,"消费者体验"是零售商运营的关键因素。消费者体验包括丰富的交易、精准的服务、便捷的支付等,它们的运作会产生大量的数据,同时数据又在为其运作提供有力的支撑,两者相辅相成,形成新零售的重要元素。从消费者的角度来说,线下是其形成消费体验的重要场景。因此对于一些需要由导购引导进行销售的商品和可以形成丰富实用体验的商品,线下是其打造消费者体验的重要渠道。

　　本项目从线下门店搭建、线下活动策划及门店数据管理等线下运营要素讲述新零售门店的运营方式。

通过本项目学习,你将掌握

◇ 门店商品的布局

◇ 线下活动的流程

◇ 线下活动的方法

◇ 门店数据管理

模块1 线下门店搭建

学习目标

☆知识目标：(1) 了解门店布局的原则；

            (2) 了解商品陈列的流程。

☆能力目标：(1) 掌握商品陈列的方法；

            (2) 能够对线下门店进行合理布局。

☆素养目标：(1) 通过对店铺的布局，树立以"消费者"为核心的新零售运营思维，培养专业的服务意识；

            (2) 通过线下门店的布局，培养动手实践的能力。

任务1 门店布局的基础

任务描述

肖峰经过一系列的理论学习与实践操作，公司新零售项目的线上店铺已经开始正常营业。今天肖峰被告知本项目线下门店已经装修完毕，现在需要根据格局对门店进行布置及陈列商品。

琳达："肖峰，线下门店已经完成基本装修了，但是门店还需要进行一些布局以及商品陈列。最近这段时间你准备一下，拿出一个新零售线下门店商品布局方案。"

肖峰："好的，我去准备。"

知识加油站

热区　高人流，高目视率。

暖区　中人流，中目视率。

凉区　中人流，低目视率。

冷区　低人流，低目视率。

任务实施

这是肖峰第一次接触到线下门店的工作内容，他认为想要做好门店布局，一般需先对门店有一定的认知才可着手操作。首先得了解门店布局会涉及哪些设施以及知道门店布局的目的是什么，并且还要清楚布局门店要遵循的原则。于是肖峰按照这几点开始对门店进行了初步的布局。

实施步骤 1　了解门店布局

一、门店基本要求

门店与商品的配置要能够充分利用空间,通过视觉、听觉、触觉、嗅觉这门店 4 觉创造出一个消费者感觉到舒适的购物环境,且能满足消费者一次购物的需求,这样就能达到与经营相辅相成的效果。

如何吸引消费者进店是进行线下门店布局的根本。一个卖场虽然服务优良,干净整洁,但如果因为出入通道不明显,客人不愿进门或者不知道从哪进到店内,那么之前做的一切都是无用功。数据显示,在消费者购买的商品中高达 70%的都属于冲动性购买,也就是说消费者本来不想购买的商品,却在闲逛中享受到舒服的购物环境而促进了消费者的购买欲望,这一切都和销售氛围离不开的。

二、门店基本设施

要达到最佳的销售氛围,离不开卖场设施。卖场设施分为以下几种。

1. 前方设施

(1)停车空间。购物架之间需要留出合理的停车空间,让消费者停下来进行购买。

(2)招牌和橱窗设计。招牌是吸引消费者注目的第一焦点,而橱窗设计应适当表现出经营的特色,让消费者一目了然,创造销售的机会。

(3)出入口设计。在设计出入口的时候,应仔细观察行人的动线,选择行人经过最多的方向或最近的位置,吸引客户进来。

2. 中央设施

(1)内部装潢。消费者购物有 70%是在悠闲的环境中不知不觉地购买,而最能让消费者身入其境的是一个明亮舒适的购物环境。

(2)通路和动线。良好的通路规划,可引导消费者在自然中走向卖场各个角落,当然这需要以商品配置以及陈列技巧为辅。可利用店内平面货架配置图,记录来店消费者在店内移动的路线,以便于了解卖场的死角和卖场的强势区,通过畅销品和滞销品联动达到连带销售的目的。

(3)陈列用设施。包含一般陈列货架和板墙的选用,依据各项商品的特性及陈列位,选用不同的货架,才能与商品展现出相得益彰的效果。

(4)标示用设施。良好的标识可以指引顾客轻松到达你想要的位置,也可以避免销售死角。标示用的设施主要包括卖场平面配置图、商品的标示牌、特价品悬挂的海报、商品定位卡等。

(5)前柜设施。包括服务台或收银台,服务台大多位于入口处,收银台位于出口处。

3. 建筑设施

(1)制冷制热设施。一般指空调,只有在温度最适宜的环境下,才可以为消费者提供最大的购物乐趣。

(2)色彩。标示卖场色彩的要素有商品、吊旗、海报、墙壁、照明设施等,利用物体的颜色,可将商品的特色表现出来,提高商品品质,增加消费者的购物欲望。

(3)照明。卖场应根据各项商品特性而采取不同的照明,如此将有助于提高商品魅力、卖场气氛等。

(4)音响设施。音响可以创造出卖场气氛,好的音响可以让人流连忘返,消费者会在聆听音乐的同时选择更多的商品。

小贴士

构建"五感"场景体验

五感是指视觉感、听觉感、味觉感、嗅觉感和触觉感,是人们感知世界的普遍方式。美国著名营销大师马汀·林斯特首先提出了五感营销理论,即通过具象的色彩、声音、气味、味道、质感勾勒出一幅美好的画面,让消费者感受到商品,从而产生购买欲望,进而产生消费行为。

传统的场景式营销是通过构建生活场景植入广告来实现营销目的,而五感体验营销是引导消费者在情感和理智上对品牌和商品产生意识共鸣。对于一个人来说,其所获得的感官体验是不可替代的,这种体验不是在一种被动的情形下形成的,而是在一种"身不由己"的情形下获得的。由于事先没有心理准备或者没有得到暗示,五感会让人产生惊喜的感受,形成措手不及的记忆。因此新零售时代,无论体验如何升级,最根本的要求都是要激活消费者在五感上的原始知觉。

实施步骤2 明确店铺布局的目的及原则

1. 店铺布局的目的

店铺布局的目的各有不同,但是归纳起来不外乎如便于展示、环境愉悦、便于选购等,具体内容见图3-1-1。

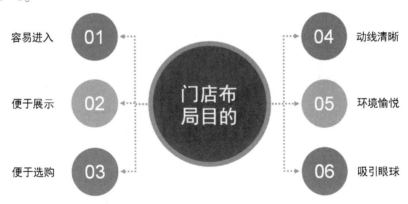

图3-1-1 门店布局的目的

2. 门店布局的原则

(1) 门店冷区与热区的概念与布局基本原则,具体内容见图3-1-2。

冷区与热区	基本布置原则
热区:高人流,高目视率 暖区:中人流,中目视率 凉区:中人流,低目视率 冷区:低人流,低目视率	高销售,高利润陈列在热区 新产品,高利润陈列在暖区 低销售,低毛利陈列在凉区 设计上避免死角

图3-1-2 门店冷热区概念与布局基本原则

（2）门店布局其他原则，具体内容见图3-1-3。

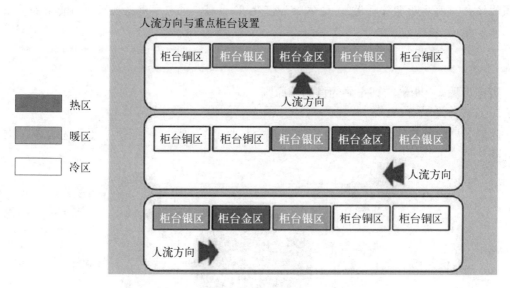

图3-1-3　门店布局其他原则

（3）门店冷热区定位的决定因素——客流路径，具体内容见图3-1-4。

图3-1-4　客流途径与冷热区示意图

 任务评价

表3-1　学习任务评价表

评价项目	评价内容	评价标准	评价方式		
			自我评价	小组评价	教师评价
职业素养	学习积极性	学习态度端正，能积极认真学习（1~10分）			
	学习主动性	能够独立思考，主动完成学任务（1~10分）			
	团队合作意识	与同学协作融洽，团队合作意识强（1~10分）			

（续表）

评价项目	评价内容	评价标准	评价方式		
			自我评价	小组评价	教师评价
专业能力	商品布局的原则	能全面说出商品布局的原则（1~20分）			
创新能力	提出具有创新性、可行性的建议	加分奖励（1~10分）			
合　计					
指导教师		学生姓名			
日　期					

任务 2　线下门店布局

任务描述

　　琳达:"肖峰,门店布局的基本理论你已经掌握了,如果让你去布局你这边有什么困难吗?"

　　肖峰:"这要根据我们门店的具体货物及物理环境实地布局才清楚,我知道肯定还会遇到困难,但我准备慢慢去尝试。"

**知识加油站**

　　基本陈列法　基本陈列法是把同一种商品集中陈列于同一区域内的一种方法,这种方法最适合周转快的商品。

　　整齐陈列法　整齐陈列法是将单个商品整齐地堆积起来的一种方法,只要按货架的尺寸排列,确定商品长、宽、高的排面数,将商品整齐地排列即可。

　　墙面陈列法　墙面陈列法是用墙壁状陈列台进行陈列的一种方法。这种陈列方法可以有效地突出商品,能提高商品的露出度。

　　端头陈列法　端头陈列法是指将商品陈列在双面中央陈列架的两个端头的一种方法,陈列架的两个端头是销售力极强的位置。

　　突出陈列法　突出陈列法是将商品放在篮子、车子、箱子或突出板（货架底部可自由抽动的隔板）内,陈列在相关商品旁边销售的一种方法。

　　散装或混合陈列法　散装或混合陈列法是将商品的原有包装拆下,或单一商品或几个品项组合在一起陈列在精致的小容器中出售的一种方法。

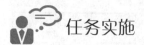任务实施

实施步骤 1　了解常用商品陈列的方法

1. 基本陈列法

超市商品陈列中最常用和使用范围最广的方法就是集中陈列法,也称基本陈列法,即把同一种商品集中陈列于同一区域内,这种方法最适合周转快的商品。使用集中陈列法时,以下几点要特别注意。

(1) 商品在集中陈列时应按纵向原则陈列,让顾客在选购过程中只看到这一种分类的商品。

(2) 在一个商品分类中,如果商品的造型、包装、色彩相似时,可采用不同颜色的价格广告牌或者按商品色差陈列加以明确区分。

(3) 对于周转快的商品,要给予好的陈列位置,这是一种极其有效的促进销售提高的手段。在超市中所谓好的陈列位置被称为"黄金陈列线",即与顾客的视线高度相平的地方。

(4) 集中陈列时将必需品与刺激商品有机配合陈列,必需品陈列在重要地方,刺激商品摆放在其旁边。这种陈列方法能够自然地引导卖场内顾客流动,刺激顾客扩大购买量。

2. 整齐陈列法

整齐陈列法是将单个商品整齐地堆积起来的一种方法,只要按货架的尺寸排列,确定商品长、宽、高的排面数,将商品整齐地排列即可。这是一种非常简洁的陈列方式,旨在突出商品的量感,使顾客感觉该商品在数量上非常充足,让顾客产生视觉刺激,调动顾客的购买欲望。

(1) 适合的商品。折扣率高的商品、季节性商品、购买频率高的商品、购买量大的商品,如饮料、啤酒、牛奶等。

(2) 陈列的位置。对于一般卖场而言,整齐陈列的货架一般可配置在中央陈列货架的尾端,即靠超市里面的中央陈列货架的一端。当然,在陈列时为了便于顾客拿取,要注意商品陈列的高度。对于大型综合超市和仓储式商场而言,一般在中央陈列货架的两端进行大量促销商品的整齐陈列,案例可参考图 3 - 1 - 5。

图 3 - 1 - 5　基本陈列法与集中陈列法示意图

3. 墙面陈列法

墙面陈列法是用墙壁状陈列台进行陈列的一种方法。这种陈列方法可以有效地突出商品，能提高商品的露出度，适合价格高或者突出高级感的商品、可以悬挂陈列的商品、中小型商品、葡萄酒等瓶装商品。

4. 端头陈列法

端头陈列法是指将商品陈列在双面中央陈列架的两个端头的一种方法，陈列架的两个端头是销售力极强的位置。在超市中，中央陈列架的两端是顾客通过流量最大、往返频率最高的地方，从视角上说，顾客可以从三个方向看见陈列在这个位置的商品。因此端头是商品陈列极佳的黄金位置，是卖场内最能引起顾客注意力的场所。同时端架还能起到接力棒的作用，吸引和引导顾客按照店内设计的路线走，案例可参考图 3-1-6。

图 3-1-6 端头陈列法示意图

（1）适合的商品。降价幅度很大的特价品、高利润的商品、新商品、重点推荐的商品或热卖中的商品。

（2）陈列方法。单一商品的大量陈列、几种商品的组合陈列。

实施步骤 2 了解不规则陈列的方法

1. 突出陈列法

突出陈列法是将商品放在篮子、车子、箱子或突出板（货架底部可自由抽动的隔板）内，陈列在相关商品的旁边销售的一种方法。其主要目的是打破单调感，诱导和招揽顾客。突出陈列的位置一般在中央陈列架的前面，将特殊陈列突出安置。商品的露出度提高，就会增加商品出现在顾客视野中的频率。

（1）适用商品。新产品、促销商品、廉价商品、提高周转率的商品。

（2）陈列注意事项具体如下。

● 突出陈列的高度要适宜，既要能引起顾客的注意，又不能太高，以免影响货架上商品的销售效果。

● 突出陈列不宜太多，以免影响顾客正常的行走路线。

● 不宜在狭小的通道内做突出陈列，即使比较宽敞的通道，也不要配置占地面积较大的突出陈列，要保证通道顺畅。

● 冷藏商品应尽量避免选用此种方法。

2. 散装或混合陈列法

散装或混合陈列法是将商品的原有包装拆下，或单一商品或几个品项组合在一起陈列在精致的小容器中出售的一种方法。使用这种陈列方法的商品往往是有一个统一的价格或在一个较小的价格范围内出售。顾客对商品的质感能观察得更仔细，从而诱发购买的冲动。这种陈列方法在糖果类商品中经常使用，诱人的散装糖果陈列在各种透明的容器中，十分引人注目，案例可参考图 3-1-7。

图 3-1-7　散装或混合陈列法示意图

3. 交叉堆积陈列法

交叉堆积陈列法是一层一层使商品互相交叉堆积的陈列方法。这种陈列方法能提高商品的露出度，增加商品的感染力，具有稳定感。

适用商品，如中大型商品，放入箱、袋、托盘中的商品，预计毛利低、回转率、销售额高的商品，希望充分发挥展示作用的商品等。这些商品适合交叉堆积陈列。

4. 窄缝陈列法

窄缝陈列法是指在中央陈列架上撤去几层隔板，只留下底部隔板形成一个窄长的空间进行特殊陈列的一种方法。窄缝陈列的商品只能是 1 个或者 2 个单品项商品，它所要表现的是商品的量感，陈列量是平常的 4 到 5 倍。除了窄缝陈列之外，商家还普遍采用垂直交叉、斜线交叉、辐射自有流通式等布置方法将自家陈列方式和其他商家做一个很好的区分。

5. 悬挂陈列法

悬挂陈列法是指将无立体感扁平或细长型的商品悬挂在固定的或可以转动的装有挂钩的陈列架上的一种方法。悬挂式陈列能使这些无立体感的商品产生很好的立体感效果，并且能增添其他的特殊陈列方法。目前工厂生产的许多商品都采用悬挂式陈列法，如糖果、剃须刀、铅笔、玩具、小五金工具、头饰、袜子、电池等。

（1）适用商品。多尺寸、多形状、多颜色的商品，中小型轻量商品，常规货架上很难实施立体陈列的商品。

（2）陈列的效果。商品容易被顾客找到，比较容易购买，修改陈列方便，案例可参考图 3 - 1 - 8。

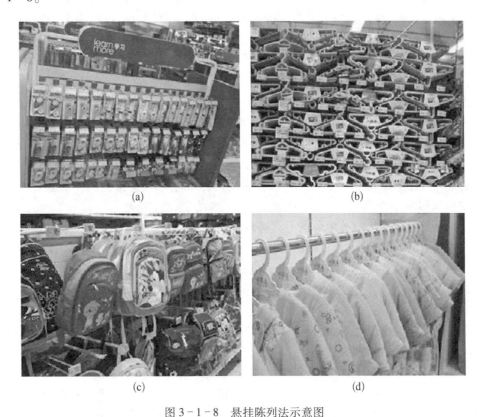

(a)　　　　　　　　　　　(b)

(c)　　　　　　　　　　　(d)

图 3 - 1 - 8　悬挂陈列法示意图

（a）文具等小商品的悬挂陈列　（b）不规则衣架的悬架陈列
（c）体积较大的书包悬挂陈列　（d）服装的悬挂陈列

6. 随机陈列法

随机陈列法是将商品随机堆积的一种方法。与整齐陈列法不同，该陈列法只要在确定的货架上随意地将商品推挤上去就可以，不用讲究陈列图案或造型。随机陈列法所占的陈列作业时间很少，这种方法主要是陈列"特价商品"，它的表现手法是为了给顾客一种"特卖品就是便宜品"的印象，诱使顾客产生购买冲动。采用随机陈列法所用的陈列用具，一般是一种圆形或四角形的网状筐，也有一些是下面带有轮子的筐，另外还要带有表示特价销售的牌子，牌子上既标有原价，也标有现价，一看便让人怦然心动。随机陈列的网筐的配置位置基本上与整齐陈列一样，可以配置在中间陈列架的走道内，也可以根据需要配置在其需要吸引顾客的地方，目的是带动这些地方陈列商品的销售。

7. 扇形陈列法

扇形陈列法是接近半圆形陈列的一种方法。这种陈列方法能突出商品的高级感、鲜度感，即使商品的陈列量不是很大，也能提高商品的存在感，提高顾客对商品的注视率。该方法适用于：

陈列量较少的商品,预计商品的回转率不会很高的商品,希望主要通过陈列效果促进销售的商品。

8. 投入式陈列法

投入式陈列法是将商品投入某一容器中进行陈列的一种方法,给人一种仿佛是将商品陈列在陈列框中一样的感觉。投入陈列给顾客一种价格低廉的感觉,即使陈列量较少也容易给人留下深刻印象。此方法操作简单,陈列位置易变更,商品易撤销,一般陈列时间短。该方法适用于:中小型商品,独立陈列很费工夫的商品,商品本身及其价格已广为人知的商品,低价格、低毛利的商品,不易变形、不易损伤的商品。

实施步骤 3　了解特色陈列的方法

1. 盘式陈列法

盘式陈列法是把非透明包装商品,如整箱的饮料、啤酒、调味品等的包装箱上部切除,将包装箱的底部切下来作为商品陈列的托盘,以显示商品包装的促销效果的一种方法。盘式陈列法实际上是一种整齐陈列的变化陈列法。它表现的也是商品的量感,与整齐陈列不同的是,盘式陈列不是将商品从纸箱中取出来一个一个整齐地堆积上去,而是整箱的排放上去。

2. 空中陈列法

空中陈列法是利用货架或柜台的上方等通常情况下不使用的空间进行陈列的一种方法。这种方法可以提高顾客对货柜、货架的靠近率,能显著地突出商品,提高超市的整体形象。空中陈列法更容易向顾客传达产品信息。此方法适用于:能够提高超市形象的商品,具有一定关联性的商品,中小型的而且在陈列架上具有稳定感的商品。

3. 情景陈列法

情景陈列法是为再现生活中的真实情景而将一些相关商品组合陈列在一起的一种方法,如用室内装饰品、床上用品等布置成一间室内环境的房间,用厨房用具布置一个整体厨房等。目前国内很多门店专柜都十分注重这种情景陈列,尤其是家具专卖店,其陈列组合如:床头挂有艺术壁挂,床头柜上放置雅致的台灯,餐桌上摆着精美的花饰,酒柜里陈列着各色名酒等。这种陈列使商品在真实性中显示出生动感,对顾客有强烈的感染力,是一种很流行的陈列方式。

4. 主题陈列法

主题陈列法是将商品陈列在一个主题环境中的一种方法,也称为专题陈列法。主题选择有很多,如各种庆典活动、重大事件、各种节日等,都可以融入商品陈列中去,营造一种特殊的气氛,吸引消费者的注意。主题陈列在布置商品时应采取各种艺术手段、宣传手段、陈列工具,并利用色彩突出某一商品。主题陈列的商品可以是一种商品,如某一品牌的某一型号的电视,某一品牌的服装等,也可以是一类商品,如系列服装、化妆品等,案例可参考图 3 – 1 – 9。

(1)注意事项。陈列位置醒目,与其他商品有明显的区别;主题明确,重点突出;营造主题陈列区的小环境,烘托气氛。

(2)适用范围。特定节日、与厂商的合作。

5. 岛式陈列法

岛式陈列法是指在超级市场的进口处、中部或者底部不设置中央陈列架,而配置特殊陈列用的站台陈列的一种方法。这种陈列方法的效果在超市内是相当好的,因为一般的端头陈列架可以使顾客从三个方向观看,而岛式陈列则可以从四个方向观看到。岛式陈列的用具一般有冰柜、平台或大型的货柜和网状货筐,案例可参考图 3 – 1 – 10。

图3-1-9　主题陈列法示意图

(a)(b)卡哇伊的产品主题陈列　(c)(d)服装、食品的节日主题陈列

图3-1-10　岛式陈列法示意图

6. 关联陈列法

关联陈列法是指将种类不同但在效用方面相互补充的产品陈列在一起的一种方法。关联性陈列法增加了超市陈列的灵活性，加大了商品销售的机会。在使用关联陈列法时应注意，商品陈列的类别应该按照消费者的需求进行划分，如卫生间用品、厨房用品、卧室用品等。除此之外，相邻产品必须是互补产品，这样才能确保顾客产生连带购买行为。

实施步骤 4　了解商品陈列的原则

1. 货架的空间分配

利用黄金陈列分割货架,货架上层放置推荐品和有意培育的商品。货架低层放置易碎、体积较大、风量较重、低毛利商品,详细内容请见图 3-1-11。

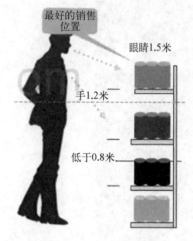

陈列层面	高度 cm	通常陈列的商品	占销售量比重%
上段	140~180	推荐品、有意培育的商品	10
黄金陈列线	85~140	高毛利商品、冲动消费品、自有品牌商品、独家引进商品,但不陈列低毛利商品	40
中段	50~85	低毛利但顾客需要的商品	25
下段	10~50	周转率高,易碎,体积大,重量高、低毛利的商品	25

图 3-1-11　货架空间分配的原则

2. 商品的吸引力原则

商品陈列时要充分将现有商品集中摆放以凸显气势,突出品牌产品的风格和利益点。同时配合货架空间分配原则,充分利用广告宣传品吸引顾客的注意。

3. 商品的搭配原则

商品陈列时要充分考虑商品之间的搭配,充分运用关联销售及商品之间的组合优化,在此基础上搭配设计时要制造出让顾客常看常新的效果。

4. 重点突出的原则

在陈列货架上,在商品搭配及品相齐全最大化之外,一定要突出主打产品的位置,要主次分明,让顾客一目了然。

 **任务评价**

表 3-2　学习任务评价表

评价项目	评价内容	评价标准	评价方式		
			自我评价	小组评价	教师评价
职业素养	学习积极性	学习态度端正,能积极认真学习(1~10分)			
	学习主动性	能够独立思考,主动完成学任务(1~10分)			
	团队合作意识	与同学协作融洽,团队合作意识强(1~10分)			

（续表）

评价项目	评价内容	评　价　标　准	评 价 方 式		
			自我评价	小组评价	教师评价
专业能力	店铺操作	熟练掌握各种商品的陈列方法(1~20分)			
创新能力	提出具有创新性、可行性的建议	加分奖励(1~10分)			
合　　计					
指导教师		学生姓名			
日　　期					

 阅读拓展

VR/AR 未来将如何改变传统零售业

"元宇宙"一词在 2021 年成了最热词语,随之而来的是大家对于 VR/AR 的关注,期望这一新兴科技可以带来新的改变。此前有机构称 Quest 2 销量已超千万,且国内众多厂商也在纷纷争夺市场,Pico 甚至已经开始在电商、线上等渠道进行布局。

根据目前形势,VR/AR 已经进入了快速发展阶段。2021 年,爱奇艺、Pico、NOLO 等企业纷纷推出了新款 VR 头显,且 Rokid 等 AR 企业也同时纷纷进军 C 端市场。B 端市场已经发展多年,众多企业纷纷选择开始布局 C 端之时,说明 VR/AR 已经准备好开始面向 C 端提供服务。C 端市场的用户量是庞大的,随着更多人接触和了解 VR/AR,C 端市场会是厂商们最期望的市场。而 VR/AR 也将会影响着各行各业,其中最为贴近大家的零售业也将发生改变。

用户将会通过 VR 头显进入一个虚拟空间,而在这个空间内大家将可以进行商品的查看,还可以通过现在火热的虚拟人技术在虚拟空间内为用户进行介绍。特别是对于一些需要专业知识讲解的产品,在 VR 内可以进行更加详细的介绍,方便消费者进行选择购买。耐克 2016 年在上海发布了 2016 Nike Sportswear Tech Pack 男女款秋季系列,并设置了 VR 全景体验区。

目前电商存在的弊端比较明显,用户没有办法进行试用,除非对于需求非常明确,不然购买的产品可能与实物存在一些偏差,退换货也较为麻烦。而 VR/AR 体验可以解决电商存在的问题,尽管线下存在缺货等问题,VR/AR 可以帮助消费者更好地明确需求,且可以通过 VR/AR 试用查看效果。各品牌甚至可以通过研发自家应用,让用户通过 VR/AR 进行更多的、更快的试用。

VR/AR 可以让用户无接触试用,可以进行 DIY 定制,虚拟人也可以在 VR/AR 内帮助消费者快速地完成购买。

模块 2 线下活动策划

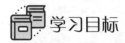学习目标

☆知识目标：(1) 了解商品的活动策划流程；
　　　　　　(2) 掌握复盘的概念。
☆能力目标：(1) 能够根据店铺活动目标制订活动方案；
　　　　　　(2) 能够对活动进行复盘。
☆素养目标：(1) 通过对店铺活动的策划，树立以消费者为核心的新零售运营思维，培养
　　　　　　专业的服务意识；
　　　　　　(2) 通过店铺活动的策划、复盘，培养全局思考、换位思考的意识。

任务 1 活动策划流程

任务描述

新的店铺已经正式营业了，有了些许订单产生，但是领导认为店铺流量还是不够，准备让肖峰对店铺做一场开业活动的策划。

琳达："肖峰，目前店铺已经营业了，你准备一份店铺开业活动的策划方案。"

肖峰："好的，琳达，我现在就着手去准备。"

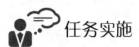任务实施

肖峰接到任务后，他认为既然要做一份活动策划的方案，那么就需要对活动策划的流程和方法熟知，然后才可以着手做方案，去落地执行方案，最终还要对活动进行复盘，从中吸取经验，进而改进。

实施步骤 1 全面规划运营活动

在店铺开展促销活动之前，需对活动提前进行规划。如果没有各项规划，整个活动会变得混乱无序，提前做好活动规划以及活动预案对于活动的成功有着巨大的影响。店铺活动规划主要从以下九个方面进行：市场调研、活动目的、统筹规划、店铺策划、商品准备、市场运营、企划设计、行政后勤、团队协作。

实施步骤 2　了解活动规划各方面的具体任务

1. 市场调研

活动之前需要对市场进行调研,确认市场是否饱和,以及消费者是否有相关的需求,而不是去盲目策划活动。

2. 活动目的

市场调研后,需要围绕消费者的需求来确认活动目的,不同的角色活动目的会有所不同,案例可参考图 3 - 2 - 1。

- **TO-消费者**:生活的环境影响着孩子的生理和心理的成长发育,通过超级聚享日的开展,**教育家庭消费市场,把个性化、趣味化、健康环保的产品,提供给现代的家庭**,给孩子提供更健康快乐的生活方式;

- **TO-行业**:在消费结构调整及消费升级趋势下,家装建材部门与品牌需要联合**提升"儿童家"**的消费结构占比;

- **TO-品牌**:通过1+2品类联合发起聚享日活动,对行业头部品牌联合营销能力进行大练兵,打造由站外到站内,线下到线上的全链路联动的营销体系,帮助行业品牌由传统的硬广投放模式**升级为数字化营销模式**;

- **TO-平台**:以点带面,以"定制儿童空间"为切入点,持续开展各类家庭空间不同生活方式的主题活动,**打造"整体家装&建材"上天猫的心智**;

图 3 - 2 - 1　活动目的案例展示

3. 统筹规划

是指在确定活动目的后,确认整体活动目标,然后在可实现性上再进行合理拆分,案例可参考图 3 - 2 - 2。

图 3 - 2 - 2　统筹规划案例展示 1

此外,整体目标确定后,还需要确定整体活动的销售节奏,案例可参考图 3 - 2 - 3。

图 3 - 2 - 3　统筹规划案例展示 2

4. 店铺策划

在销售节奏确认后,选定紧扣活动的主题,确认整体店铺的权益,权益设定的核心目的是吸引新客户、老客户召回与激活、已加购收藏的活跃客户进行转化,案例可参考图 3 - 2 - 4。

图 3 - 2 - 4　店铺策划案例展示

5. 商品准备

在开始活动之前,需要对商品的库存、陈列、商品应季性、商品节奏与运营节奏匹配、选款、定价、预售预热、活动预案等提前做好准备。

6. 市场运营

针对活动目标提前确认活动预算,并根据各渠道拉新能力制订投放计划,提前进行老顾客激活、短信营销、邮件营销、微博微信营销,以平台为聚合点,以活动权益刺激拉新互动,形成数据沉淀,案例可参考图3-2-5、图3-2-6。

主　题	资　源		排查资源期间
索菲亚资源	硬广	高铁、机场LED大牌	4.25~5.30
	线上站外资源	太平洋家居、新浪家居、凤凰网	
		微博、微信KOL	
		索菲亚家居自媒体资源	
	内容营销资源	淘宝头条、必买清单、极有家、我淘我家	
	站内付费资源	直通车、钻展资源	
	线下门店资源	线下一场主场落地活动,2 000家门店同步活动	
好莱客资源	线上站外资源	今日头条	
		百度信息流	
		百度直通车	
		UC头条	
		有道	
		微博	
		微信朋友圈	
	内容资源	品牌号	
		淘宝头条	
		微淘	
		我淘我家	
		必买清单	
	线下门店新零售资源	门店物料	

图3-2-5　市场运营案例展示1

7. 企划设计

一般活动企划设计会从页面整体布局、商品主题、与商品的互动、方案策划、调样、拍摄、试穿记录、宝贝描述、爆款打造、产品互链、价格错位、素材积累等方面着手,案例可参考图3-2-7。

8. 行政后勤

要做好人员规划与排班,主要涉及提前布置、氛围营造、士气、餐饮、激励方案等。

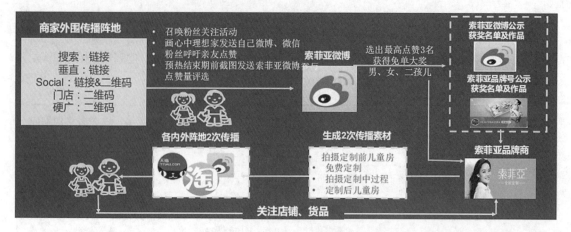

图3-2-6　市场运营案例展示2

图3-2-7　企划设计案例展示

9.团队协作

团队协作主要包括全员参与造势与建议、分工与协作、平时轮岗一专多能、合作伙伴资源整合、上下内外协同等。

肖峰通过资料的查询和学习,了解了活动策划的流程后,还需要进一步了解每项流程的操作方法。

小贴士

坪　　效

坪效,指销售额、营业面积,即单位营业面积产生的销售额,包括日坪效、月坪效、年坪效。坪效的高低体现了门店的新零售能力,也体现客户对品牌的认知和欢迎程度。新零售坪效管理要从流量管理、转化率管理、客单价管理、复购率管理等方面着手。

任务评价

表 3-3　学习任务评价表

评价项目	评价内容	评价标准	评价方式		
			自我评价	小组评价	教师评价
职业素养	学习积极性	学习态度端正,能积极认真学习(1~10分)			
	学习主动性	能够独立思考,主动完成学任务(1~10分)			
	团队合作意识	与同学协作融洽,团队合作意识强(1~10分)			
专业能力	活动策划流程	熟练掌握活动策划的流程(1~20分)			
创新能力	提出具有创新性、可行性的建议	加分奖励(1~10分)			
合　　计					
指导教师		学生姓名			
日　　期					

任务 2　活动策划方法

任务描述

　　琳达:"肖峰,你已经了解活动策划需要从哪些方面考虑,具体如何实施你清楚吗?"

　　肖峰:"活动策划主要从九个方面开展,但是每个方面的细节各不相同,我想通过活动的实施来熟悉。"

　　琳达:"好的,那你根据已经做好的准备去开展吧。"

任务实施

实施步骤 1　市场调研

开业活动的市场调研方向一般分为以下三个方面。

(1)周围竞品店铺的活动内容,以及竞品店铺是如何规划店铺的利益点的。

(2)竞品店铺活动的时间与周期。

(3)在哪些时间段内做活动比较有效。

根据以上内容的市场调研结果作为本店铺开业活动的参考依据,设立本店铺的活动内容、时间安排及活动周期。

实施步骤 2　明确活动目的

开业活动目的一般有以下两个方面。

一是通过开业活动聚集人气、吸引行人观望,形成口碑宣传,达到传播的效果,进一步扩大店铺在一定范围内的知名度、美誉度。

二是通过活动吸引消费者进店,争取促成首次光顾门店的消费者购买,并给首次光顾的消费者留下深刻印象。

实施步骤 3　统筹规划

由于新店开业没有前期案例,无法确认销售额和销量,初期会有很多问题出现,因此新店开业的时间节奏分为两块,即"试运营"和"正式运营"。

试运营期间主要是内部磨合、产品测试以及发现其他潜在问题,适合小规模范测试,如化妆品店铺试运营期间可以在某个区域先做试点营销,在检验自己的选品是否成功的同时,将试点区域内消费者转化为前期店铺的会员,并同时检测在整个交易环节中是否有纰漏(如供应链无法及时到货等问题)。另外,因开业活动前期没有案例,无法定准确性目标,所以可以通过试运营的途径,预估正式开业的营业额。但营业额不是开业大促的核心指标,开业大促最关键指标是在这期间招募的会员数量。通过对前期招募的会员在日后的活动中进行营销,才是长久运营之策。

实施步骤 4　店铺策划

每个活动首先需要确认的是活动主题,主题是为了告诉消费者店铺经营的范围。其次是副主题,意义在于吸引消费者进店。最后,店铺整体的利益点也要随之策划。策划的目的在于消费者分级,买得越多优惠越多,同时利益点也要参考周边竞品店铺的情况。

实施步骤 5　商品准备

根据试运营状况以及活动目标,提前备好正式活动库存,并在线上商品页上提前对于商品包装预热。商品包装包括价格、特色、活动时间点、最大利益点等,案例可参考图 3-2-8。

图 3-2-8　商品准备案例展示

实施步骤6　市场运营

根据店铺实际情况及特点,可通过以下流程进行市场运营。

(1)申请微信公众号,制作 DM 宣传单、宣传海报和展架(至少提前 30 天进行准备,公众号要做好前期的内容铺垫、门店的介绍、门店运营理念的传达等)。

(2)购买相应物料,进行店员培训(提前 15 天)。

(3)撰写活动宣传文案,发布公众号并进行朋友圈转发(提前 5 天左右)。

(4)到人流量大的地方进行 DM 宣传单页的派发。

(5)发动周边朋友在微博、贴吧、论坛、QQ 群、微信群等转发活动内容。

实施步骤7　企划设计

根据店铺产品受众人群的特征,抓住消费者的特点,通过店铺产品文案编写和设计的呈现,迎合受众人群的喜好。当然在迎合需求的过程中最重要的是不能脱离自己活动的主题,如受众人群是年轻人,那么除了价格之外还可以挖掘一些潮流、新鲜、有趣等类似吸引点,通过文案和设计来呈现。

实施步骤8　行政后勤 & 团队协作

"身体是革命的本钱",一个活动方案在准备和实行过程中会极大地消耗团队的精力。考虑一人多职的情况,所以人员的规划与排班变得非常重要,每个人的职责范围等都要一一规划落实。如果有人缺席是否会有其他人能顶上,这些都需要纳入活动考量范围,排班案例可参考图 3-2-9。

序　号	活　动　项	活动负责人	替补员工
1	活动策划	张三	李四
2	线上线下推广	李四	王五
3	线上网店维护	王五	赵六
4	线下门店维护	赵六	田七
5	物流发货	田七	王五
6	每日三餐预定	张三	李四

图 3-2-9　人员排班案例展示

肖峰已经把方案做了出来,并且进行了落地执行。在执行结束后,琳达需要肖峰及时对店铺活动进行复盘。

任务评价

表 3 - 4　学习任务评价表

评价项目	评价内容	评 价 标 准	评 价 方 式		
			自我评价	小组评价	教师评价
职业素养	学习积极性	学习态度端正,能积极认真学习(1~10分)			
	学习主动性	能够独立思考,主动完成学任务(1~10分)			
	团队合作意识	与同学协作融洽,团队合作意识强(1~10分)			
专业能力	商品策划活动实施	能根据商品的特点进行策划活动的实施(1~20分)			
创新能力	提出具有创新性、可行性的建议	加分奖励(1~10分)			
合　　　计					
指导教师		学生姓名			
日　　期					

任务 3　店铺活动复盘

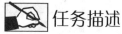

任务描述

　　琳达:"肖峰,你认为这次活动的策划是否可行?"

　　肖峰:"我还没有对整个活动进行复盘,具体要通过复盘才能清楚。"

　　琳达:"好的,那你梳理一下活动复盘的步骤,通过复盘来总结活动。"

知识加油站

　　复盘　复盘是围棋中的一种学习方法,指的是在下完一盘棋之后,要重新摆一遍,看看哪里下得好,哪里下得不好,对下得好和不好的地方都要进行分析和推演。复盘是一种文化,是一种行动学习,是用以提升组织智慧、固化组织记忆的手段。

 任务实施

实施步骤 1　了解什么是复盘

1. 复盘的定义

复盘是围棋中的一种学习方法,指的是在下完一盘棋之后,要重新摆一遍,看看哪里下得好,哪里下得不好,对下得好和不好的地方都要进行分析和推演。复盘是一种文化,是一种行动学习,是用以提升组织智慧、固化组织记忆的手段。复盘是行动后的深刻反思和经验总结,是不断学习、总结、反思、提炼和持续提高的过程,也是把经验转化为组织能力的过程。

2. 复盘的四个阶段

复盘的四个阶段如图 3 - 2 - 10 所示。

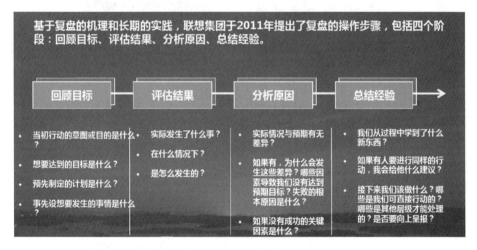

图 3 - 2 - 10　复盘的四个阶段

实施步骤 2　熟悉复盘的方法

复盘四步法

复盘四步法分为:回顾目标、评估结果、分析原因、总结经验,具体如图 3 - 2 - 11 所示。

(1)回顾目标。首先要分清目的与目标,策略正确的目的保证目标的方向,清晰而适配的目标能更好地分解和保障目的的实现。最好能确定出可量化的目标或具有里程碑性质的标志,无量化或不可考核的目标,很难保证目的的实现,也难与结果对照评估。如果活动前所设定的目的、目标不够清晰,复盘时可追补清晰,便于对照,同时可提高下次定目标的准确度。

(2)评估结果。设定好"实事求是"的复盘氛围,比较结果与目标的差异,找出成功之处和可提升之处,我们称之为定义问题,这也是为分析原因做好准备。定义问题需要干净、清晰地将"目标"和"结果"之间的差异描述出来,这里不包含出现问题的原因及解决方案,更不应是指责、抱怨或撇清责任等。

图 3 - 2 - 11　复盘四步法

在评估结果的过程中,亮点与不足同样重要,不能弱化亮点,好的要沉淀要传承,不够的要列出来改善。同时要多引入外部典型事实样本让我们的结果评估视野更开阔、结论更客观。

(3) 分析原因。分析成功因素时,要多列举客观因素,精选自身真正的优势去推广、扩大;分析失败因素时,多从自身主观深挖原因,狠挑不足补短板,突破瓶颈。同时还要谨慎检视当初目的、目标定位是否有明显失误。

(4) 总结经验。总结经验(规律)要尽可能退得远,时间轴拉长,退出画面看画,寻求更广泛的指导性意见,尽量不局限于就事论事。总结经验要谨慎,总结规律更要小心,不能刻舟求剑,更不能把一时一地一事的认知当成放之四海而皆准的真理规律。

小贴士

复盘与总结的区别

复盘不等于总结,虽然复盘也是一种形式的总结,绝大多数工作总结不等于复盘。复盘与总结的主要区别是:

总结:对事件结果进行梳理,对已经发生的行为和结果进行描述分析和归纳,关注的是一些关键点和里程碑。

复盘:除了有总结所包含的所有动作外,它还对未发生的行为进行虚拟探究,探索其他行为的可能性和可行性,以找到新的方法和出路,这一动作就是"推演"。复盘=总结+推演。

实施步骤 3　店铺活动复盘

一般店铺活动结束后,都需要对于整体进行复盘,才能知道对于下一次活动如何进一步的优化。复盘的方向主要可通过以下 6 点着手,即成交额、市场投入、页面设计、营销工具、店铺人群画像、优化方向。

1. 成交额

复盘最简单的模式就是通过一个基础公式,即成交额=流量×转化率×客单价来深入探讨。

(1) 流量的复盘。流量的复盘可以通过与之前规划的渠道进行对比,查看每个渠道来源的客户是否达标,如果都达标就要考虑两个问题:① 转化率和客单价是否产生了问题;② 渠道的客流是否有重复? 案例可参考图 3-2-12。

主渠道	分渠道	预计客流	实际客流
线上	校园网	7 千	6 千
	微信公众号	4 千	5 千
	微博	4 千	1 千
线下	门店周边宣传	1.5 万	3 万
	校园海报宣传	2 万	

图 3-2-12　流量复盘案例展示

(2) 转化率的复盘。从转化率的角度先分析商品,通过这种方式能大致得到结论,可以看出哪个商品好卖哪个商品不好卖。图 3-2-13 为某店铺的转化率数值,callin 转化率为咨询人数占访客数的比率,咨询转化率为销量占咨询人数的比率。

项　目	商品访客数	咨询客户	callin 转化率	销量	转化率	咨询转化率
商品 A	100	10	5%	8	8%	80%
商品 B	250	20	1.25%	15	8%	75%

图 3-2-13　转化率复盘案例展示

由图 3-2-13 可以得出结论,不同的商品虽然转化率相同,但是商品 A callin 转化率更高,说明产品或者活动更加吸引人,咨询转化率也是商品 A 高于商品 B。这个结论同时需要通过查看客服聊天记录来了解客户的需求是什么,为什么选择商品 A 不选择商品 B。

2. 市场投入

图 3-2-14 为某活动市场投入复盘案例,其中 ROI 为投入产出比。通过案例分析可以得知,该活动线上投入较高,产出少,需要对于线上的投入降低;而线下投入低,产出高,需要加强对于线下的投入。

活动渠道	费　用	费用单价	费用总计	销售额	ROI
线下	X 展架	50/个	50 元	12 万	265
	DM 单页	4 元/1 000 张	80 元		
	展台	22 元	22 元		
	礼品	尾货当赠品	300 元		
线上	赠品	尾货当赠品	300 元	5.1 万	39
	渠道推广	200 元/条	1 000 元		
合计			1 752 元	17.1 万	100

图 3-2-14　市场投入复盘案例展示

3. 页面设计

页面设计需要从多角度分析,可以把自己当成一个消费者,多研究网上的实际案例,找到设计上的细节并不断地优化,案例可参考图 3-2-15。

同样 5999 的西门子冰箱,但是通过活动力度以及设计的摆放最终导致销量不同

图 3-2-15　页面设计复盘案例展示

4. 营销工具

店铺营销工具的使用情况对于运营有着重要意义。如 100 元优惠券发布了 1 000 张,被领取了 500 张,最终使用了 50 张,那么使用率就是 10%。想要提高该项数据可以提高优惠面额,或者在活动期间在限定渠道发布。物以稀为贵,减少优惠券的数量能提高客户的使用率,案例可参考图 3-2-16。

5. 店铺人群画像

通过对店铺的人群进行分析,并画出店铺的精准人群画像,对于后期的活动以及未来店铺的发展有着重大的意义。画像基本从 4 点入手:男女比例、年龄、消费阶级、客单价,案例可参考图 3-2-17。

图 3-2-16 营销工具复盘案例展示

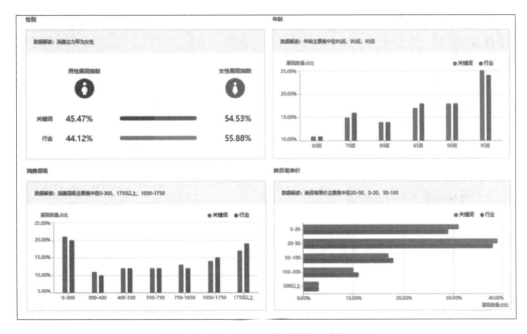

图 3-2-17 店铺人群画像分析案例展示

6. 优化方向

在活动复盘最后,需要对整体活动进行总结,并列出后续重点工作事项。活动的优化并不是依靠活动的几天时间完成的,而是通过平日不断运营优化而成的,案例可参考图 3-2-18。

销售	商品SKU
·访客操作：访客来源分配 ·转化率保障措施 ·客单价提升策略	·完善商品SKU数量，优化结构 ·经过验证的专供商品及商品线

运营	供应链
·强营销，组建线上线下专职团队 ·店铺设计优化、详情页优化	·规范化的供应链流程 ·计划、订单、预测工作到位

图 3-2-18　优化方向分析案例展示

实施步骤 4　了解复盘误区与原则

复盘是一种基于文化的方法论。复盘不是秋后算账的大会，不是寻找替罪羊的批斗大会，而是探寻真知的大会，是观点和思路交锋的大会，是验证逻辑的大会。

复盘不是

➢ 自己骗自己，证明自己对。

➢ 流于形式，走过场。

➢ 追究责任，开批判会。

➢ 强调客观，推卸责任。

➢ 简单下结论，刻舟求剑。

复盘是

➢ 重在实事求是(求真)。

➢ 重在内容和找原因(求实)。

➢ 重在改进和提高(求学)。

➢ 重在反思和自我剖析(求内)。

➢ 重在找到本质和规律(求道)。

 任务评价

表 3-5　学习任务评价表

评价 项目	评价内容	评　价　标　准	评　价　方　式		
			自我 评价	小组 评价	教师 评价
职业 素养	学习积极性	学习态度端正，能积极认真学习(1~10分)			
	学习主动性	能够独立思考，主动完成学任务(1~10分)			
	团队合作意识	与同学协作融洽，团队合作意识强(1~10分)			

（续表）

评价项目	评价内容	评价标准	评价方式		
			自我评价	小组评价	教师评价
专业能力	店铺的复盘	熟练掌握店铺复盘的流程（1~20分）			
创新能力	提出具有创新性、可行性的建议	加分奖励（1~10分）			
合　　计					
指导教师		学生姓名			
日　　期					

 阅读拓展

合生元，会员制精准营销

大部分孕妇在生产之后的第一份奶粉，基本上都是奶粉公司通过医院送给孕妇的。合生元就从营销消费者洞察的角度发现，宝妈在产后有非常强烈的社交欲望，同时也有很大的恐惧，希望得到很多育婴的支持。

所以合生元就搭建了一个平台名为"妈妈100"俱乐部，这个俱乐部拥有非常强的数据库。

当一罐合生元奶粉被吃完以后，宝妈去母婴店买奶粉的时候，母婴店就告诉她会员可以享受买五罐送一罐的优惠，于是宝妈变成了合生元的会员，同时下载了App，通过合生元的社交平台这个宝妈认识了在这个社区里面的其他宝妈。这些妈妈可以在社交平台上共同学习育婴的知识，她们的一些行为数据也都记录在这个社交系统里面。

这些宝妈可以在平台上进行社交，享受学习育婴的过程，同时也可以通过App直接在网上购物，购物完成后家附近的母婴店会收到系统的指示为其送货。每一个母婴店的导购因为这个联结，他们可以得到销售的返点，同时母婴店的老板在所有的导购达标之后也能够得到返点。

合生元还创立了合生元大学，帮助所有的母婴店彼此之间互相跨区域学习。这事实上也就是把所有销售渠道的网点用社交的方式联结在一起，让他们在这个社交平台上互联互动。

所以社交不只是消费者之间的社交，也可以是所有渠道彼此之间的社交。

模块 3　门店数据管理

学习目标

☆知识目标：(1) 了解新零售门店运营系统框架结构；
　　　　　　(2) 了解友数收银平台操作流程。
☆能力目标：(1) 掌握友数收银平台操作流程；
　　　　　　(2) 掌握新零售门店系统的操作。
☆素养目标：(1) 通过对新零售门店系统的学习，树立以"数据"说话的意识，培养电商专
　　　　　　　　业中的用数据分析问题的意识；
　　　　　　(2) 通过对新零售现状的学习，了解新零售行业发展的现状，培养职业的发展观。

任务 1　门店数据系统框架

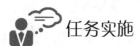任务描述

新零售线下门店已经布置完成，数据管理平台也已经安装完毕，新零售门店即将开始营业。
琳达："肖峰，线下门店的一些运营工具已经到位，你给门店员工培训一下工具和系统架
构等相关的内容。"
肖峰："好的。"

任务实施

实施步骤 1　了解线上商城功能
线上商城功能主要包括概览、商品、库存、订单、会员、库存、营销、财务、统计、系统等，案例
可参考图 3－3－1。

实施步骤 2　了解线下门店系统功能
线下门店系统功能主要包括概览、商品、会员、订单、库存、营销、数据、店铺以及收银等，案
例可参考图 3－3－2。

实施步骤 3　了解系统各功能的作用
1. 概览
可查看今日会员、订单以及付款金额数据，支持快速进入到订单、商品发布、会员管理等页
面，案例可参考图 3－3－3。

图 3 - 3 - 1　线上商城功能案例展示

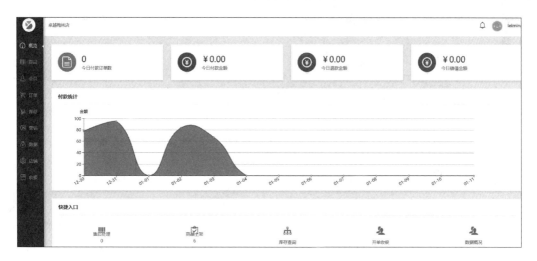

图 3 - 3 - 2　线下门店系统功能案例展示

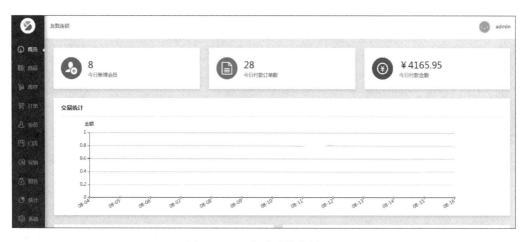

图 3 - 3 - 3　概览功能案例展示

2. 商品

可创建发布商品,并对商品进行分类管理、评价管理、制订详情页模板,并对店铺商品做统一的服务承诺,案例可参考图3-3-4。

图3-3-4　商品功能案例展示

3. 会员

可以管理店铺会员,并对会员设置标签、积分机制、会员等级和店铺会员卡。甚至会员可以往店铺进行充值,作为会员预存款,案例可参考图3-3-5。

图3-3-5　会员功能案例展示

4. 订单

可以查看店铺所有订单记录及订单状况,并对售后情况进行针对性处理,案例可参考

图3-3-6。

图3-3-6 订单功能案例展示

5. 库存

可以查看实时库存,可以查询单一商品的出入库流水明细,并及时针对缺货商品进行进货或调货,案例可参考图3-3-7。

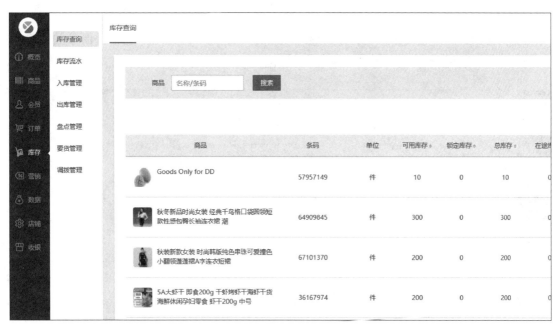

图3-3-7 库存功能案例展示

6. 营销

针对店铺及店铺商品可以设置满额减、新人礼包、充值赠送、积分商城、限时抢购的营销模式,案例可参考图3-3-8。

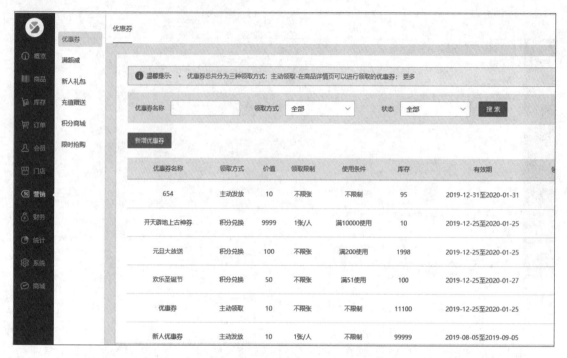

图 3-3-8　营销功能案例展示

7. 数据

可以查看整体营业情况、营业明细和会员充值状况,以及店铺整体的交易、商品的交易状况以及导购员的交易情况,案例可参考图 3-3-9。

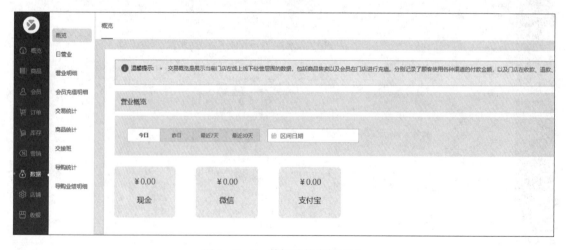

图 3-3-9　数据功能案例展示

8. 店铺

可以对店铺进行装修,对员工和导购员进行权限设定和管理,并且可以制作对外的公开物料以及小程序,案例可参考图 3-3-10。

图 3 - 3 - 10 店铺功能案例展示

9. 收银

该功能为线下门店使用功能,可以对线下客户进行现场收银,案例可参考图 3 - 3 - 11。

图 3 - 3 - 11 收银功能案例展示

任务评价

表 3-6　学习任务评价表

评价项目	评价内容	评 价 标 准	评 价 方 式		
			自我评价	小组评价	教师评价
职业素养	学习积极性	学习态度端正,能积极认真学习(1~10分)			
	学习主动性	能够独立思考,主动完成学任务(1~10分)			
	团队合作意识	与同学协作融洽,团队合作意识强(1~10分)			
专业能力	门店数据系统	熟练掌握门店数据系统的使用(1~20分)			
创新能力	提出具有创新性、可行性的建议	加分奖励(1~10分)			
合　　计					
指导教师		学生姓名			
日　　期					

任务2　门店收银系统操作

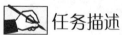

任务描述

　　琳达:"肖峰,门店操作系统你都已经熟悉,你再给大家培训一下线下收银系统的操作。"
　　肖峰:"好的,我会根据不能功能需求进行操作培训。"

任务实施

实施步骤1　进入收银系统
　　PC端直接从门店后台进入收银系统,手机用户可在应用市场下载收银App,登录收银台,默认进入收银界面,案例可参考图3-3-12。

图 3 - 3 - 12　收银台页面案例展示

实施步骤 2　收银

1. 选择商品加入购物车

可输入 SKU 或者直接扫描商品条形码(SKU)进行收银;若当前收银客人还有商品要购买,可选择挂单,给下一位客人收银,等上一位客人把商品拿来了再取单继续收银,案例可参考图 3 - 3 - 13、图 3 - 3 - 14、图 3 - 3 - 15。

图 3 - 3 - 13　加入购物车页面案例展示

2. 关联会员

输入手机号码或者会员码查询会员,关联会员成功后,订单可享受会员优惠,案例可参考图 3 - 3 - 16、图 3 - 3 - 17。

图 3 - 3 - 14　挂单页面案例展示

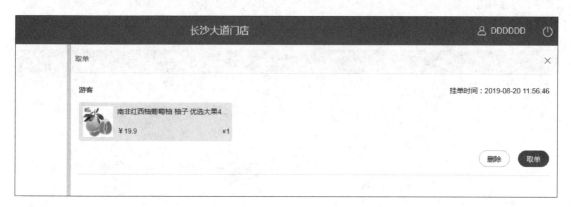

图 3 - 3 - 15　取单页面案例展示

图 3 - 3 - 16　关联会员页面案例展示

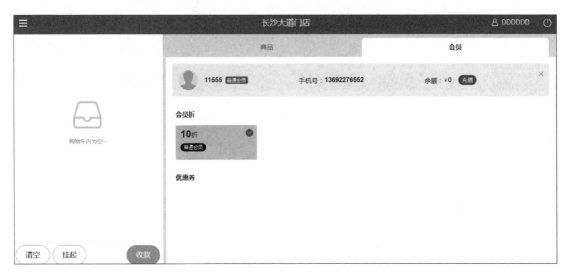

图 3 - 3 - 17　输入手机号或会员号查询页面案例展示

实施步骤 3　订单操作

1. 输入或扫描订单号查看订单,案例可参考图 3 - 3 - 18。

图 3 - 3 - 18　查看订单页面案例展示

2. 订单发货

（1）到店自提-订单核销，案例可参考图3-3-19。

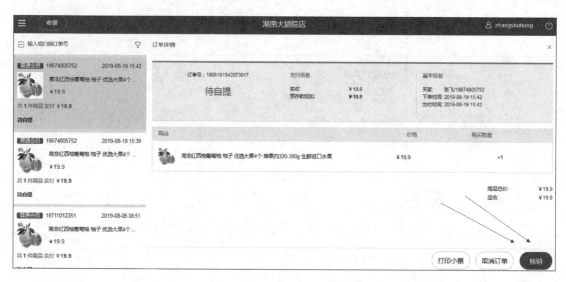

图3-3-19　订单核销页面案例展示

（2）门店配送-订单发货，案例可参考图3-3-20。

图3-3-20　订单发货页面案例展示

3. 订单售后

（1）订单未发货/未核销之前，收银台操作订单退款，取消订单，案例可参考图3-3-21。

（2）订单发货后，收银台操作订单退款/退货，发起售后，案例可参考图3-3-22、图3-3-23。

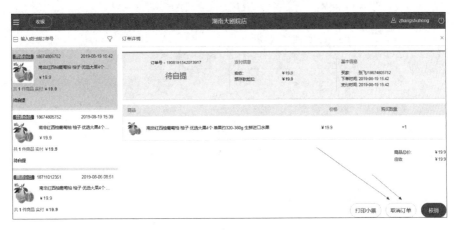

图 3 - 3 - 21 售后订单页面案例展示

图 3 - 3 - 22 售后发起页面案例展示

图 3 - 3 - 23 收银台退款退货操作页面案例展示

4. 售后

（1）进入菜单点击售后，案例可参考图3-3-24。

图3-3-24　售后入口案例展示

（2）订单售后审核，确认/拒绝退款操作，案例可参考图3-3-25。

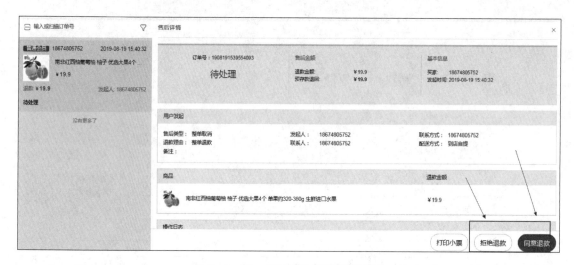

图3-3-25　售后审核页面案例展示

5. 设置

可以设置交接班、打印小票、优惠设置。案例可参考图3-3-26。

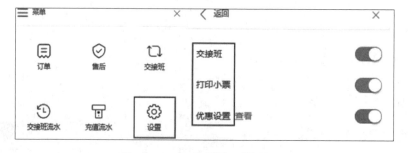

图3-3-26　设置页面案例展示

（1）交接班：开启后，其他员工登录收银台需要交接班。

（2）打印小票：开启后，收银完成后会自动打印小票，不需要手动点击。

（3）优惠设置：收银时可选择整单折扣或整单改价。案例可参考图3-3-27。

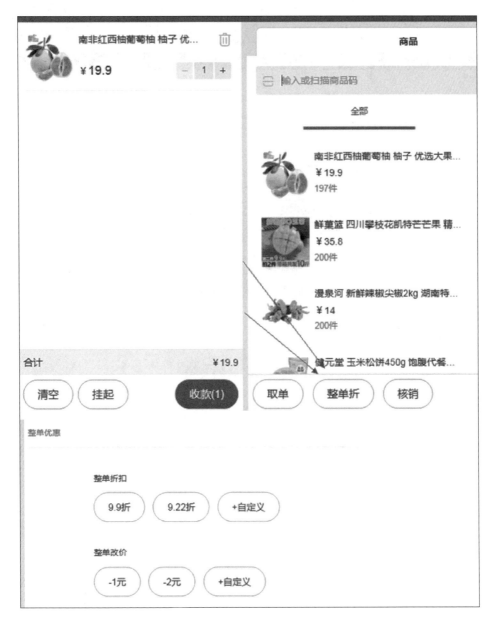

图3-3-27　优惠设置页面案例展示

6.交接班

可查看交易流水、上班和下班记录，确认交班，还可设置期初现金。案例可参考图3-3-28。

7.交接班流水

可以查看店员上班的时间段以及收款、交接和现金总额情况。案例可参考图3-3-29。

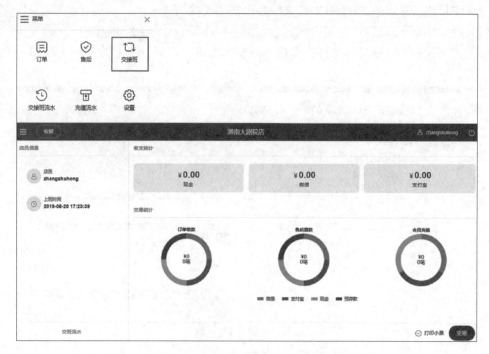

图 3 - 3 - 28　交接班页面案例展示

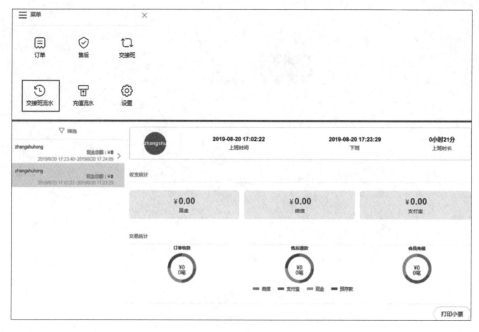

图 3 - 3 - 29　交接班流水页面案例展示

8. 充值流水

可以查看储值的时间、金额和支付方式等，案例可参考图 3 - 3 - 30。

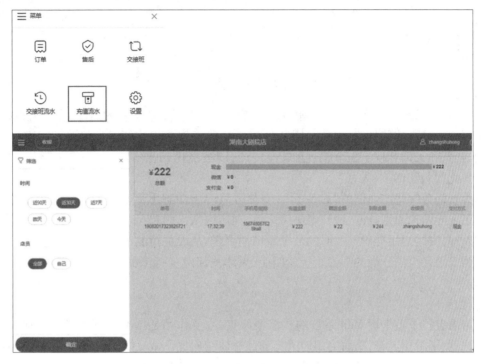

图 3 - 3 - 30　充值流水页面案例展示

 任务评价

表 3 - 7　学习任务评价表

评价项目	评价内容	评价标准	评价方式		
			自我评价	小组评价	教师评价
职业素养	学习积极性	学习态度端正,能积极认真学习(1~10分)			
	学习主动性	能够独立思考,主动完成学任务(1~10分)			
	团队合作意识	与同学协作融洽,团队合作意识强(1~10分)			
专业能力	门店收银系统	熟练掌握门店收银系统的操作(1~20分)			
创新能力	提出具有创新性、可行性的建议	加分奖励(1~10分)			
合　　计					
指导教师		学生姓名			
日　　期					

安踏，借智慧门店打造"价值零售"

数字化是安踏"价值零售"最关键的组成部分之一。围绕消费者的需求，安踏通过提升数据价值、融合价值、体验价值、文化与团队价值为消费者创造优质的零售体验。2018 年，安踏在武汉、福州和天津开设了三个旗舰型智慧门店，以数字化赋能零售，为消费者带来更加人性化和智慧化的购物体验。

作为安踏数字化产业链的"排头兵"，安踏智慧门店在洞悉消费者的偏好上下足了功夫。通过人工智能图像识别技术，消费者进店之后，在店内做出的拿起—试穿—购买等一系列行为都会被感知，安踏运用准确且及时的数据看懂消费者，从而更精准地为其提供服务。

作为安踏在全国开设的第三个智慧门店，天津滨江道步行街的智慧门店采用了更多的智慧技术。

1. 进店

门店内设置了多个优 Mall 系统的高清摄像头，主要作用是精准洞察消费者结构，包括那女性别比例、年龄构成等，从而为门店进行商品总体结构优化做支撑。门店的门口设有两个高清摄像头，消费者一进入门店，系统就能判断出其性别和年龄区间。

2. 逛店

门店顶部分布多个摄像头，能够时刻捕捉每一位消费者的购物路线和轨迹，从而诊断出店里的冷区和热区，帮助门店进一步优化商品陈列和调整门店动线规划的合理性。

3. 选品

安踏在店内设置了具有智能性的互动屏，利用 FRID 互动技术来判断商品对消费者吸引力的大小。当消费者从互动区域的鞋墙上拿起一款鞋时，压杆互动屏上就会显示该款鞋的相关信息，包括鞋码和推荐搭配等。这样一方面能让消费者更清晰地了解商品的各项信息，另一方面安踏后台可以采集到这款鞋的"拿及率"，然后结合实际售出的数据进行分析，为未来优化商品设计和研发提供信息支撑。

4. 试穿

门店在试穿区域也设有相应的数据感应器，安踏后台可以通过记录商品的试穿频次和频率来收集现场数据。

5. 结算

在结算方面，安踏智慧门店既设有收银一体化的移动设备，也设有人工收款结算台，消费者可以选择移动支付，也可以选择现金支付。

完成结算之后，消费者的此次消费就进入了安踏后台的客户关系管理（CRM）系统，消费者在线上线下所有渠道的消费记录、消费特征都将被记录到该系统中，为安踏开展精准营销提供数据支持。

智慧门店能够帮助安踏洞察消费者，转化数据，提升运营效率。从逛、看、试、结四个维度升级人性化和智慧化的体验，同时也让安踏基于大数据来及时改善消费者的线下体验，提升管理效率。通过数据分析实施精准营销，能够提升消费者的到店率。

项 目 小 结

一、基本概念

(1) 热区：高人流,高目视率。

(2) 暖区：中人流,中目视率。

(3) 凉区：中人流,低目视率。

(4) 冷区：低人流,低目视率。

二、商品陈列的基本方法

(1) 基本陈列法。

(2) 整齐陈列法。

(3) 墙面陈列法。

(4) 端头陈列法。

(5) 突出陈列法。

(6) 散装混合陈列。

(7) 交叉堆积陈列。

(8) 悬挂陈列法。

(9) 随机陈列法。

(10) 扇形陈列法。

三、活动策划流程

(1) 市场调研。

(2) 活动目的。

(3) 统筹规划。

(4) 店铺策划。

(5) 商品准备。

(6) 市场运营。

(7) 企划设计。

(8) 行政后勤。

(9) 团队协作。

四、复盘

复盘是围棋中的一种学习方法,指的是在下完一盘棋之后,要重新摆一遍,看看哪里下得好,哪里下得不好,对下得好和不好的地方都要进行分析和推演。复盘是一种文化,是一种行动学习,是用以提升组织智慧、固化组织记忆的手段。

五、线上商城功能包括概览、商品、库存、订单、会员、库存、营销、财务、统计、系统以及商城等。

第 1 关　判断题

1. 线上商城功能包括概览、商品、库存、订单、会员、库存、营销、财务、统计、系统以及商城等。
2. 系统会员功能可以管理店铺会员,并对会员设置标签、积分机制、会员等级和店铺会员卡,甚至会员可以前往店铺进行充值,作为会员预存款。
3. 因为新零售的出现,"场"注重了消费者体验,利用数据的赋能更便捷地找到了有效的目标客户。
4. 因为新零售的出现,一些线下门店引进和吸收相关技术达到融合,实现更为便捷的付款方式,并且有效地提高了效率。
5. 因为新零售的出现,打破了店铺面积限制商品数量的状态,使得店铺面积不再受到限制,可以变得更大。
6. 门店智能化的过程一定要加快,可以脱离数字化。
7. 云货架和实体货架是互斥的。
8. 门店布局中的暖区是指中人流、低目视率的区域。
9. 门店布局中便利性品类应该放在热区。
10. 建筑设施中可以标示卖场色彩的要素有商品、吊旗、海报、墙壁、照明设施等,利用物体的颜色,可将商品的特色表现出来,提高商品品质,从而增加消费者的购物欲望。

第 2 关　单选题

1. 门店与商品的配置要能够充分利用空间,通过门店 4 觉,创造出一个消费者感觉到舒适的购物环境。"4 觉"不包括(　　)。
   A. 视觉　　　　　　　　B. 听觉　　　　　　C. 触觉　　　　　　　　D. 嗅觉
2. 线下门店布局中门店设施包括(　　)。
   A. 前方设施　　　　　　　　　　　　B. 中央设施
   C. 建筑设施　　　　　　　　　　　　D. 以上都是
3. 关于门店的冷区和热区的描述,正确的是(　　)。
   A. 热区:高人流,低目视率　　　　　　B. 凉区:中人流,低目视率
   C. 暖区:高人流,中目视率　　　　　　D. 冷区:中人流,低目视率
4. 线下门店商品陈列的整齐陈列法,适合的商品是(　　)。
   A. 非季节性商品　　　　　　　　　　B. 购买频率低的商品
   C. 折扣率高的商品　　　　　　　　　D. 购买量少的商品
5. 在接待客户时,需要进行需求分析,不包括(　　)。
   A. 引导客户谈论他购买的需求
   B. 倾听客户的需求

C. 利用询问进一步引导客户并确定客户的需求

D. 直接建议客户购买我们的产品

6. 货架的空间分配原则正确的是(　　)。

　　A. 上段主要放高毛利商品、冲动消费商品

　　B. 黄金陈列线主要放周转率高、易碎、体积大的商品

　　C. 中段主要放低毛利但顾客需要的商品

　　D. 下段主要放推荐品、有意培育的商品

7. 关于卖场的基本布置原则,正确的是(　　)。

　　A. 目标性品类——热区、暖区　　　　　　B. 常规性品类——收银台

　　C. 季节性、偶发性疲累——暖区　　　　　D. 便利性品类——凉区

8. 包装一个商品,商品的标题一般组成结构包括(　　)。

　　A. 品牌+产品+形容词+型号　　　　　　B. 型号+形容词+产品+品牌

　　C. 品牌+形容词+产品+型号　　　　　　D. 产品+形容词+品牌+型号

9. 下面不属于门店布局目的的选项是(　　)。

　　A. 增加销量　　　　B. 动线清洗　　　　C. 容易进入　　　　D. 便于展示

第 3 关　　多选题

1. 下面关于线下门店布局原则中,正确的是(　　)。

　　A. 便利性品类放在热区　　　　　　　　B. 常规性品类放在暖区

　　C. 目标性品类放在凉区　　　　　　　　D. 偶发性品类放在凉区

2. 门店智能化的作用有哪些? (　　　)

　　A. 提升顾客互动体验和购物效率

　　B. 把大数据分析结果应用到实际零售场景中

　　C. 增加多维度的零售数据

　　D. 供应链更加流畅

3. 在服装行业一片关店潮中,海澜之家凭借什么成为这几年中国服装市场上成长最快的本土品牌,实现了逆势增长? (　　　)

　　A. 门店的快速铺设　　　　　　　　　　B. 高效的供应链

　　C. 巨额的投资　　　　　　　　　　　　D. 轻资产分销管理

4. 智慧门店包括了哪些特征? (　　　)

　　A. 通过智能的设备来装备的实体店

　　B. 通过云计算和 AI 技术进行了数据的挖掘

　　C. 通过云计算和 AI 技术进行线上线下会员的统一

　　D. 通过云计算和 AI 技术进行优惠信息的精准推送

5. 智能魔屏是什么? (　　　)

　　A. 通过镜头捕捉人像,经过智能处理,把用户选择的衣服"穿在"身上

　　B. 是一种叫智能的试衣镜

　　C. 融合了 AR 增强现实、体感技术、大数据、人工智能等科技元素的智能试衣镜

　　D. 跟踪用户消费行为,了解用户偏好的智能试衣镜

6. 天猫超市如何革新传统超市？（　　　）

  A. 在大润发植入了"捉猫猫"、AR、VR 等互动体验，让购物变得更好玩

  B. 天猫超市与易果生鲜、安鲜达推出了"1 小时达"服务

  C. 通过不同优惠券降低商品价格

  D. 对商超品牌从商品、供应链、店仓改造到履约体系进行全面、深度的数字化改造

第 4 关　综合题

制订店铺开业促销方案策划书，以下框架可供参考。

一、活动主题

二、活动背景

三、活动策划目的

  1.

  2.

四、活动时间

五、活动店铺

六、主办单位

七、活动流程

序号	活动流程	负责人	时间点
1			
2			
3			

八、活动促销方案制订

  1. 在活动期间，购买满＊＊元减＊＊元

  2. 在活动期间，订单满＊＊元以上送＊＊

九、店铺布置

  1. 主图、首页、详情页。

  2. 促销优惠设置。

  3. 人员配置：运营、美工、客服、仓储、物流等。

项目 4

新零售供应链管理

 项目描述

　　在线上、线下与物流相结合的新零售业态中，新零售供应链中的物流配送是关键环节之一，全新的消费场景对物流提出了更大的挑战。谁能为消费者提供最省心、省钱的整体化解决方案，谁能充分整合并优化配置资源，谁就能在市场竞争中拔得头筹。

　　本项目从供应链管理基础、新零售供应链管理等几个方面讲述新零售供应链的基础知识、特点及操作系统。

通过本项目学习，你将掌握
◇ 供应链的基本概念
◇ 新零售即时供应链
◇ 新零售冷链物流
◇ 新零售供应链操作系统

模块1　初识供应链管理

学习目标

☆知识目标：(1) 了解供应链的概念；
　　　　　　(2) 掌握新零售供应链的特点。

☆能力目标：(1) 知道新零售即时配送的原则；
　　　　　　(2) 掌握新零售冷链物流的操作流程。

☆素养目标：(1) 通过新零售供应链的学习,掌握新零售供应链的特点及与常规电商供
　　　　　　　　应链的区别,培养"与时俱进"的专业发展思维及服务意识；
　　　　　　(2) 通过线上操作系统的学习及实践,培养动手实践的能力。

任务1　了解供应链基本概念

任务描述

看到肖峰把新零售线上和线下的店铺开了起来,琳达很是欣慰,接下来就要考虑和商品有
关的供应链问题了。

琳达："肖峰,任何一家企业都不可能单独存在,企业之间通过各种交易行为联系在一起,这
些交易行为相互交织就是我们所说的供应链网络。你觉得供应链管理应该包含哪些业务内容?"

肖峰："对于一个公司来说,供应链管理主要包括销售业务和采购业务。"

琳达："是的,其实供应链管理还包括了商品的库存管理和分拣配送的环节,其中库存盘
点是我们进行商品管理的重要手段,请你设计一份用于日常盘点操作的盘点表。"

知识加油站

供应链　供应链是指生产及流通过程中,涉及将产品或服务提供给最终用户的上游或下
游企业所形成的网链结构。

供应链管理　供应链管理是利用计算机网络技术全面规划供应链中的商流、物流、信息
流、资金流等,并进行组织、协调与控制。

任务实施

实施步骤1　了解供应链的概念

我国发布的《物流术语》中对供应链的定义是"生产及流通过程中,涉及将产品或服务提

供给最终用户的上游或下游企业所形成的网链结构",并将供应链管理定义为"利用计算机网络技术全面规划供应链中的商流、物流、信息流、资金流等,并进行组织、协调与控制"。

马士华教授对供应链的定义是"供应链是围绕核心企业,通过对信息流、物流、资金流的控制,从采购原材料开始,制成中间产品以及最终产品,最后由销售网络把产品送达消费者手中的,将供应商、制造商、分销商、零售商,直到最终用户连成一个整体的功能网链结构模式"。

总部位于美国的全球供应链论坛将供应链管理定义成"为消费者带来有价值的产品、服务以及信息的,从源头供应商到最终消费者的集成业务流程"。

供应链是处于生产和流通全过程中的活动,不仅局限于原材料采购和商品销售环节,而是体现在整个社会再生产的所有经济活动中。

供应链不仅是输送链,还是涉及数以千万的组合和个人,从而形成了一个复杂的网链结构形态,具体内容如图4-1-1所示。

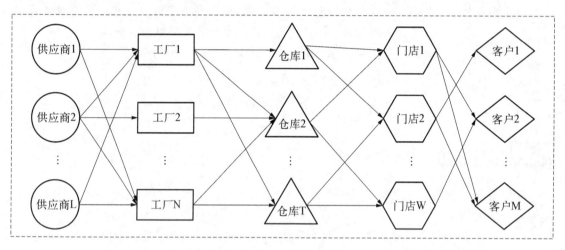

图4-1-1　供应链网络

供应链是以链内不同企业间的物流行为和活动的运作与管理为基础的物料链,其直观的表现形式是:企业间在物流行为与管理、资金运作上的高度协调与一致。

供应链是物料链、资金链,更是信息链,强调信息的价值和作用。在现代企业运作模式中,只有保证信息的及时和准确、高速的沟通和融合,才能实现管理的效率和效果。

小贴士

零售企业、物流企业及消费者对新物流的需求

1. 消费者

(1)满足消费者个性化、碎片化的需求。

(2)提供精准、快速的商品配送服务。

(3)提供体验式的物流配送服务。

2. 物流企业

(1)以行业全链条的大数据为支持,向自动化、智能化的方向优化升级。

（2）运用智能设备,实现仓储、运输等全方位的智能化管理和服务。

3. 零售企业

（1）能够对消费情况和库存进行预测。

（2）实现零库存。

（3）降低物流成本。

实施步骤2　了解供应链的特点

1. 多层次性

供应链往往由多个、多类型、多地域企业构成,供应链节点企业组成的跨度、层次、文化和性质差异较大,而各节点企业又自成体系地承担着供应链上不同的工作和角色,所以供应链结构模式比一般单个企业的结构模式更为复杂。

2. 更新性

供应链管理因企业战略和适应市场需求变化的需要,其中的节点企业需要动态的更新,这就使得供应链具有明显的动态性。

3. 需求拉动性

供应链的形成、存在、重构,都是基于最终用户需求,并且在供应链的运作过程中,用户的需求是供应链拉动信息流、物流、资金流运作的驱动源。

4. 竞合性

供应链是多个企业组成的虚拟组织,不可避免地会出现个体目标与供应链整体目标的矛盾和冲突,如果这种个体与整体间的竞争性处理不好,势必造成整体供应链运行效率的下降。同时,个体与供应链整体之间又存在着"共生、合作"的关系,供应链整体成功,个体才能成功。

5. 交叉性

任何一个企业不可能仅和一个企业发生业务活动,因此一个节点企业既是这个供应链的节点成员,也可以同时是另一个供应链的节点参与者,众多的供应链形成交叉结构,增加了协调管理的难度。

 任务评价

表4-1　学习任务评价表

评价项目	评价内容	评价标准	评价方式		
			自我评价	小组评价	教师评价
职业素养	学习积极性	学习态度端正,能积极认真学习(1~10分)			
	学习主动性	能够独立思考,主动完成学任务(1~10分)			
	团队合作意识	与同学协作融洽,团队合作意识强(1~10分)			

（续表）

评价项目	评价内容	评价标准	评价方式		
			自我评价	小组评价	教师评价
专业能力	供应链的概念	掌握供应链的概念(1~10分)			
	供应链的特点	掌握供应链的特点(1~10分)			
创新能力	提出具有创新性、可行性的建议	加分奖励(1~10分)			
合　计					
指导教师			学生姓名		
日　期					

任务2　认识零售企业的供应链管理

 任务描述

琳达:"肖峰,你已经了解了供应链的基本概念,你知道零售企业的供应链管理包含什么吗? 具体的流程又有哪些?"

肖峰:"我知道供应链管理一般包含采购、库存及分拣等几个大的环节,但是我对零售企业供应链管理包含什么还不是很清楚。接下来我会仔细去了解一下。"

 任务实施

实施步骤1　认识采购管理

1. 商品采购的原则

（1）以销定进,指零售商根据目标市场的商品需求状况来决定商品的购进,以保证购进的商品无论在质量上还是数量上都能符合消费者需要,做到"适销对路",尽快地实现商品销售。

（2）勤进快销。零售企业进行进货时坚持小批量、多品种、短周期的原则,这是由零售企业的性质和经济效益决定的。具体可以压缩每种商品的进货量,尽量增加品种数,以勤进促快销,争取以较少的资金占用经营更多的品种。

（3）以进促销。零售商采购商品时,广开进货门路,扩大进货渠道,购进新商品、新品种,以商品来促进、拉动顾客消费。采购能够做到在适当的时间,以适当的价格提供适销的商品,就会促进商品销售。如果能扩大商品来源,就更能吸引顾客,不仅新商品能快销,还会扩大其

他商品的销售。

（4）储存保销。指零售企业要保持一定的商品库存量，以保证商品的及时供给，防止脱销而影响企业的正常经营，尤其是对一些季节性生产、常年性消费的商品，要及时采购，保证商品销售不脱销断档。

（5）讲求效益。在进货环节要精打细算，提高人、财、物的利用效率和购、销、存的有效衔接，尽可能减少一切支出，保证获得最大的经济效益。

（6）文明诚信。零售企业在采购过程中，一方面要文明经营，严把商品监督和审查，严禁假冒伪劣商品进入流通渠道。另一方面要讲求诚信，保证采购合同的有效性和合法性，树立良好的企业形象。

2. 商品采购过程

零售采购流程是零售商从建立采购组织开始到商品引入并进行定期检查评估的一系列步骤，具体内容如图 4-1-2 所示。

图 4-1-2　商品采购过程

（1）建立采购组织。采购组织，是指负责采购业务的某些部门或群体。一般来说，零售商的采购业务是由采购组织来完成的。

采购组织类型包括以下几种。

• 正式的组织：零售商建立的专门负责整个店铺或部门采购任务的采购机构。

• 非正式组织：兼职采购人员。

• 外部采购组织：雇佣外部的公司或人员。

（2）制订采购计划。采购计划是零售企业经营计划中的重要组成部分。零售商在商品采购上需要对采购什么、采购多少、从哪儿采购、何时采购等一系列问题进行抉择，并据此制订采购计划，以便加强采购管理，案例可参考图 4-1-3。采购计划一般包括年度采购计划和月度采购计划。

材料编号	材料名称	材料规格	三月底库存		四　月				五　月				六　月			
			仓库	验收前	已购未入量	总存量	计划用量	本月底结存	已购未入量	总存量	计划用量	本月底结存	已购未入量	总存量	计划用量	本月底结存
			700		500	1 200	800	400	1 400	1 800	1 200	600	1 800	2 400	1 600	800

图 4-1-3　某企业的采购计划表

在制订商品采购计划的过程中，采购组织和采购人员要通过各种渠道收集顾客需求信息，如直接了解目标市场消费者的需求信息、调查竞争对手的状况、向商业资讯机构购买商业数据等，以便采购适销对路的商品。

（3）确定货源及供应商。零售商的进货来源主要分为公司自有、外部固定供应商和外部新型供应商三种类型，具体包括制造商、当地批发商、外地批发商、代理商和经纪人、批发交易市场等。

零售商应该建立供应商制度，确定一个选择标准，以对供应商进行资格审查，淘汰和筛选出不合格的供应商。同时应该主动收集具有合作潜力的供应商资料，根据记录内容和选择标准评定该供应商是否可列为合作对象。选择供应商的标准包括供应商的资信、素质、服务、商品价格、其他因素等。

（4）谈判及签约。谈判是指买卖双方就交易内容和条款所进行的磋商和交涉。当货源已经选定、购买前评估已经完成时，零售商开始购买并就订货合同条款进行谈判。

在谈判过程中需要注意以下事项。

· 商品品质的规定，了解商品的成分和品质是否符合国家安全和质量标准。

· 配送问题的规定，包括配送方式、时间、地点、配送次数等方面与供应商达成一致。

· 缺货问题的规定，明确供应商缺货时应负的责任，以约束供应商准时供货。

· 价格变动问题，可规定供应商在调整价格时按照一定的程序进行，确保双方的基本利益。

· 付款的规定，与供应商明确付款方式、付款手段、对账时间与付款时间等。

（5）商品导入作业。零售商需要对引进的商品进行各种销售前的准备工作，包括商品进货验收（卸货、核验、收货记录）、退换货处理、存货、标价、补货上架等一系列作业环节，具体流程如图4-1-4所示。

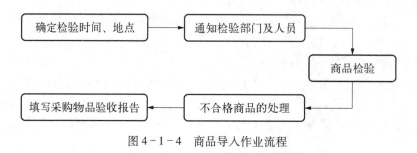

图4-1-4　商品导入作业流程

（6）再次订购商品。当零售商把试销中符合销售业绩要求的商品列为正式销售的商品时，商品采购就成为一种连续发生的行为，即零售商需要制订再订购计划购进该种商品。此时零售商需要考虑以下因素：订货时间和送货时间、资金数量与使用效率、采购成本与储存成本等。

（7）定期评估与改进，包括商品评估和供应商评估两个方面。商品评估主要看该商品是否能够畅销，而供应商评估则是确定已合作供应商的合作等级与合作前景。

实施步骤2　了解库存管理

1. 仓储管理

仓储管理的对象是商品存储及物流物资，宏观管理包括仓库的选址、仓库的组织结构、仓库的布局等几个基本方面。

仓库选址时应该考虑选址处周围的交通是否便利、通信条件是否发达以及道路是否通畅，必须明确仓库的建造目的,根据以上条件逐步筛选出仓库的合理地址,达到具有最佳经济效益、环境效益和社会效益的目标。

仓库组织结构构建的原则是加速商品在仓库中的周转,将仓库的作业人员和各种储存手段有效地结合。

仓库布局是指一个仓库的各个组成部分,如库房、货棚、货场、库内道路、固定设备等。仓库布局合理化是指在规定的范围内,进行平面和立体的全面合理地安排。

货区布置的基本思路:根据物品特性分区分类储存,将特性相近的物品集中存放;将单位体积大、单位质量大的物品存放在货架底层,并且靠近出库区和通道;将周转率高的物品存放在进出库装卸搬运最便捷的位置;将同一供应商或者同一客户的物品集中存放,以便于进行分拣配货作业。

2. 商品保管

商品保管是指在一定的仓库设施和设备条件下,为保存商品使用价值而进行的活动。需提供与商品性能所要求的环境条件相一致的存储条件,主要包括库房布置、商品分区分类存放、商品堆码、商品养护等。

商品在存储过程中会随着时间的增加发生一系列的物理化学变化,这些变化会改变商品的属性从而使商品价值降低。良好的商品存储管理就是要将这些变化控制在可承受范围内,加速整个供应链的流动,提升全链快速反应能力。

库存商品的损耗分为有形损耗、无形损耗以及自然损耗三种。其中有形损耗指使用或不使用(异常损耗、自然损耗)而产生的损耗。无形损耗一方面是劳动生产率提高和材料损耗降低,生产同种产品比原来消耗低引起的产品贬值;二是由于新技术的普及和新工艺的出现,产生了效果更好的替代品,导致原有产品贬值。自然损耗指在一定期间内保管某种商品所允许发生的自然损耗,主要表现为商品的干燥、风化、挥发、黏结、散失、破碎等。

常见的商品保养措施如下。

• 纺织类,主要是防霉腐。因此需要消除霉菌滋长发育的条件,使库内温湿度控制在一定标准以下。

• 塑料制品,主要是防老化。防止塑料制品光、热、氧作用,加强存储温湿度管理以及避免化学物质污染,避免机械力的破坏等。

• 皮革类商品,主要是防潮湿、防热、防腐蚀、防灰尘。

• 生鲜食品的冷藏养护,指鲜蛋、蔬菜、水果、速冻食品储存在商品低温冷藏仓库中,库温一般控制在-1℃~5℃。

• 食品、粮油的养护,主要有低温养护、加热养护和干燥养护三种方法。

3. 商品盘点

(1) 盘点又称盘库,即通过清点、过秤、对账等方法,检查仓库或其他场所实际存货的数量和质量,对物料现存量加以清点的过程。

盘点的任务包括如下几项。

• 查清实际库存量是否与账上数量相符——账实相符。

• 查明存货发生盈亏的真正原因——查明真相。

• 查明库存货物的质量情况——质量检查。

• 查明有无超过存储期限的存货——过期检查。

盘点的方法包括：永续盘点法或动态盘点法、循环盘点法、重点盘点法、定期盘点法（全面盘点法），不同盘点方法的区别如图4-1-5所示。

序号	方法名称	操 作 规 程	此方法的优点
1	永续盘点法	入库时随之盘点，及时与报关卡记录核对	可随时知道准确存量，盘点工作量小
2	循环盘点法	按入库先后，每天盘点一定数量的存货	节省人力，在全部盘完后开始下一轮盘点
3	重点盘点法	对进出频率高、易损耗、价值高的存货重点盘库	可控制重点存货动态有效防止发生差错
4	定期盘点法（全面盘点法）	定期（周、月、季、年末）全面清点所有存货	便于及时处理超储，或呆滞存货

图4-1-5　不同盘点方法的区别

盘点是经营者了解店铺资产的重要途径，是每个店铺经营管理者进行管理、发现问题、堵塞漏洞的重要手段，是财务部门核算的重要数据来源。

盘点原则：① 真实；② 准确；③ 完整；④ 清楚；⑤ 团队精神。

盘点流程包括5个步骤：盘点准备、盘点开始、盘点出实盘数、差异分析、盘点结束后调整库存，具体流程如图4-1-6所示。

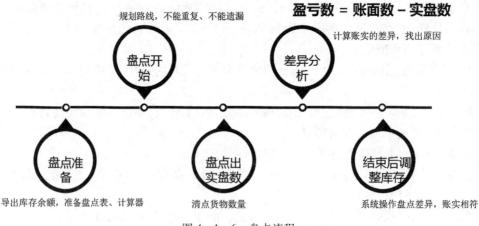

图4-1-6　盘点流程

实施步骤3　了解分拣配送

1. 分拣作业

配送中心的分拣作业是将用户所订的货物从保管处取出，按用户分类集中处理放置，案例可参考图4-1-7。随着货品经济的发展，用户需求向小批量多品种方向发展，配送中心配送货品的种类和数量将急剧增加，分拣作业在配送中心作业中所占的比例越来越大，是最耗费人力和时间的作业。

图 4-1-7　超市配送前的分拣作业

配送中心的拣选作业方式有许多种：按订单组合可以分为按单拣选和批量拣选，按人员组合可以分为单独拣选（1 人 1 件式）和接力拣选（分区按单拣选）。

按单拣选即按订单进行拣选，拣选完一个订单后，再拣选下一个订单；批量拣选是将数张订单加以合并，依次进行拣选，然后根据各个订单的要求再进行分货。单独拣选即 1 人持 1 张取货单进入拣选区拣选货物，直至将取货单中的内容都完成为止；分区拣选是将拣选区分为若干区，由若干名作业者分别操作，每个作业者只负责本区货物的拣选，携带一张订单的拣选小车依次在各区巡回，各区作业者按订单的要求拣选本区段存放的货物，一个区段拣选完移至下一区段，直至将订单中所列货物全部拣选完。

2. 配送

配送是在经济合理区域范围内，根据用户要求，对物品进行拣选、加工、包装、分割、组配等作业，并按时送达指定地点的物流活动。配送与一般物流有所不同，一般物流是运输及保管，而配送则是运输及分拣配货。分拣配货是配送的独特要求，也是配送中有特点的活动。

配送按组织主体可分为：商店配送、配送中心配送、仓库配送。

配送按时间和配送商品数量可分为：定时配送、定量配送、定时定量配送、定时定路线配送、即时配送。

• 定时配送：按规定的时间间隔进行配送，如几天一次或几小时一次。

• 定量配送：按照规定的数量，在一个指定的时间内进行配送。该方式配送货物数量固定，备货工作方便。

• 定时定量配送：按照规定的时间和数量来组织配送。该方式对配送组织要求较高，计划难度大，适合于专业化程度较高的配送中心。

• 定时定路线配送：在规定的运行路线上，指定到达时间表，按运行时间表进行配送。该方式有利于安排车辆及人员配备，适合于客户相对比较集中、客户需求较一致的环境。

• 即时配送：完全按照客户提出的送货时间和送货数量，随时进行配送。即时配送是灵活性和机动性很强的应急配送方式，计划性较差，难做到充分利用运力。优点是适应客户需求的能力强。

　　根据盘点的要求,肖峰了解到盘点最主要的目的就是做到"账实相符",对于新零售企业来说,账上的库存又分成了线上和线下的部分,最终需要根据实物盘点的数量与账上总数进行对比找出差异,肖峰按照这样的思路设计了如下的盘点表。

表 4 - 2　新零售商品盘点表

盘点小组:　　　　　　　　　　　盘点日期:

序号	商品名称	线上数	线下数	账上合计(线上数+线下数)	实物盘点数	差异(账上合计-实物盘点数)	差异原因说明
1							
2							
3							
4							
5							
6							
7							
8							
9							
10							
11							
12							
13							
14							
15							

盘点人签字:

小贴士

从消费者需求出发,打造高效供应链

消费者画像

通过搜集和分析消费者数据,对消费者进行画像,掌握消费者的消费行为特征。

洞察消费者需求。

对消费者进行细分。

需求预测

根据消费者的消费行为数据对消费者的需求进行精准预测。

商品或服务

提前对商品或服务资源进行配置。

根据消费者细分,为不同消费者提供个性化的商品或者服务,以满足他们的差异。

商品生产

采取柔性生产模式。

根据消费者的需求采取大规模定制或小范围定制的方式生产商品。

商品配送

通过大数据、人工智能等技术对供应链仓储布局和配送网络进行优化。

满足消费者快速送货的需求。

提前备货,就近发货。

销售

线上、线下全渠道销售。

构建无库存销售和库存透明化的销售模式。

 任务评价

表 4-3　学习任务评价表

评价项目	评价内容	评价标准	评价方式		
			自我评价	小组评价	教师评价
职业素养	学习积极性	学习态度端正,能积极认真学习(1~10分)			
	学习主动性	能够独立思考,主动完成学任务(1~10分)			
	团队合作意识	与同学协作融洽,团队合作意识强(1~10分)			
专业能力	企业供应链管理	认识企业的供应链管理(1~20分)			
创新能力	提出具有创新性、可行性的建议	加分奖励(1~10分)			
合　计					
指导教师		学生姓名			
日　期					

 **阅读拓展**

屈臣氏——门店变身前置仓，即时物流成标配

在新零售业态下，天猫和菜鸟联合物流伙伴和商家开通了基本门店发货的"定时达"服务，即消费者网购下单时可以选择从就近的实体门店送货，商品最快 2 小时即可送达。此外，消费者还可以预约特定时段送货。

目前，屈臣氏的天猫旗舰店已经开通了"定时达"服务，屈臣氏在上海、广州、深圳、杭州、东莞五个城市的上百家门店变身"前置仓"，可以为距离门店 3 千米范围内的网购消费者提供门店送货服务。

消费者在屈臣氏的天猫旗舰店购物时，系统将根据消费者的收货地址定位该地址附近 3 千米范围内的屈臣氏门店，同时，根据消费者所购的商品查询门店内的库存。如果消费者所选购的商品在该门店有库存，系统将在消费者确认订单信息的页面上显示"定时达"字样。消费者选择"定时达"服务后，可以根据自己的情况选择送货上门的时间段，最快在下单 2 小时即可收到商品。

屈臣氏的"电商平台(销售)+商家门店(前置仓)+即时达物流"模式是新零售模式下线上、线下物流融合的一大突破，从此消费者在屈臣氏购买的商品不仅可以由专属的电商仓库发出，还可以灵活地从附近门店发货。屈臣氏位于线下的门店成为放在消费者身边的一个个"前置仓"，既能满足消费者极速、精准配送的物流需求，又能帮助屈臣氏降低仓储成本，更加智能化地进行供应链运营。

模块 2　新零售供应链管理

学习目标

☆知识目标：(1) 了解新零售供应链概念；

　　　　　　(2) 了解冷链物流与即时物流的概念。

☆能力目标：(1) 掌握即时配送的特点；

　　　　　　(2) 掌握冷链物流的特点。

☆素养目标：(1) 通过新零售供应链管理的学习，了解电商的发展与时代发展相吻合，培养学生不断了解新知识、不断学习的意识；

　　　　　　(2) 通过线上操作系统的学习及实践，培养动手实践的能力。

任务 1　新零售即时供应链

任务描述

肖峰经过了对供应链的学习，清楚供应链是电子商务的重要保障，是电商业务全链条中的重要环节。

琳达："肖峰，你了解了供应链在电子商务业务中的作用，以及供应链主要涉及哪些内容，你清楚新零售供应链有哪些特点吗？"

肖峰："我知道新零售供应链需要快速送达，但是具体的细节还不是很清楚，我去了解一下相关的内容。"

知识加油站

城配即时物流　城配即时物流无中间仓储环节，直接实现门到门的即时、准时送达服务。城配即时物流通过物流全要素、全场景、全流程的重构，对传统物流体系进行整体升级，以技术和生态的双重驱动，通过实施数字化，让物流与商业快速衔接，打造分钟级的极致配送服务。通过即时物流驱动新零售的运营变革，迎接新零售带来的时效和能力变革，实现业务量的快速增长。

前置仓　前置仓是指新零售企业内部的仓储物流体系内，距离门店最近的物流仓。

任务实施

实施步骤 1　掌握全渠道下物流新诉求

全渠道模式的核心要求就是为消费者提供包括线下实体门店渠道、电子商务渠道、内容分享型渠道、短视频渠道、O2O平台渠道、社交媒体渠道等在内的多种渠道的消费服务,以满足消费者在任何时间、任何地点,以任何方式购买商品的需求。基于此,零售企业在向全渠道模式转型的过程中,对物流提出了新的要求。

1. 更高的物流效率

在全渠道模式下,零售企业在各个渠道中产生的各项业务并非是独立的,而是互相关联、混合进行的,零售企业的物流运营与管理也更加复杂。有效利用各项信息和技术手段对物流资源进行整合,以实现订单快速响应、物流资源准时调度,是全渠道模式下对零售企业物流运营和管理的要求。

2. 更低的物流成本

在全渠道模式下,业务的复杂性导致物流配送过于分散,大大增加了物流成本。因此,在全渠道模式下,如何有效降低物流成本已经成为零售企业需要解决的重点问题之一。

3. 更高的灵活性

对于零售企业来说,单纯的实体门店或线上商城搞一次促销活动可能不会让其物流配送产生很大的压力,但实体门店、电商平台网店、官方商城、App商城等多个渠道同时开展促销活动,就会让零售企业的物流配送产生前所未有的压力。

全渠道的物流配送涉及各个渠道的业务链接、资源调配等问题,要求零售企业能够科学合理地协调物流资源,灵活地应对各种物流配送问题。

4. 更高的资源共享度

在全渠道模式下,零售企业的各个部门之间,以及企业和合作伙伴之间,要在人力资源、库存资源、订单信息、运力资源等多个方面实现高度共享,有效提升物流配送的高效性和便捷性,从而提升消费者的购物体验。

5. 更高的兼容性

在全渠道模式下,物流配送中心所承担的业务更加复杂,包括订单信息处理、商品包装处理、配送时间处理、包裹交接等多个方面,这就使物流中心的功能建设面对新的挑战。零售企业需要打造兼容性更高的物流配送中心,以使不同业务模式下的各个物流环节得到有效的衔接,为不同业务模式下的物流配送提供定制化的解决方案。

实施步骤2　了解城配即时物流

城配即时物流是一种能够满足各类用户极速、准时配送需求的新型物流模式。新零售崛起,消费升级、升温,线上、线下融合成为一种必然趋势,高品质、便利化的用户体验成为消费者关注的重点。城配即时物流,通过物流全要素、全场景、全流程的重构,对传统物流体系进行整体升级,以技术和生态的双重驱动,通过实施数字化,让物流与商业快速衔接,打造分钟级的极致配送服务。通过即时物流驱动新零售的运营变革,迎接新零售带来的时效和能力变革,实现业务量的快速增长。

定义:无中间仓储环节,直接实现门到门的即时、准时送达服务。

范围:从目前同城配送、小件配送等领域切入,成熟后逐步扩展到更大的地域范围,并且行业市场需求量在不断增大。

特点:属于物品型物流,目前主要体现在B端企业商户,以餐饮、商超类物品配送为主,典型客户有必胜客、盒马鲜生等,未来将扩展到C端个人用户。

城配即时物流在餐饮外卖行业率先应用。2016年8月,点我达接受阿里巴巴近10亿元的风险投资,即时物流这一概念开始广泛传播。在同年11月召开的中国互联网大会上,美团点评和饿了么相继强调"即时配送"这一精准服务。2016年即时物流行业订单量超过56亿单,环比增长102.2%,2017年为90亿单。即时物流行业目前已形成阿里巴巴和京东两军对垒的局面,点我达、新达达、美团等成为行业主流玩家。行业的难点在需求侧和供给侧均有所体现,单量密度和品类的多样化是企业竞争的关键点,为降低成本并创造更好的用户体验,需要物流科技的引入。即时物流先后经历了探索期、爆发期、整合期三个阶段。

2015年中国外卖市场增长迅猛,同时C端的市场也被逐步打开,即时物流在这一年出现。商超宅配、快递揽派、鲜花配送、跑腿等服务领域逐步兴起,都将成为即时物流未来的发力点和支撑点。在商超宅配领域,外卖即时增长已成为市场增长点。同时由于新零售概念的提出,数据和商业逻辑深度融合,物流的价值和重要性将日益凸显。

小贴士

新零售即时物流案例

1. 点我达"互联网+物流"和永辉"智慧零售+无人机配送"

2018年7月,菜鸟网络战略投资了中国最大的即时物流平台——点我达,这是国内即时物流行业最大的一笔企业投资。点我达成立于2015年6月,短短三年时间,这家"互联网+物流"新零售平台业务迅速覆盖全国300余座城市,拥有超过300万名骑手,服务百万商家近1亿名用户。目前,其订单主要为外卖、包裹,同时在鲜花、商超、电子产品、生鲜等新零售领域的配送量占比迅速提升。2018年天猫与屈臣氏门店合作,消费者从屈臣氏天猫旗舰店下单,物流配送采用即时物流方式,从原来的1~3天全国仓储发货,变革为2小时点我达宅配到家。2017年中国全网即时物流订单数达到90.5亿单,即时物流企业主要有点我达、人人快递、闪送、达达-京东、UU跑腿等,该亿万级市场正加速洗牌和崛起,消费者迅速觉醒。

永辉超级物种首家门店于广州漫广场开张,面积约为600平方米,并尝试启用"慧零售+无人机配送"模式,这是国内第一条获无人机配送常态化飞行的航线。生鲜产品通过即时物流,由无人机就近配送至指定地点,目的地小区骑手提前收到信息,完成最后100米送达,将原来的30分钟送达,进一步控制在15~20分钟送达。

2. 前置仓赋能城市即时配送

新零售再造新物流,新物流带来前置仓布局。传统企业配送模式为:电子商务平台—快递企业—消费者;新零售企业配送模式为:电子商务平台—前置仓—即时物流(或消费者),或前置仓—消费者。

2017年8月,阿里巴巴零售通在浙江义乌开通第一个前置仓,随后陆续在中国2 000多个城市建立前置仓,形成与区域仓的互补,让旗下天猫小店更具竞争力。通过前置仓,用最低成本、最高效率,实现半径30公里内的配送全覆盖。也可以赋予门店前置仓功能,例如屈臣氏将首批200多门店变身为前置仓,为3公里以内消费者就近送货,门店发货,分钟级送达。阿里巴巴、京东等均在积极尝试前置仓,争取获得更好的消费者体验。

3. 新零售场景带来交付变化

2018年4月,阿里巴巴全资收购饿了么,盒马鲜生宣布可24小时配送商品,新零售电子商务企业陡然改变行业格局,由线下便利店到网上即时达,消费半径从3~5公里向最后一公里转变,城配即时物流格局被重塑,需求陡增。这种需求日益旺盛,集中体现在城市里外卖订单的不断飙升,外卖小哥随处可见。新零售时代的消费模式发生了变化,"高频、紧急、低规模效应"成为购物的新特征。城配即时物流集无线互联网、物联网、智能车载等新技术于一体,为城市零售商提供数据化、智能化、互联网化的标准服务。

未来,新零售城市配送市场规模将超过万亿元,智慧供应链朝着资源不断融合、质量不断优化、效率不断提升的方向发展。

 **任务评价**

表4-4　学习任务评价表

评价项目	评价内容	评 价 标 准	评价方式		
			自我评价	小组评价	教师评价
职业素养	学习积极性	学习态度端正,能积极认真学习(1~10分)			
	学习主动性	能够独立思考,主动完成学任务(1~10分)			
	团队合作意识	与同学协作融洽,团队合作意识强(1~10分)			
专业能力	新零售物流	熟练掌握新零售物流的特点及流程(1~20分)			
创新能力	提出具有创新性、可行性的建议	加分奖励(1~10分)			
合　　计					
指导教师			学生姓名		
日　　期					

任务2　新零售冷链物流

 **任务描述**

琳达:"肖峰,你已经了解了全渠道下新零售物流的新需求,并且知道了城配即时物流的特点,你对新零售冷链物流了解吗?"

肖峰:"我不是特别清楚,但是我想既然是新零售冷链物流,那就应该具备全渠道物流的一些特点,并且还要具备冷链物流的特点。"

琳达:"你的分析是正确的,但是具体有哪些特点以及典型案例有哪些你再详细研究一下。"

 知识加油站

冷链物流　冷链物流是指易腐食品从产地收购之后,在其加工、贮藏、运输、分销、零售直到消费者手中的整个过程,每个环节货物始终保持一定温度的运输方式。

 任务实施

新零售无法忽视冷链物流。无论是盒马鲜生还是永辉超市,无论是波士顿龙虾还是新鲜的水果,在它们完好地呈现在消费者面前之前,都要经过复杂的冷链运输过程,因此包括冷链运输在内的供应链体系的完善,才是新零售得以快速发展的前提。

实施步骤 1　了解冷链物流

冷链物流是什么? 由于生鲜产品从出厂到运输,再到消费者手中,需要消耗较长时间,不利于其保鲜,因此将冷冻工艺与制冷技术应用至生鲜产品的物流过程中,从而确保易腐易损产品在生产、贮藏、运输、销售到消费前的各环节中,始终处于特定的低温环境,以求保证质量、减少损耗,这便是所谓的"冷链物流",通常应用于食品与农产品领域。其定义也可以说是:易腐食品从产地收购之后,在其加工、贮藏、运输、分销、零售直到消费者手中的整个过程,每个环节货物始终保持一定温度的运输方式。

冷链物流可以保证果蔬、肉制品、花木、医药品、奶制品等易腐物品的质量,减少运输损耗。冷链物流的核心不完全是"冷",而是"恒温"——不同的产品需要不同的保存温度。如速冻食品、冻肉品、冰激凌等需要冷冻运输(零下 22℃～零下 18℃),水果、蔬菜、饮料、鲜奶制品需要冷藏运输(零下 18℃～零下 5℃),而医药品需要恒温运输(恒温 5℃或者 10℃)。目前我国冷链运输普及度还不高,综合冷链流通率仅为 19%,"断链"问题突出,而发达国家的冷链流通率可以达到 95%。

除了具有一般物流的特点外,冷链物流还具有其他与众不同的特性。具体来说,冷链物流除了运输货物的特殊性与时效性外,还体现在以下两个方面:第一,过程的复杂性。冷链物流中的商品,在流通的过程中需要遵守 3T 原则(流通时间 Time、贮藏温度 Temperature 和产品耐藏性 Tolerance)。由于商品的品质随温度与时间的变化而变化,因此不同的产品都必须要有对应的温度控制和储藏时间,要求运输者必须追踪监督商品的整个流通过程,这大大提高了冷链物流的复杂性。第二,高成本性。需要冷链运输的商品对时效和温度都有较高要求,且在运输的每个环节对温度和湿度都有较高要求,这就提高了冷链运输的成本。加之生鲜与其他易腐商品需要特定的运输设备、温控设备、保鲜设备和储存设备,这些均需要高额的投资。

实施步骤 2　了解冷链物流主要应用领域

冷链物流需求较大的领域主要有医药、冷饮、乳制品、生鲜农产品等。

1. 医药

医药冷藏品的销售金额占我国医药总销售额的 3%~8%，虽然比重不大，但重要性很高，如疫苗就需要冷链运输。一般而言，凡要求在低温条件(2℃~8℃)储存的药品，都属于医药冷藏物流范畴。

2. 冷饮

2021 年我国冷饮产销量达 500 万吨左右，人均消费量约达 3.8 千克/年，生产企业主要集中在华东、华北和中南地区。冷饮产销总量高，对冷链运输需求巨大。

3. 乳制品

乳制品需要将鲜奶运至乳品厂加工而成，而鲜奶是对温度要求非常高的产品。为防止鲜奶在运输过程中温度升高，尤其在夏季，一般选在早晚或者夜间运输。运输时间也有限制，从挤奶到进厂贮藏的牛奶，其全程低温封闭式运输需要在 6 小时内完成。

4. 生鲜农产品

我国每年消费易腐食品超过 10 亿吨，主要有果蔬、肉类、水产品等。目前我国冷链流通率不高，如果蔬的冷链流通率仅为 22%，远低于欧美发达国家 95% 的水平，流通环节损耗仍然比较大。仅果蔬每年的流通腐损率就达 25%，损失近千亿元。

实施步骤 3　我国冷链物流概括

在冻品及生鲜产品的配送上，新零售企业面临冷链物流的选择，既有自建物流，也有外包物流。自建物流的成本相对较高，但可以根据企业需要提供更具个性化的服务；外包物流还是主流模式，但最后一公里的 B2C 冷链配送成为行业难点。

2019 年 6 月 27 日，第十一届全球冷链峰会在青岛开幕，会上发布了《2019 中国冷链物流发展报告》，其中分析数据如下。

1. 冷链企业领域分布

中国冷链物流百强企业中以民营企业为主，说明市场竞争较为充分。2018 年冷链物流百强企业中民营企业有 73 家，国有企业有 15 家，外资企业有 1 家，合资企业有 7 家，港澳台企业有 2 家，其他企业有 1 家。华东冷链物流百强企业营收总额占全国冷链物流百强企业营收总额的 44.2%，华东地区是全国冷链物流最为集中的区域。全国冷链物流百强企业入围门槛从 2014 年的营收额 3 100 万元逐步上升到 2018 年的 6 751 万元。企业经营布局领域的前三名是干线运输、冷链仓储、城市配送，开展冷链宅配和冷链园区的百强企业较少，冷链物流企业业务类型呈多元化趋势，大部分冷链物流企业涉及 3~5 项业务，向供应链企业方向发展。

2. 冷链车辆

据中物联冷链委统计，截至 2018 年年底，全国冷链车辆保有量约为 18 万台，同比增长 28%，连续 5 年增速为 20% 以上。冷链车辆占货运车辆的比例仅为 0.3% 左右。

3. 冷链物流百强企业面临的主要问题

冷链物流百强企业主要面临以下问题：行业标准化不高；行业效率低；行业集中度不高；区域发展不均衡；冷链服务逐步从单一服务走向综合性服务；形成网络的企业少；跨区域服务企业少；冷链技术应用水平低；人才梯队建设不完善；很少涉及互联网业务；缺乏核心竞争力；节能意识淡薄等。

实施步骤4　了解新零售全渠道模式推进物流体系变革

全渠道模式对物流提出的新要求决定了物流变革的方向。在全渠道模式下,零售企业可以从以下五个方面对物流体系进行变革:

1. 以大数据为依托

在全渠道模式中,零售商需要利用大数据技术整合线下门店、线上店铺、社交媒体等各个渠道中的消费者数据,并对这些数据进行分析,以便更准确地掌握不同渠道、不同地区的商品销售情况及库存,从而更合理地配置物流资源,最终有效降低物流成本,提升消费者体验。

2. 对物流资源进行整合

对于零售商来说,整合物流资源包括两个方面的内容:一是对自身的运力资源进行整合,二是对自身的信息系统进行整合。很多零售商虽然已经认识到整合运力资源的重要性,却忽视了对自身信息系统的整合,最终导致货品无法实现精准、高效地流通。

在全渠道模式中,完善且成熟的信息系统是保证零售企业稳定持续运营的一个重要因素。只有建立了完善的信息系统,零售商才能清晰、全面地掌握自身的运营情况,有效提升自身在销售预测、智能补货、仓储管理、物流配送等方面的反应速度和精准度,及时发现运营中存在的问题,并对问题做出快速准确的响应。

3. 建立并提高物流中心的可视化和柔性化管理

对于零售商来说,建立可视化与柔性化的物流中心运营与管理模式能够有效提升全渠道物流运作的效率。实现库存可视化,有利于提升发货速度;实现仓储柔性化运营及管理,有利于提升物流资源的利用率,从而有效降低物流成本。

此外,在全渠道模式下,企业的订单类型会更加多样化,订单数量也会大大增加,这就在商品的分拣、包装、配送等方面对零售企业提出了更高的要求。因此,零售企业还要提升处理订单的能力,可以通过运用各类智能化及自动化物流设备,如自动分拣系统、分拣机器人等来提升订单处理效率。

4. 调整线下门店职能

在传统模式中,线下门店通常只承担商品展示与销售、服务体验的职能。而在全渠道模式中,线下门店的职能发生巨大的转变,除了承担传统职能外,还需要实现终端仓储、履单中心、线下自提等职能。因此,零售企业需要对线下门店进行调整和升级,将其打造成同时具备商品展示、商品销售、服务体验、终端配送、自提站点、履单中心、终端仓储等多种功能的超级门店。

5. 重视最后一公里配送

在全渠道模式下,最后一公里配送的重要性更加凸显,主要是以下两个原因造成的:其一,最后一公里是商品配送的最后一个环节,零售商在此阶段提供的服务会直接影响消费者在整个交易过程中的体验和感受。其二,在将来最后一公里的配送服务除了要将商品及时、准确地送到消费者手中外,还会承担更多的职能。例如,通过对配送人员的服装、配送工具、服务行为等进行调整与升级,将最后一公里配送升级为零售商的营销渠道,在完成商品配送的同时,还可以帮助零售商进行宣传推广,从而提升品牌商和企业的影响力。由此可见,完善并提升最后一公里配送服务是保障零售企业顺利完成全渠道模式转型的重要因素。

小贴士

快递物流企业与新零售

快递企业抢滩涉足新零售,帮助连锁门店企业进行新零售配送转型。

传统模式物流　网上销售,设立总仓或电子商务云仓,网上订单由区域电子商务分仓就近发货,实现全国范围内48小时配送服务。

新零售模式物流　通过线上新零售平台、线下门店和物流商系统对接,就近派单,热敏打印订单,2小时内取件发出,门店即仓储,实现同城、省内及省际就近配送,提高了发货速度,减少了商品囤货量。

售后服务方式　对提货及时率、配送及时率、包裹配送破损率、投诉率、投诉处理率等指标强化管控,提升商户体验。例如,邮政EMS服务于奥康鞋业,总对总服务,各省邮政EMS业务部门与当地奥康分公司对接,针对全国数千家连锁门店,实现统一服务、统一资费标准、统一结算,并通过系统对接,实现批量派单,提供KPI质控服务,在售后方面建立预警机制、赔偿机制、人员储备机制等。帮助企业提供信息安全隐私面单服务,面单上不再是客户的具体地址或电话,而是采取二维码等代替关键信息方式,避免客户隐私暴露,提高派送的安全性。

 任务评价

表4-5　学习任务评价表

评价项目	评价内容	评价标准	评价方式		
			自我评价	小组评价	教师评价
职业素养	学习积极性	学习态度端正,能积极认真学习(1~10分)			
	学习主动性	能够独立思考,主动完成学任务(1~10分)			
	团队合作意识	与同学协作融洽,团队合作意识强(1~10分)			
专业能力	冷链物流	掌握冷链物流的特点及概念(1~20分)			
创新能力	提出具有创新性、可行性的建议	加分奖励(1~10分)			
合　计					
指导教师			学生姓名		
日　期					

 阅读拓展

屈臣氏——门店变身前置仓,即时物流成标配

在新零售业态下,天猫与菜鸟联合物流伙伴和商家开通了基于门店发货的定时达服务。即消费者网购下单时可以选择从就近的实体门店送货,商品最快两小时可以送达。此外,消费者还可以预约特定时段送货。

目前,屈臣氏的天猫旗舰店已经开通了定时达服务。屈臣氏在上海、广州、深圳、杭州、东莞五个城市的上百家门店变身前置仓,可以为距离门店三千米范围内的网购消费者提供门店送货服务。

消费者在屈臣氏的天猫旗舰店购物时,系统将根据消费者的收货地址定位该地址附近三千米范围内的屈臣氏门店。同时根据消费者所购的商品查询门店内的库存。如果消费者所选购的商品在该店有库存,系统将在消费者确认订单信息的页面上显示"定时达"字样,消费者选择"定时达"服务后,可以根据自己的情况选择送货上门的时间,最快在下单两小时后即可收到商品。

屈臣氏的"电商平台(销售)+商家门店(前置仓)+即时达物流"模式是新零售模式下线上线下物流融合的一大突破,从此消费者在屈臣氏购买的商品不仅可以由专属的电商仓库发出,还可以灵活地从附近门店发货。屈臣氏位于线下的门店成为放在消费者身边的一个个前置仓,既能满足消费者急速、精准配送的物流需求,又能帮助屈臣氏降低仓储成本,更加智能化地进行供应链运营。

模块3　新零售供应链管理系统

学习目标

☆知识目标：(1) 了解 ERP 系统的基础知识；

　　　　　　(2) 了解 ERP 系统的发展。

☆能力目标：(1) 熟悉 ERP 系统的基本功能；

　　　　　　(2) 掌握 ERP 系统库存管理的操作。

☆素养目标：(1) 通过对 ERP 系统的学习及操作实践，科学、有效地处理库存管理工作，
培养高效意识；

　　　　　　(2) 通过对新零售现状的学习，了解新零售行业发展的现状，培养职业的发
展观。

任务1　了解 ERP 管理系统

任务描述

肖峰花费了半天的时间进行了库存盘点，填写并整理好盘点表后，把盘点差异汇总提交给
了琳达。

琳达："肖峰，你处理表格的能力突飞猛进啊，不过你有没有发现表格文档在日常工作中
的不足？"

肖峰："有时候在表格处理中很难对数据进行正确性的校验，另外对表格的更改变化也很
难追踪。"

琳达："你说得没错，日常业务的信息化、在线化能够弥补传统表格文档的缺点。公司目
前实现了日常管理的信息化，有关商品库存的操作都是在 ERP 系统中进行的。公司将会给你
新建一个账号，请熟悉一下 ERP 系统，然后在我们的 ERP 系统中调整盘点差异吧。"

知识加油站

ERP　ERP 为 Enterprise Resource Planning 的简称，即企业资源计划，是由美国计算
机技术咨询和评估集团 Gartner Group Inc.提出的一种供应链的管理思想。ERP 系统是指
在信息技术基础上，以系统化的管理思想为企业决策层及员工提供决策运行手段的管理
平台。

任务实施

小贴士

新零售供应链管理战略重构

目前许多企业没有正规的供应链管理战略,以客户为中心和以数字化为驱动力成为新零售供应链管理的核心对标点。

客户发生了五大变化,即消费场景多元化、消费渠道分散化、消费体验个性化、支付手段多样化、消费时段任意化,随之,物流供应链也需要相应改变。

实施数字化物流,基于企业全链条的大数据,实现智能化和自动化的双升级,在智能仓储、智能运输、智能设备、智能物流等方面实现全方位的数字化,提升物流的运营效率。

新零售物流的五大需求,即更快速的物流、更高的性价比、更好的消费体验、更优质的产品和充分以客户为中心。

实施步骤 1　了解 ERP 管理系统

企业资源计划或称企业资源规划简称 ERP(Enterprise Resource Planning),由美国著名管理咨询公司 Gartner Group Inc. 于 1990 年提出来的,最初被定义为应用软件,迅速为全世界商业企业所接受,现已经发展成为现代企业管理理论之一。

ERP 系统是整合了企业管理理念、业务流程、基础数据、人力物力、计算机硬件和软件于一体的企业资源管理系统。所以,ERP 首先是一个软件,同时是一个管理工具。它是 IT 技术与管理思想的融合体,也就是先进的管理思想借助电脑,来达成企业的管理目标。

ERP 系统是实施企业流程再造的重要工具之一,是大型制造业所使用的公司资源管理系统。世界 500 强企业中有 80% 的企业都在用 ERP 软件作为其决策的工具和管理日常工作流程,其功效可见一斑。

实施步骤 2　了解 ERP 管理系统的作用

ERP 是先进的企业管理模式,是提高企业经济效益的解决方案。其主要宗旨是对企业所拥有的人、财、物、信息、时间和空间等综合资源进行综合平衡和优化管理,协调企业各管理部门,围绕市场导向开展业务活动,提高企业的核心竞争力,从而取得最好的经济效益。

一般来说 ERP 系统包含流通管理、财会管理和人力资源管理模块,对于生产制造型企业通常还会包含生产管理模块,具体内容如图 4 - 3 - 1 所示。

实施步骤 3　了解 ERP 管理系统的发展

ERP 经历了四个主要的发展阶段,具体内容如图 4 - 3 - 2 所示。

1. MRP 阶段

60 年代的时段式 MRP:随着计算机系统的发展,使得短时间内对大量数据的复杂运算成

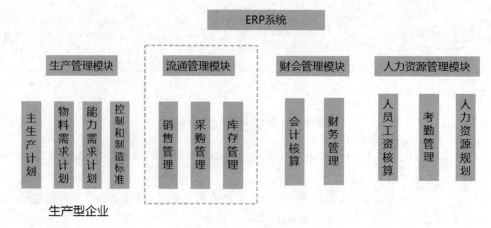

图 4-3-1　ERP 系统构成

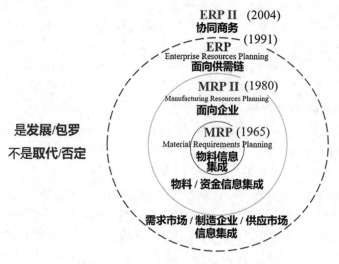

图 4-3-2　ERP 的发展历程

为可能,人们为解决订货点法的缺陷,提出了 MRP 理论作为一种库存订货计划。此阶段为物流需求计划阶段,或称基本 MRP 阶段。

2. MRP II 阶段

企业内部信息得到充分共享,MRP 的各子系统也得到了统一,形成了一个集采购、库存、生产、销售、财务、工程技术等为一体的子系统,发展了 MRP II 理论作为一种企业经营生产管理信息系统。此阶段为 MRP II 阶段。

3. ERP 阶段

进入 90 年代,随着市场竞争的进一步加剧,企业竞争空间与范围的进一步扩大,80 年代 MRP II 主要面向企业内部资源全面计划管理的思想,逐步发展成为 90 年代怎样有效利用和管理整体资源的管理思想,ERP 随之产生。此阶段为 ERP 阶段。

4. ERP II 阶段

Internet 技术的成熟使得企业信息管理系统增加了与客户或供应商实现信息共享和直接的数据交换的能力,从而强化了企业间的联系,形成共同发展的生存链,体现了企业为达到生存竞争的供应链管理思想。ERP 系统相应实现这方面的功能,使决策者及业务部门实现跨企业的联合作战。此阶段为 ERP Ⅱ 阶段。

 任务评价

表 4 - 6　学习任务评价表

评价项目	评价内容	评 价 标 准	评 价 方 式		
			自我评价	小组评价	教师评价
职业素养	学习积极性	学习态度端正,能积极认真学习(1~10分)			
	学习主动性	能够独立思考,主动完成学任务(1~10分)			
	团队合作意识	与同学协作融洽,团队合作意识强(1~10分)			
专业能力	新零售供应链	熟练掌握新零售供应链的概念及特点(1~20分)			
创新能力	提出具有创新性、可行性的建议	加分奖励(1~10分)			
合　计					
指导教师		学生姓名			
日　期					

任务 2　ERP 管理系统的操作

 任务描述

　　琳达:"肖峰,日常业务的信息化、在线化能够弥补传统表格文档的缺点。公司目前实现了日常管理的信息化,有关商品库存的操作都是在 ERP 系统中进行的。你前期也了解了公司 ERP 系统的基本情况,接下来你具体熟悉一下 ERP 系统的操作。"

　　肖峰:"好的,我会根据我们店铺的主要选品及备货需求进行相应的操作。"

 任务实施

实施步骤 1　ERP 采购入库管理

　　采购入库的一般流程包括:从请购单到采购订单,到货后生成到货单,根据来料检验结

果判断是否生成采购入库单,随后根据采购入库单生成采购发票,具体流程如图4-3-3
所示。

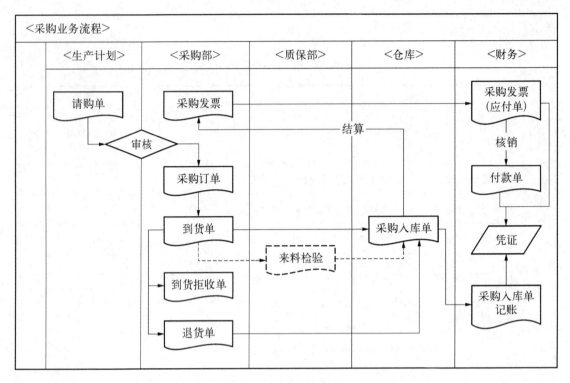

图4-3-3　采购入库流程

ERP 系统中主要把入库单作为商品入库的凭证,入库单需要录入的信息包括商品、入库
数量和入库单价,案例可参考如图4-3-4。

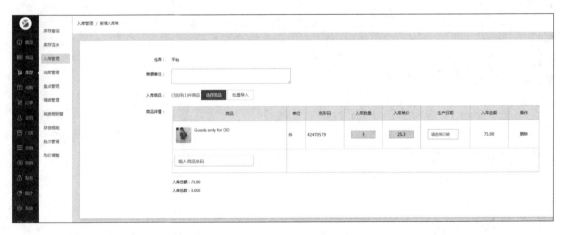

图4-3-4　入库单页面案例展示

可以通过入库单列表查询商品的入库状态,案例可参考图4-3-5。

图 4-3-5　入库单列表页案例展示

实施步骤 2　ERP 销售出库管理

销售出库的一般流程包括:根据销售订单生成发货单,根据发货单生成销售出库单,商品出库后再生成收款单和相应发票,具体流程如图 4-3-6 所示。

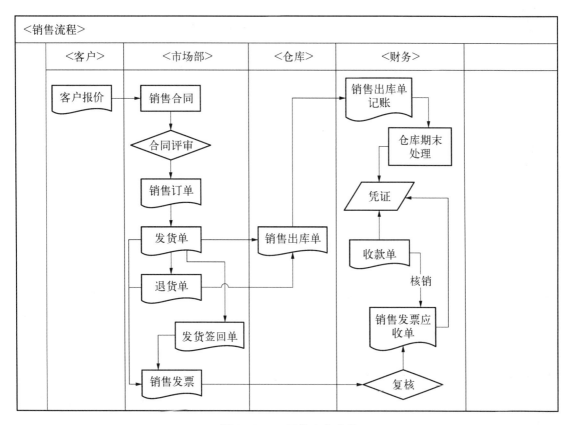

图 4-3-6　销售出库流程

ERP 系统中主要把出库单作为商品出库的凭证,出库单需要填入的信息包括商品、出库数量和出库单价,案例可参考图 4-3-7。

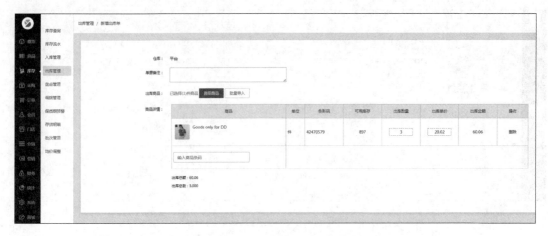

图4-3-7　出库单页面案例展示

可以通过出库单列表查询商品的出库状态,案例可参考图4-3-8。

图4-3-8　出库单列表页案例展示

实施步骤3　ERP库存调拨管理

库存调拨是指仓库直接存货的转库调拨业务。商品调拨的意义是在于实现产品的最大销售,在店铺的运营和管理过程中,不乏会出现不同地区连锁门店的客户有不同类型产品的购买需求。在总店和分店之间,分店和分店之间,实现产品调拨,ERP管理系统能最大限度有效利用现有库存,实现产品的最大销售。

调拨操作在ERP系统中主要根据调拨单进行操作,需要录入的信息包括调拨方向,即从哪个仓库调入到哪一个仓库,另外还需要有调拨商品和相应的数量,案例可参考图4-3-9。

调拨完成之后,系统会自动在调出仓库中减去相应的库存数量,在调入仓库中增加相应的库存数量。

实施步骤4　ERP库存查询

库存的查询一般包括库存存量查询和库存流量查询。

图 4 - 3 - 9　调拨单页面案例展示

通过库存查询模块可以查询到现有状态下库存的数量,一般用于确认商品信息和商品是否有货,可以按商品名称或者条码查询,也可以通过商品分类进行查询,案例可参考图 4 - 3 - 10。

图 4 - 3 - 10　库存查询页面案例展示

通过库存流水模块可以查询到一段时间内商品的变化情况,一般用于查询商品的库存操作记录,方便核对库存数量,案例可参考图 4 - 3 - 11。

图 4 - 3 - 11　库存流水查询页面案例展示

　　肖峰很快就在库存管理模块中发现了盘点管理界面,按照操作手册,肖峰选择了相应的盘亏商品,这个条码为42470579的商品账上数量为894,而实物数量只有893,肖峰编辑好盘点单点击了确认之后,系统自动减少了1个库存。现在库存商品又恢复"账实相符"的状态了。

任务评价

表4-7　学习任务评价表

评价项目	评价内容	评价标准	评价方式		
			自我评价	小组评价	教师评价
职业素养	学习积极性	学习态度端正,能积极认真学习(1~10分)			
	学习主动性	能够独立思考,主动完成学任务(1~10分)			
	团队合作意识	与同学协作融洽,团队合作意识强(1~10分)			
专业能力	ERP系统	熟练掌握ERP操作系统(1~20分)			
创新能力	提出具有创新性、可行性的建议	加分奖励(1~10分)			
合　　计					
指导教师		学生姓名			
日　　期					

阅读拓展

数字化供应链　提升企业商业价值的利器

　　以数据为驱动的供应链,依托全供应链数据的共享,将上下游的采购订单预测、生产订单预测、销售订单预测等环节打通,实现需求、库存、供应各环节的透明和平衡。

　　在以数据为驱动的供应链中,任何一个环节都可以通过参考上下游的订单和需求来合理安排生产和库存,最终通过库存的透明管理实现零库存的目标。

　　数字化供应链使供应链中各个环节实体之间的实时数据得以相互连通,从而提升了信息的透明度,使数据供应链网络可以作为一个整体进行优化和升级,最终实现企业整体价值的提升。物联网和大数据技术的发展和应用为集成的数字化供应链的形成提供了技术支持。零售企业构建数字化供应链时需要综合考虑行业特性及自身特点,选择适合自己的方式。数字化供应链的优势具体体现在：

时刻在线：依托物联网和大数据的支持，数字供应链将时刻在线，并具备自主适应决策变化能力。

互联互通：破除信息孤岛，实现供应商、生产商、品牌商、零售商、物流方之间的合作，供应链的各个环节实现资源共享和数据共享。

智能化管理：将可视化、人工智能技术管理纳入供应链的日常运营流程，为企业的决策管理提供指导，并持续优化和发展供应链。

项目小结

一、基本概念

（1）供应链。生产及流通过程中，涉及将产品或服务提供给最终用户的上游或下游企业，所形成的网链结构。

（2）供应链管理。利用计算机网络技术全面规划供应链中的商流、物流、信息流、资金流等，并进行组织、协调与控制。

二、供应链的特点

（1）多层次性。

（2）更新性。

（3）需求拉动性。

（4）竞合性。

（5）交叉性。

三、商品采购的原则

以销定进、勤进快销、以进促销、储存保销、讲求效益、文明诚信。

四、商品采购的流程

（1）建立采购组织。

（2）制订采购计划。

（3）确定货源及供应商。

（4）谈判及签约。

（5）商品导入作业。

（6）再次订购商品。

（7）定期评估与改进。

五、全渠道下物流的新诉求

（1）更高的物流效率。

（2）更低的物流成本。

（3）更高的灵活性。

（4）更高的资源共享度。

（5）更高的兼容性。

六、城配即时物流：通过物流全要素、全场景、全流程的重构，对传统物流体系进行整体升级，以技术和生态的双重驱动，通过实施数字化，让物流与商业快速衔接，打造分钟级的极致配送服务。通过即时物流驱动新零售的运营变革，迎接新零售带来的时效和能力变革，实现业务量的快速增长。

七、冷链物流：是指易腐食品从产地收购之后，在其加工、贮藏、运输、分销、零售直到消费者手中的整个过程，每个环节货物始终保持一定温度的运输方式。

八、ERP：ERP 是 Enterprise Resource Planning 的简称，即企业资源计划，是由美国计算机

技术咨询和评估集团 Gartner Group Inc.提出的一种供应链的管理思想。ERP 系统是指在信息技术基础上,以系统化的管理思想,为企业决策层及员工提供决策运行手段的管理平台。

第 1 关　判断题

1. 供应链管理的目的是供应链整体价值最大化和提升顾客满意度。

2. ERP 系统是整合了企业管理理念、业务流程、基础数据、人力物力、计算机硬件和软件于一体的企业资源管理系统。所以,ERP 首先是一个软件,同时是一个管理工具。

3. 即时配送,是指盒马承诺 30 分钟配送到家,其中从用户下单,后台将订单数据发给拣货员,拣货员必须在拣货后 30 分钟内送到客户家中。

4. 新零售的物流按照就近原则分配导致物流更加快。

5. 不断提高物流速度、减小库存规模、缩短产销周期,从而降低交易成本是新零售中"货"的主要发展方向。

6. 商品的流通阶段包括制造商、批发商和零售商。

7. 一个完整、有效的 CRM 系统包含客户合作管理系统、库存管理系统、业务操作管理系统和数据分析管理系统。

8. 零售是整个商品供应链的第一环。

第 2 关　单选题

1. 下面哪一项不属于供应链的特点?(　　)
   A. 多层次性　　　　　　　　　　　　　B. 更新性
   C. 供应推动性　　　　　　　　　　　　D. 竞合性

2. 采购谈判过程中需要注意(　　)。
   A. 商品品质　　　B. 配送问题　　　C. 价格变动　　　D. 以上选项都是

3. 下面关于商品盘点描述中错误的是(　　)。
   A. 盘点是经营者了解店铺资产的重要途径,是财务部门核算的重要数据来源
   B. 盘点出商品实际数量后只需要进行差异分析,不需要调整库存
   C. 盘点又称盘库,包含清点、过秤和对账等方法,是检查仓库或其他场所实际存货的数量和质量,对物料现存量加以清点的过程
   D. 商品盘点的原则是真实、准确、完整、清楚、团队精神

4. ERP 系统是(　　)。
   A. 一项 IT 技术　　　　　　　　　　　B. 一个软件
   C. 一个管理工具　　　　　　　　　　　D. ERP 一个软件,同时是一个管理工具

5. ERP 系统主要运用了什么管理思想?(　　)
   A. 系统化　　　　B. 一体化　　　　C. 工程化　　　　D. 专业化

6. 采购入库管理中涉及的单据一般不包括( )。

    A. 请购单   B. 采购订单   C. 库存调拨单   D. 到货单

7. 下列哪一项不属于零售企业供应链管理的范畴?( )

    A. 采购管理   B. 库存管理   C. 物流管理   D. 商品陈列

8. 新零售物流智能化的本质是什么?( )

    A. 一切以配送为中心,缩短配送周期,提升用户体验

    B. 一切以消费者为中心,先来后到,提升用户体验

    C. 一切以配送为中心,缩短消费者交易流程,提升用户体验

    D. 一切以消费者为中心,缩短配送周期,提升用户体验

9. 供应链的特征包括( )。

    A. 多层次性、更新性、交叉性   B. 多层次性、经济性、竞合性

    C. 更新性、经济性、交叉性   D. 更新性、竞合性、联合性

10. 关于供应链管理目的正确的是( )。

    A. 员工满意度最大化   B. 本公司效益最大化

    C. 合作伙伴满意度最大化   D. 供应链整体价值最大化

第 3 关   多选题

1. 下面关于供应链的概念描述正确的有( )。

    A. 供应链是处于生产和流通全过程中的活动,仅限于原材料采购和商品销售环节

    B. 供应链不仅是输送链,还涉及数以千万的组合和个人,从而形成了一个复杂的网链结构形态

    C. 供应链是以链内不同企业间的物流行为和活动的运作与管理为基础的物料链

    D. 供应链是物料链、资金链,更是信息链,强调信息的价值和作用。

2. 商品盘点的任务有( )。

    A. 查清实际库存量是否与账上数量相符   B. 查明存货发生盈亏的真正原因

    C. 查明库存货物的质量情况   D. 查明有无超过存储期限的存货

3. 以下哪些是连锁经营模式出现带来的好处?( )

    A. 强化了零售的规模优势   B. 解决了商品产销的问题

    C. 客户的满意度更加高了   D. 促进了零售业标准化的运营

4. 零售的本质中的"场"主要由哪些部分构成?( )

    A. 客户流   B. 信息流   C. 资金流   D. 物流

项目 5

新零售数据管理

 项目描述

　　新零售与传统零售最大的区别就在于新零售能够将数据与商业逻辑深度融合,用数据赋能零售业发展。新零售与数据化是不可分离的,传统零售企业要实现向新零售的转型就必然要走上数据化经营这条道路,通过运用互联网技术对消费者的行为数据进行记录,对门店进行智能化的综合管理以提升经营效能。

　　本项目从店铺数据指标采集、店铺数据指标分析以及店铺数据运营的优化讲述新零售数据管理的相关内容。

通过本项目学习,你将掌握
◇ 数据化管理的意义
◇ 数据采集的原则及方法
◇ 数据指标的分析
◇ 店铺数据优化的方法

模块 1　店铺数据指标采集

学习目标

☆知识目标：(1) 了解数据化管理的概念及意义；
　　　　　　(2) 理解数据采集的原则和收集来源。

☆能力目标：(1) 掌握通过数据来源完成数据汇总的方法；
　　　　　　(2) 掌握线上线下零售常用分析指标及分析方法。

☆素养目标：(1) 通过数据采集汇总，提升数据采集意识；
　　　　　　(2) 通过数据分析，提升数据认知意识。

任务 1　数据化管理基础

任务描述

公司的新零售项目已经运营数月，无论是线上店铺还是线下店铺都在有条不紊地开展。

琳达："肖峰，我们的新零售项目本月销售额相比上月增长了30%，其中也有你的一份功劳。你觉得接下来我们工作的重点是什么？"

肖峰："我觉得应该多发现工作中的不足，进一步完善和优化我们的店铺。"

琳达："是的，数据管理在新零售运营中起到的作用越来越重要，你先去了解一下相关的内容。"

知识加油站

数据化管理　运用分析工具对客观、真实的数据进行数据分析，并将分析结果运用到生产、营运、销售等各个环节中去的一种管理方法，根据管理层次可分为业务指导管理、营运分析管理、经营策略管理、战略规划管理四个由低到高的层次。

任务实施

肖峰首先想到的是 ERP 系统中的数据，包括销售订单和库存数据、会员数据、仓库盘点的纸质数据、之前做的关于新品的调查问卷数据，以及通过门店进店统计设备收集的消费者进店数据。肖峰打算通过三个步骤来了解数据化管理的内容。

实施步骤 1　了解数据化管理的概念

数据化管理是指运用分析工具对客观、真实的数据进行数据分析，并将分析结果运用到生产、营运、销售等各个环节中去的一种管理方法，根据管理层次可分为业务指导管理、营运分析管理、经营策略管理、战略规划管理四个由低到高的层次。

根据业务逻辑还可将数据化管理分为销售中的数据化管理、商品中的数据化管理、财务中的数据化管理、人事中的数据化管理、生产中的数据化管理、物流中的数据化管理等。

常用的数据分析工具主要有 Excel、SAS、SPSS、Matlab 等，其中 Excel 由于通用性强、门槛低、功能强大等原因深受各种水平的数据分析人员的喜爱。作为一个每天和数据打交道的人员，你可以不会那些专业的分析软件，但是 Excel 必须会，并且还要非常熟练。

实施步骤 2　明确数据化管理的意义

从数据化管理的流程来看，应用是数据化管理的核心，这也是数据化管理和数据分析最大的不同，不能应用到业务层面的数据分析是没有意义的。数据化管理的意义主要体现在以下几个方面：

（1）量化管理。无论是传统零售还是电子商务，大部分管理工作都是可以量化的，如 KPI（关键绩效考核指标）就是对日常业务的一种量化管理。

（2）最大化销售业绩、最大化生产效率。将正确的分析结果用最实际的方式应用到业务层面才能产生效益。

（3）有效地节约企业成本和费用。每个业务中心都可以建立独立的数据化管理体系，建立自己部门的追踪及预警机制，从而达到节约成本和费用的目的。

（4）组织管理、部门协调的工具。通过日常数据信息的标准化管理，以此提高组织及部门之间的效率。

（5）提高企业管理者决策的速度和正确性。数据化管理为管理者提供决策中能够参考的必要数据，而不是单纯地"拍脑袋"进行决策。

实施步骤 3　熟悉数据化管理的流程

数据化管理流程分为 7 个步骤，具体流程如图 5-1-1 所示。它和常规数据分析最大的不同就是强化应用，要求应用模板化。实施数据化管理之后，每个层面看到的不再是枯燥的数据和干巴巴的表格。

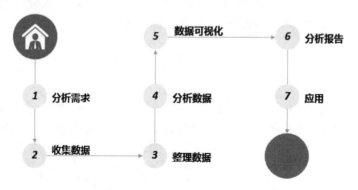

图 5-1-1　数据化管理的流程

1. 分析需求

分析需求又包括收集需求、分析需求、明确需求三个部分。

2. 收集数据

收集数据是指根据使用者的需求，通过各种方法来获取相关数据的一个过程。数据收集的途径包括公司数据库、公开出版物、市场调查等。

3. 整理数据

整理数据是指对收集到的数据进行预处理，使之变成可进一步分析的标准格式的过程。需要整理的数据包括非标准格式的数据、不符合业务逻辑的数据两大类。非标准格式数据又包括文本格式的日期、文本格式的数字、字段中多余的空格符号、重复数据等。在零售中不符合业务逻辑的数据包括为了冲销售额出现的不真实的销售数据等。

数据整理得好与坏直接决定了分析的结果。数据整理的方法主要有：分类、排序、做表、预分析等。

4. 分析数据

分析数据是指在业务逻辑的基础上，运用最简单有效地分析方法和最合理的分析工具对数据进行处理的一个过程。

5. 数据可视化

数据可视化是指将分析结果用简单且视觉效果好的方式展示出来的一种方法，一般运用文字、表格、图表和信息图等方式进行展示。现代社会已经进入了一个速读时代，好的可视化图表可以自己说话，很大程度地节约了人们思考的时间。用最简单的方式传递最准确的信息，让图表自己说话，这就是数据可视化的作用。

6. 分析报告

分析报告是数据分析师的产品，可以用 Word、Excel、PPT 作为报告的载体。写数据分析报告犹如写议论文，议论文有三要素：论点、论据和论证，数据分析报告也要有明确的论点、有严谨的论证过程和令人信服的论据。

7. 应用

应用是将数据分析过程中发现的问题、机会等分解到各业务单元，并通过数据监控、关键指标预警等手段指导各部门的业务提高。

小贴士

构建消费者标签体系的主要内容

基础属性：性别、年龄、地域、教育水平、出生日期、收入水平等。

社会属性：职业、职务、婚姻状况、社交偏好、家庭情况等。

行为属性：常住地、作息习惯、交通习惯、经济能力、餐饮习惯、购物习惯等。

心理属性：生活方式、个性特点、价值观等。

任务评价

表5-1 学习任务评价表

评价项目	评价内容	评价标准	评价方式		
			自我评价	小组评价	教师评价
职业素养	学习积极性	学习态度端正,能积极认真学习(1~10分)			
	学习主动性	能够独立思考,主动完成学任务(1~10分)			
	团队合作意识	与同学协作融洽,团队合作意识强(1~10分)			
专业能力	数据化管理	了解数据化管理的概念及特点(1~20分)			
创新能力	提出具有创新性、可行性的建议	加分奖励(1~10分)			
合　计					
指导教师		学生姓名			
日　期					

任务2　数据收集的方法

任务描述

琳达:"肖峰,你前面已经了解了数据管理的基本内容。在新零售运营中,判断店铺运营好坏最好的方式就是数据分析,经过一段时间的运营,店铺已经积累了不少数据,请你收集整理一下目前项目包含哪些数据。"

肖峰:"好的,我来研究数据收集的方法,并收集相关数据。"

任务实施

实施步骤1　了解数据收集的原则

1. 实效性

数据要实时,要符合当前的时间需求,过时的信息和数据再好也没有什么用处。

2. 准确性

数据信息要准确,只有正确的信息和数据才能整理分析后得到正确的结果和结论。数据信息的正确性要求我们要通过各种渠道获取信息并进行比对。

3. 全面性

数据不全面有时我们不能得出正确的结论,因为数据信息缺失很可能导致最后无法做出判断。

4. 精确性

数据的精确性要求我们对于数据收集场景和收集工具有很好的把控。

5. 直观性

数据有很多,如果能用一句话、一个图表、一个视频、一张图片一目了然地展现在我们的面前,这样的数据和信息比烦冗的数据堆积要好得多。

实施步骤2 掌握数据收集的来源

1. 内部数据库报表

内部数据库是指企业、商家自成立以来建立起的数据库。例如公司成立以来,会专门记录不同时间段产品的产量、销售和利润等数据,案例可参考图5-1-2;又如不同平台的网点卖家,都可以通过后台数据看到网店不同日期、不同产品的销售数据报表,案例可参考图5-1-3。

产品销售记录表

编 号	名 称	单 位	单价(¥)	销售量	折价率	销售额(¥)
S001	XX营养麦片	袋	9.50	142690	90.00%	1219999.50
S002	XX土豆片	袋	2.00	258800	85.00%	439960.00
S003	XX薯条	袋	2.50	198700	92.00%	457010.00
S004	XX豆奶	袋	7.50	102300	88.00%	675180.00
S005	XX香酥花生	袋	1.50	98600	86.00%	127194.00
S006	XX葡萄糖	袋	6.00	65000	92.00%	358800.00
S007	XX蜂王浆	瓶	12.00	86700	95.00%	988380.00
S008	XX巧克力豆	盒	5.00	104500	93.00%	485925.00
Z001	XX洗头水	袋	9.00	96000	85.00%	734400.00
Z002	XX洗发膏	瓶	7.50	54000	80.00%	324000.00
Z003	XX沐浴露	瓶	7.00	102200	85.00%	608090.00
Z004	XX洗面奶	瓶	10.00	94900	88.00%	835120.00
Z005	XX啫喱水	瓶	8.00	37000	88.00%	260480.00
Z006	XX护肤油	瓶	4.50	32400	92.00%	134136.00
Z007	XX润肤霜	瓶	9.50	186700	90.00%	1596285.00
Z008	XX防晒霜	盒	6.00	132400	87.00%	691128.00

产品生产记录表　**产品销售记录表**　仓库存货管理　公司日常费用表　员工工资表　员工业绩评定

图5-1-2 内部数据库数据案例展示1

2. 互联网

当今是一个网络时代,很多网络平台会定期发布相关的数据统计,案例可参考图5-1-4。有效利用搜索引擎,可以快速收集数据,如电商类数据、舆情类数据、金融业数据、房地产数据等。

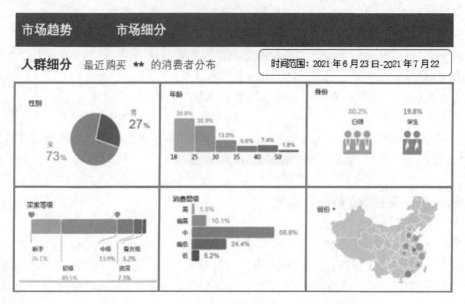

图5-1-3 内部数据库数据案例展示2

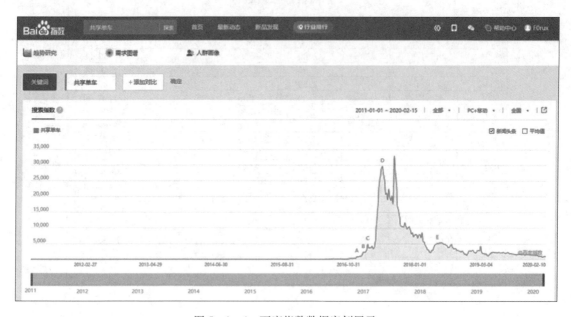

图5-1-4 百度指数数据案例展示

3. 市场调查

在统计数据时,如果经过网络、出版物等多方查阅都无法收集到数据,可以利用市场调查来进行统计,而且其统计的数据还可以保证时效性和真实性。市场调查需要利用科学系统的方式进行记录、收集和整理相关的市场数据,可以采用问卷调查、观察调查、走访调查等形式,案例可参考如图5-1-5。

4. 物联网

线下数据的收集一般是通过物联网硬件进行收集,案例可参考图5-1-6。

图 5 - 1 - 5　调查问卷数据案例展示

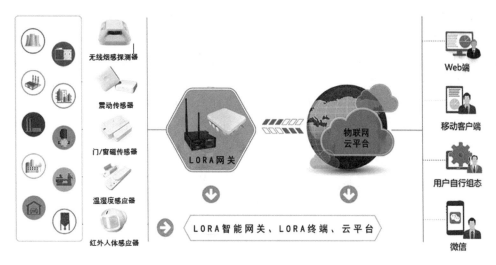

图 5 - 1 - 6　物联网硬件数据案例展示

实施步骤 3　完成数据汇总

肖峰将销售订单和库存数据、会员数据、仓库盘点的纸质数据、之前做的关于新品的调查问卷数据,以及通过门店进店统计设备收集的消费者进店数据进行了汇总。

表 5 - 2　新零售项目现有数据汇总

	数 据 来 源	数 据 名 称
1	内部数据库报表	店铺订单汇总表
2	内部数据库报表	店铺库存报表

（续表）

	数 据 来 源	数 据 名 称
3	内部数据库报表	店铺会员列表
4	问卷调查	关于新品的调查问卷数据
5	物联网数据	门店进店统计数据

小贴士

智慧门店　提升运营效率的强心剂

　　智慧门店是随着新零售发展而来的,它系统地简化了消费者的购物流程,提升了门店的经营效率。通过智慧门店系统,消费者在线上扫码即可购买商品,无需排队。品牌商和企业通过一个系统即可完成结算、库存和营销等一系列过程。并且智慧门店有以下优势。

　　(1) 智能硬件技术带来的体验提升。从消费者的角度来看,智慧门店给其带来的新奇体验是让他们走出家门的主要原因,这种智能硬件技术包括人脸识别、智慧大屏营销、扫码购物等。

　　(2) 全流程数据管理提高运营效率。智慧门店能够有效减少或避免因手工操作造成的错误,如商品的档案管理、销售数据分析、配送管理、商品调拨、自动配送、会议档案管理、会员数据分析及消费支付的各个环节。

　　(3) 精准会议营销提高会员转化率。智慧门店对会员数据进行整合分析,根据会员数据分析结果重构门店和消费者的连接,实现由消费方式逆向牵引生产方式。并且利用消费者画像向会员推荐符合其需求的优惠券和商品及个性化营销信息,从而实现精准营销。

 任务评价

表 5 - 3　学习任务评价表

评价项目	评价内容	评价标准	评价方式		
			自我评价	小组评价	教师评价
职业素养	学习积极性	学习态度端正,能积极认真学习(1~10分)			
	学习主动性	能够独立思考,主动完成学任务(1~10分)			
	团队合作意识	与同学协作融洽,团队合作意识强(1~10分)			

（续表）

评价项目	评价内容	评价标准	评价方式		
			自我评价	小组评价	教师评价
专业能力	数据收集	熟练掌握数据收集的方法（1~20分）			
创新能力	提出具有创新性、可行性的建议	加分奖励（1~10分）			
合　　计					
指导教师		学生姓名			
日　　期					

 阅读拓展

创建、利用、整合构建企业数据化运营模式

创建多触点数字化渠道：品牌商和企业要培养自身的数字化能力，创建能够让消费者通过多种渠道参与互动的接触点，可以是微信、微博之类的社交媒体触点，也可以是品牌商和企业的官方网站和App，以此来培养消费者。

利用信息进行运营管理：品牌商和企业要懂得利用信息进行运营管理，要将各个渠道、业务单位、合作伙伴的信息进行整合，并用于指导自身运营。

整合价值链中的元素：品牌商和企业要以消费者接触点为核心对运营模式进行重构，优化交易价值链中的所有元素。

模块 2　店铺数据指标分析

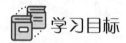

学习目标

☆知识目标：(1) 了解常用的数据分析指标；
　　　　　　(2) 知道常用的数据分析方法。
☆能力目标：(1) 掌握线上线下零售常用数据分析指标及分析方法；
　　　　　　(2) 掌握零售商品的常用数据分析指标及分析方法。
☆素养目标：(1) 通过数据采集汇总，提升数据采集意识；
　　　　　　(2) 通过数据分析，提升数据认知意识。

任务 1　线上数据分析

任务描述

琳达："店铺现有数据已经收集完毕，但是只有分析过的数据才能创造价值。肖峰，对于接下来要进行的数据分析你有什么思路吗？"

肖峰："应该按照我们新零售项目的划分，将数据分为线上、线下以及商品供应链这三个部分。"

琳达："目前有个店铺上周的销售额较前一周下降了 22%，请你根据所学知识找出销售额下降的原因。"

知识加油站

流量指标　流量指标是电商研究的核心，包含浏览量、访客数、跳失率在内的统计指标。

转化指标　转化指标主要包含注册转化率、客服转化率、收藏转化率、加购转化率以及成交转化率在内的多个统计指标。

运营指标　运营指标主要包含成交指标、订单指标、退货指标、采购指标、库存指标以及供应链指标在内的多个统计指标。

会员指标　会员指标主要包含注册会员数、活跃用户数、会员复购率及平均购买次数在内的多个统计指标。

任务实施

实施步骤 1　了解线上零售分析常用指标

1. 流量指标

流量研究是电商研究的核心,由于互联网上用户的每一个动作都可以被记录下来,所以这给流量研究提供了便利。

(1)浏览量(访问量),即 PV(Page View),指用户访问页面的总数。用户每访问一个网页就算一个访问量,同一页面刷新一次也算一个访问量。

(2)访客数,即 UV(Unique Visitor),指独立访客。一个设备为一个独立访问人数,一般以天为单位来统计 24 小时内的 UV 总数,一天之内重复访问的只算一次。访客数又分为新访客数和回访客数两种。

(3)跳失率,也叫跳出率,指只浏览了一个页面就离开的访问次数占该页面全部访问次数的比率,分为首页跳失率、关键页面跳失率、具体产品页面跳失率等。这些指标用来反映页面内容受欢迎的程度,跳失率越大,页面内容越需要调整。

2. 转化指标

有了流量之后,零售商就希望用户按设计好的要求进行动作,如希望用户注册、收藏、下单、付款、参加营销活动等,这些动作就是转化。

(1)注册转化率,即注册用户数占新访客数的比率,这是一个过程指标。当零售商的目标是积累会员总数时,这个指标就很重要了。

(2)客服转化率,即咨询客服人员的用户数占总访问数的比率,这也是一个过程指标。

(3)收藏转化率,即将产品添加收藏或关注到个人账户的用户数占该产品总访问数的比率。每逢大促销售前,用户都会大量收藏产品到自己账户以方便正式促销时的购买。

(4)加购转化率,即将产品添加到购物车的用户数占该产品总访问数的比率,这个指标针对的是具体产品。

(5)成交转化率,即成交用户数占总访问数的比率,一般我们提到的转化率就是成交转化率,这个指标和传统零售的成交率是一个概念,是一个结果指标。为了精细化分析,成交转化率还可以细分为全网转化率、类目转化率、品牌转化率、单品转化率、渠道转化率等,具体如图 5 - 2 - 1 所示。

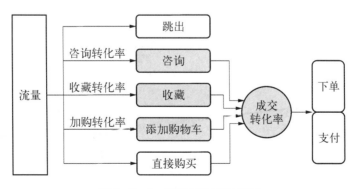

图 5 - 2 - 1　成交转化率示意图

3. 营运指标

（1）成交指标：成交金额、成交数量、成交用户数。

（2）订单指标：订单金额、订单数量、订单用户数、有效订单、无效订单。

（3）退货指标：退货金额、退货数量、退货用户数。

（4）采购指标：采购金额、采购数量。

（5）库存指标：库存金额、库存数量、库存天数、库存周转率、售罄率。

（6）供应链指标：送货金额、送货数量、订单响应时长、平均送货时间。

4. 会员指标

（1）注册会员数，指曾经在网站注册过的会员数。只看这个指标没有太大的意义，因为注册会员中有许多从来没有购物过的用户，也有曾经消费过但是现在已经流失掉的用户。

（2）活跃用户数，指在一定时期内有消费或登录行为的会员总数，时间周期可以定义为30 天、60 天、90 天等。这个时间周期的确定和产品购买频率有关，快速消费品会比较短，不过这个时间周期确定后就不能轻易改变了。

（3）会员复购率，指在某时期内产生二次及二次以上购买的会员占购买会员总数的比率。例如 2019 年 3 月共有 100 个会员购买，其中 20 个会员产生了至少二次购买，则复购率为 20%。

（4）平均购买次数，指某时期内每个会员平均购买的次数，公式为订单总数除以购买用户总数。平均购买次数的最小值为 1，复购率高的网站平均购买次数必定也高。

实施步骤 2　线上零售数据分析

1. 漏斗分析

无流量不电商，没有流量的电商就犹如在线下荒野外开了一个购物中心，虽然硬件都不错，但是却没有人光顾。对于流量分析，我们常用漏斗图来分析，几乎每个流量的细分都可以用到漏斗图。图 5-2-2 是用户从开始访问到下单、购买以及最终成交整个过程的漏斗图。

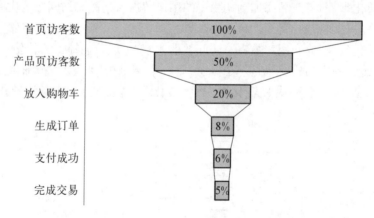

图 5-2-2　漏斗分析图

漏斗图是一个细分和溯源的过程，通过不同层次分解从而找到转化的逻辑。通过运用漏斗图能够直观地反映转化的形态，如转化的变化来自哪个渠道，哪个环节对转化的影响最大，等等。

2. 销售额公式

线上销售诊断比线下复杂很多，主要的复杂点在于流量的多层次多渠道上，但互联网的好处是几乎能将用户的每个动作记录下来,然后我们从中找到关键点来诊断就可以了。销售额公式包括2个值(访客数和客单价)和1个比率(转化率),销售额是一个结果指标,访客数、客单价、转化率这三个指标的变化都会影响最终的销售额,而且是正相关,具体如图5-2-3所示。

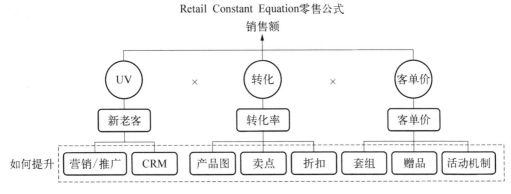

图5-2-3　销售额公式

一般我们使用对比、细分的原则进行销售额分析。对比包括同比、环比、跟目标比、跟竞争对手比等,细分则可以按流量来源渠道、地理属性、时间属性、产品属性等进行。

小贴士

良品铺子数字化提升的五个维度

良品铺子通过五个维度进行数字化提升:产品数字化、营销数字化、渠道数字化、客户数字化、供应链数字化。通过数字化形成数据,让良品铺子的所有资源能够更有效地整合,而数据又是"能开口说话的财富",无论是产品、营销,还是仓储与配送,根据数据进行更有效的提升,成为良品铺子不断精准化运营的关键之处。

 任务评价

表5-4　学习任务评价表

评价项目	评价内容	评价标准	评价方式		
			自我评价	小组评价	教师评价
职业素养	学习积极性	学习态度端正,能积极认真学习(1~10分)			
	学习主动性	能够独立思考,主动完成学任务(1~10分)			
	团队合作意识	与同学协作融洽,团队合作意识强(1~10分)			

（续表）

评价项目	评价内容	评 价 标 准	评 价 方 式		
			自我评价	小组评价	教师评价
专业能力	线上数据分析	熟练掌握线上数据分析的方法（1～20分）			
创新能力	提出具有创新性、可行性的建议	加分奖励（1～10分）			
合　　计					
指导教师			学生姓名		
日　　期					

任务2　线下数据分析

任务描述

琳达："肖峰,你前期对线上店铺数据分析有哪些主要指标及如何分析进行了了解,你知道线下门店有哪些数据分析指标及方法吗?"

肖峰："我知道线下门店数据分析可能有顾客指标、追踪指标等,但是不完全了解。"

琳达："好的,那你详细梳理一下线下店铺主要有哪些数据指标,具体又有哪些意义。"

知识加油站

销售指标　主要包括成交率、完成率。

顾客指标　主要包括客单价、件单价、连带率等。

追踪指标　主要包括进店率、接触率、触摸率等。

效率指标　主要包括坪效和人效。

竞争状态　主要包括市场占有率和竞品指数。

任务实施

小贴士

电商数据分析常用方法

电商数据分析常用到的4种方法：对比、转化、留存分析及产品比价。

对比分析　对比分析包括横向对比和纵向对比。横向对比看的是跟谁比,需要选取一个合适的竞争对手设为对比的标准。纵向对比,就是自己和自己比,如把店铺每日的成交额都列出来,就能清楚地看到成交额的变化,当然对比的时间单位也可以是周、月份、季度等。

转化分析　指在一个统计周期内,完成转化行为的次数占推广信息总点击次数的比率分析。

留存分析　可以通过观察日、月、季度等活跃用户量来判断店铺的流量情况。但在店铺的经营中需要的不只是流量,更重要的是要有“留存”,即在流量池中那些留下来的或者会常来访问店铺的用户。有留存才能实现产品的持续增长,所以店铺做留存分析是非常重要的。

产品比价　在一些促销活动中,部分店铺会给自己的产品贴上“全网最低价”的标签,这个标签是如何确定的呢?这就需要专门搭建一个比价系统,以此抓取同类型产品店铺在全网的价格,店铺再以此为参考去制订自己的促销策略。

以数据为支撑可以让自己的促销策略更科学、可靠,避免促销失误的发生。

实施步骤 1　了解线下零售分析常用指标

1. 销售指标

(1)成交率,指成交顾客数占客流量的比率。成交率和店员的销售技巧、产品陈列、产品销售价格、促销活动等都有关系,但是在产品、促销状态等都一致的情况下,成交率就只和店员的销售技巧有关了,所以这个指标可以用来判断店铺员工的销售能力。成交率的计算方法与线上的转化率类似。

(2)销售完成率,指销售完成数占目标数的比率。这是一个判断销售目标进度的指标,在“人”“货”“场”三个领域都可以用到,表现的是目标的完成进度。

2. 顾客指标

(1)客单价,指销售总金额除以有交易的顾客总数,一般用成交总笔数来代替顾客总数,理论上这两个数字是一致的,但是顾客经常会出现逛一次商场多次开单交易的情况,所以成交笔数实际上是大于等于有交易顾客数。客单价既可以反映顾客的质量,也可以反映店铺员工的销售能力,还可以反映店铺的商品组合等。

(2)件单价,指销售总金额除以销售总数量的值。

(3)连带率,指销售总数量占成交总单数的比率。连带率有不同的称谓,如附加值、效益比、平均客件数、购物篮系数等。连带率反映的是顾客每次购物的深度。需要注意的是,连带率数据有时会受人为影响,如一次性购物满 500 元送赠品,如果消费者一次性购买了 1 000 元以上,他可能会拆开单来结算,从而影响总成交笔数。

3. 追踪指标

(1)进店率,指进店人数占路过人数的比率。进店率反映的是店铺对路过顾客的吸引力,需要注意去重。

(2)接触率,是指消费者和商品的接触比率。随着科技的发展,管理更加精细化,接触率越来越受零售商的重视,通过它可以深层次地了解顾客的购买行为。

(3)触摸率,指触摸某商品的顾客数占进店人数的比率。反映了商品外观被关注的程度,目前借助设备可以自动采集这个数据。

4. 效率指标

（1）销售坪效,指销售额占店铺面积的比率。坪效是反映店铺单位面积产出的指标,常常纳入 KPI 考核项目。坪效的使用需要注意以下几点。

一是计算坪效一般使用的时间周期是月和年,没有必要计算周、日坪效。

二是如果店铺面积、位置等状态没有发生变化,销售坪效一定和销售成正比,没有必要再去分析坪效趋势。

三是坪效的对比具有强弱对比性,同一个商场同一楼层的同品类商品具有强对比性,不同品类的对比性会稍微弱一些,不同楼层的不同品类对比又更加弱。同一个商圈的统一业态对比性强,不同的商圈同样业态对比较弱,不同的商圈不同的业态有可能根本就没有可比性。同一品牌专卖店在一线城市和三线城市的坪效对比性也不强,所以不要轻易地以坪效论英雄。

（2）销售人效,指销售额占店铺员工数的比率。人效反映的是单人产出,它常常用来管理店铺的人力资源配置、人力成本核算等。

5. 竞争状态

（1）市场占有率,也称市场份额,是指一个企业的销售量或销售额在同类市场产品中所占的比重,它直接反映了消费者对商品的喜好程度。同类市场是一个变化的值,既可以是广义的总体市场,也可以是企业的目标市场,甚至可以是某个商圈或商场。例如含氟牙膏既可以和牙膏对比,也可以和含氟牙膏对比,甚至可以分别计算它在家乐福或沃尔玛超市中的市场占有率。

（2）竞品指数,指本公司销售额和竞争对手销售额的比值。竞品指数是对市场占有率的一种简化,因为我们大部分时间没有办法统计出同类市场的销售数据,所以只能锚定其中一个或几个对手的数据来对比。通过分析竞品指数,我们也能大概了解自己品牌的市场占有率走势。

实施步骤2　线下零售数据分析

1. 线下销售额分析

（1）图 5-2-4 为线下销售额分析的过程,体现了影响销售额的 10 个关键指标。

（2）如果不考虑指标之间的关联影响,指标提升 10% 意味着销售额也可能提升 10%,所以要提升销售额就需要找到店铺最薄弱的环节,各个击破。

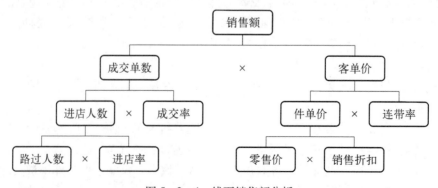

图 5-2-4　线下销售额分析

（3）图 5-2-4 右边的五个指标值发生变化后很可能会影响左边的"成交率"和"成交单数"指标，但左边的五个指标发生变化不会影响右边的指标值。

（4）一般来讲店铺对"率"的影响力会大于对绝对值的影响力，我们可能没有办法影响路过人数，但可以想办法提高进店率；可能没办法提高零售价，但可以控制销售折扣。

2. 促销中的数据分析

用促销活动来让消费者产生冲动，这是零售惯用的方法。

促销活动评估是一个体系，通过评估既能定位促销活动的好坏，还能够为下次促销活动奠定数据基础。促销活动评估及分析主要包括：促销前分析、业绩分析、消费者分析和财务分析，具体如图 5-2-5 所示。

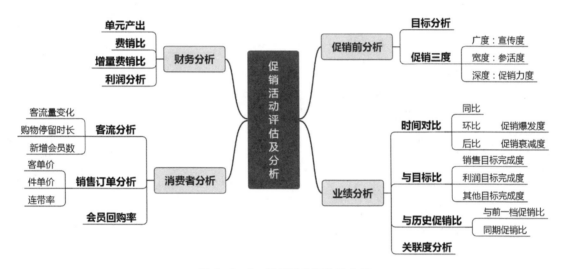

图 5-2-5　促销活动评估及分析

任务评价

表 5-5　学习任务评价表

评价项目	评价内容	评价标准	评价方式		
			自我评价	小组评价	教师评价
职业素养	学习积极性	学习态度端正，能积极认真学习（1~10分）			
	学习主动性	能够独立思考，主动完成学任务（1~10分）			
	团队合作意识	与同学协作融洽，团队合作意识强（1~10分）			
专业能力	线下数据分析	熟练掌握线下数据分析的流程及方法（1~20分）			

（续表）

评价项目	评价内容	评价标准	评价方式		
			自我评价	小组评价	教师评价
创新能力	提出具有创新性、可行性的建议	加分奖励（1~10 分）			
合　　计					
指导教师		学生姓名			
日　　期					

任务 3　零售商品数据分析

任务描述

琳达："肖峰,你对店铺线上、线下数据分析了解了吗?"

肖峰："基本了解了。"

琳达："好的,那你根据自己的准备,再综合考虑零售的特点,梳理出零售商品数据分析的要点。"

肖峰："好的。"

知识加油站

采购指标　主要包括广度、宽度及深度的采购三度指标。

库存指标　主要包括平均库存、库存天数、库销比、有效库存比等。

商品指标　主要包括货龄、售罄率、动销率等。

任务实施

实施步骤 1　了解零售商品数据分析常用指标

1. 采购指标

（1）广度。采购的商品品类数。例如一个服装专卖店,公司当季商品有 20 多个品类,买手实际采购了 16 个品类,则广度为 16,广度比为 80%。商品的广度体现了商品的丰富程度。广度并不是越大越好,这和零售店铺的消费群体有关,也和运营成本有关。

（2）宽度。采购的 SKU 数。商品的宽度代表了商品的丰富可供选择程度,宽度越大的店铺消费者挑选的余地就越大。由于资源局限性,大型超市等一般会限定商品的宽度值,所以就会出现每新增一个商品必须剔除一个旧品的规定。电子商务则相对宽松一些,它们的陈列没有实体零售店铺的空间限制,所以理想状态下宽度可以做到无限大。

（3）深度。平均每个 SKU 的商品数量。它的意义代表了商品可销售数量的多少,如某个服装专卖店某次采购了 400 个 SKU 的商品,一共是 1 000 件,则深度为 2.5。深度越大越不容易缺货,但是也可能会造成高库存。

2. 库存指标

（1）平均库存。指期初库存和期末库存的平均值。年平均库存还可以直接取每月末库存的平均值,一般财务部习惯用期初加期末除以 2 的方法计算。

（2）库存天数。库存天数 = 期末库存金额÷（某个销售期的销售金额÷销售期天数）,是一个极为重要的库存管理指标,是有效衡量库存滚动变化的量化标准,也是用来衡量库存可持续销售时间的追踪指标。例如某超市 2019 年 11 月销售额为 3 000 万,期末库存为 5 800 万,则库存天数为 58 天。58 天可以解读为按照目前每天销售额 100 万的速度来看,5 800 万的库存将在 58 天后全部消化完毕。

（3）库销比。指期末库存金额和某个销售期的销售金额的比率。库销比的销售周期一般取月,也就是月库销比。

（4）有效库存比。指有效库存金额和总库存金额的比率。有效库存是指能给门店带来销售价值的商品库存,也就是能产生销售贡献的商品库存。从定义看,残次商品、过季商品和没有销售的商品都不属于有效库存商品。

3. 商品指标

（1）货龄。指商品的年龄。对于有保质期的商品,如食品、饮料等,货龄是从生产日期开始计算的;对于没有严格保质期或有效期的商品,如服装、手机等,货龄应该是从上架销售的日期开始计算的。分析货龄的目的一是防止商品过期,二是作为制订商品价格调整的依据。货龄越大,库存越高的商品就是价格调整的首选。造成货龄过大的主要原因有如下两点。

一是商品管理混乱,没有遵守先进先出的原则,人为造成货龄大。

二是商品销售不理想,或者采购数量过多,随着时间推移货龄越来越大。

（2）售罄率。售罄率 = 某段时间内的销售数量÷（期初库存数量+期中进货数量）×100%,是检验商品库存消化速度的一个指标。一般采取期货制订货的企业,如鞋服行业用得比较多,可以随时补货的快速消费品一般不用这个指标。

（3）动销率。动销率 = 某段周期内销售过的商品 SKU 数÷（期初有库存的商品 SKU 数+期中新进商品 SKU 数）×100%,统计周期一般是周、月、季度,分析的对象可以是品类、类别、SKU 等。动销率属于一个追踪和管理指标,一般传统零售比较重视这个指标。

实施步骤 2　零售商品数据分析

1. 零售商品的分类分析

商品的销售分类是根据销售属性进行的一些分类方法,其目的是通过分类确定商品在企业所处的地位、生命周期状况、盈利情况等,来达到指导销售运营的策略。主要分类如下。

（1）根据商品价格分类,可将商品分为：高价位、中价位或主价位、低价位商品。

（2）根据商品利润分类,可将商品分为：高毛利、低毛利、零毛利、负毛利商品。

（3）根据商品生命周期分类,可将商品分为：导入期、成长期、成熟期、衰退期商品。

（4）根据二八法则分类，可将商品分为：重点商品和非重点商品两类。重点商品为占总销售（或总库存、总利润、总进货）80%的那部分商品，剩下只占20%销售量的商品即为非重点商品。

（5）根据商品的进销存状况和 ABC 分类法，可将商品分为：重要、一般重要、不重要三类，分别用 A 类物品、B 类物品、C 类物品表示，具体如图 5-2-6 所示。

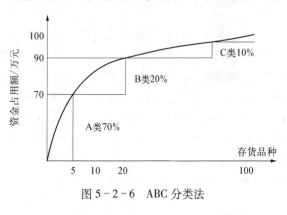

图 5-2-6　ABC 分类法

A 类物品：品种比例在 10% 左右，占比很小；年消耗的金额比例约为 70%，比重较大，是关键的少数，需要重点管理。

B 类物品：品种比例在 20% 左右；年消耗的金额比例约为 20%，品种比例与金额比例基本持平，常规管理即可。

C 类物品：品种比例在 70% 左右，占比很大；年消耗的金额比例在 10% 上下，此类物品数量多，占用了大量管理成本，但年消耗的金额很小，只需一般管理即可。

2. 商品库存分析

对销售环节来说，库存分析主要针对两个方面：是否会缺货？库存过大是否会占用资金？库存分析的逻辑应该是由简单到复杂，由宏观到微观的一个过程。

库存分析包括 4 个部分。

（1）切割库存，让库存分析更合理，首先将库存分成有效库存和无效库存两种。

（2）量化库存，确保库存的安全性。进一步设定标准来帮助判断库存的安全性，其一是设定绝对值标准，其二是设定相对值标准。绝对标准以库存数量或金额来定标准，相对标准可以使用库存天数或周转天数来衡量，案例可参考图 5-2-7。

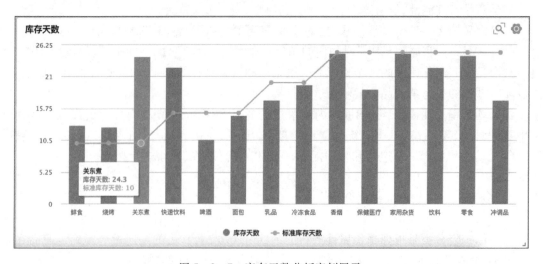

图 5-2-7　库存天数分析案例展示

（3）库存结构分析，确保库存结构的合理性。常见的结构分析包括：品类结构分析、二八法则商品结构分析、价格段结构分析、品牌间结构分析，案例可参考图 5-2-8。

图 5-2-8　库存结构分析案例展示

（4）预估销售，确保库存量，把握未来销售脉搏。要把握销售的动态，必须找到那些影响未来非正常销售的因素。这些可能影响未来销售的因素包括：促销活动、季节性、节假日和其他特殊事件等。

根据销售额公式：销售额＝UV×转化率×客单价，肖峰从系统后台收集了店铺最近两周每天的 UV、购买人数和销售额数据，并进行了汇总。转化率通过购买人数/UV 总数得到，而客单价通过销售额/购买人数得到。最终肖峰把数据整理好之后发现，UV、转化率相比前一周分别下降了 19%和 7%，而客单价反而增长了 3%，因此这次销售额下降 22%的主要原因是 UV 和转化率下降造成的。肖峰立刻把分析结果报告给了琳达。

表 5-6　店铺 2 周数据汇总

日　　　期	星　　　期	UV	购买人数	销售额
2020/9/14	一	641	69	3 381
2020/9/15	二	863	81	4 293
2020/9/16	三	723	75	4 350
2020/9/17	四	847	79	4 029
2020/9/18	五	912	93	5 208
2020/9/19	六	1 324	140	7 000
2020/9/20	日	1 481	160	7 680
前周数据汇总：		6 791	697	35 941

（续表）

日　期	星　期	UV	购买人数	销售额
2020/9/21	一	632	59	3 127
2020/9/22	二	782	71	4 331
2020/9/23	三	712	66	3 630
2020/9/24	四	680	61	3 294
2020/9/25	五	812	76	3 952
2020/9/26	六	980	96	4 608
2020/9/27	日	931	99	5 049
上周数据汇总：		5 529	528	27 991

表 5-7　店铺 2 周数据对比

	UV	转化率	客单价	销售额
前　周	6 791	10.3%	51.6	35 941
上　周	5 529	9.5%	53.0	27 991
增长率	−19%	−7%	3%	−22%

 任务评价

表 5-8　学习任务评价表

评价项目	评价内容	评价标准	评价方式		
			自我评价	小组评价	教师评价
职业素养	学习积极性	学习态度端正，能积极认真学习(1~10 分)			
	学习主动性	能够独立思考，主动完成学任务(1~10 分)			
	团队合作意识	与同学协作融洽，团队合作意识强(1~10 分)			
专业能力	零售商品数据分析	了解零售商品数据分析的概念(1~10 分)			
		掌握零售商品数据分析的方法(1~10 分)			

（续表）

评价项目	评价内容	评价标准	评价方式		
			自我评价	小组评价	教师评价
创新能力	提出具有创新性、可行性的建议	加分奖励(1~10 分)			
合　计					
指导教师			学生姓名		
日　　期					

 阅读拓展

表 5 - 9　新零售人、货、场三个维度的数据分析指标

维度	涉及数据类型	数据分析指标
人	员工	成交率、销售完成率、评价接待时长、投诉率、员工流失率、工资占比
	顾客	客单价、件单价、连带率、新增会员率、会员增长率、会员贡献率、会员回购率、会员流失率、会员平均年龄
货	采购环节	广度、宽度、深度、覆盖度
	供应链关节	订单满足率、订单执行率、准时交货率、订单响应周期、库存周转率、平均库存、库存天数、库销比、有效库存比
	销售环节	货龄、售罄率、折扣率、动销率、当天缺货率、品类结构占比、价位销售占比、商品现值、滞销品销售占比
	售后环节	退货率、残损率
场	线下实体门店	预测额、进店率、试穿率、成交率、坪效、人效、每平方米租金、净开店率
	线上网店或官方商城	浏览量(PV)、访客数(UV)、访问深度、跳失率、增加转化率、成交转化率

模块3 店铺数据运营的优化

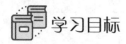 学习目标

☆知识目标：(1) 掌握优化店铺流量结构的方法；
　　　　　　 (2) 熟悉优化店铺视觉呈现的主要方法。

☆能力目标：(1) 掌握数据分析报告及店铺优化的方法；
　　　　　　 (2) 能够制订店铺的优化方案。

☆素养目标：(1) 通过制订店铺优化方案，提高数据分析与诊改的能力，提升专业素养；
　　　　　　 (2) 通过对店铺优化方法的学习，了解新零售行业发展的现状，培养职业的
　　　　　　 发展观。

任务1 优化流量来源

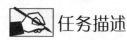 任务描述

琳达："肖峰，我看了你做的数据分析报告，找到了销售额下降的原因是店铺流量和转化率下降了。你能想到哪些办法来提升这两个指标？"

肖峰："流量可以通过营销推广和会员 CRM 管理，以及拓展店铺的流量渠道来提升；转化率可以通过折扣和增强店铺视觉呈现来吸引买家购买。"

琳达："嗯，你说的这几点都很不错，接下来请根据店铺的实际情况来制订一下店铺优化方案。"

 任务实施

由于公司的新零售项目是通过小程序实现的，肖峰觉得还是从现有的平台出发，找到店铺流量的增长点，另外也可以通过店铺页面的优化来提升转化率。

实施步骤1　线上小程序商城引流

1. 附近的小程序位置设置(免费)

在小程序后台，开通"附近的小程序"，设置门店地理位置，小程序自动展现给周边 5 km 内的微信用户，所有符合条件的小程序能在"附近的小程序"获得免费曝光，且一个小程序能添加 10 个地理位置。

2. 附近的小程序广告(需付费)

附近的小程序是微信开放的关键流量入口，同时开放了广告投放渠道。广告位在附近小

程序的第三行,具体如图 5-3-1 所示,点击即可打开对应的小程序,暂不支持其他页面的跳转。

3. 微信群分享,实现粉丝裂变(免费)

可在原有的粉丝群同步通知优惠信息,让粉丝自主扩散,引导粉丝分享,然后凭截图领取小礼物,逐步将流量引到小程序,促成销售。

4. 二维码海报(免费+付费)

适用线上线下多种场景,可以通过后台生成小程序二维码,并将其植入到线上线下海报或户外广告中,具体如图 5-3-2 所示。

图 5-3-1　附近的小程序广告界面案例展示

图 5-3-2　二维码海报案例展示

5. 地推(免费,但是需成本)

对于部分小程序而言,地推或许是最贴近用户场景的推广方式,线下以小程序码的方式,通过宣传物料等推广小程序。对于诸如餐饮、鲜花、美容、健身等线下门店,地推效果明显,转化快。

6. 公众号关联小程序(免费)

(1)公众号资料详情页绑定相关小程序,当用户关注你的公众号时,就能看到位于显眼位置的相关小程序,点击可直接跳转到小程序。

(2)公众号文章插入小程序名片,用户结合内容如果对产品/服务感兴趣的话,就能直接点进小程序,从而实现由内容到购买的转化。不过,这是一个长期运营的过程,前期效果取决于公众号本身的粉丝留存量。

7. 模板消息推送(免费)

模板消息是小程序在微信内部对每个用户生成的推送。内容类可以用它提示更新,电商类可以用它提示促销或未付款,工具类可以用它提示完成日常目标。每一次推送都在让用户逐渐形成对小程序的依赖。

8. 拼团、砍价等营销裂变工具(免费)

商家通过小程序制作平台低成本低门槛开发自己的微信小程序商城,利用平台提供的拼团、砍价、分销等裂变工具,快速拉新增粉,轻松获取新客,提高销量,案例可参考图 5-3-3。

图 5 - 3 - 3　拼团、砍价等营销裂变工具案例展示

实施步骤 2　线下门店引流

1. 免费

免费方式的核心就是用免费吸引眼球。因为大多数人都有贪便宜的心理,但是这里的免费要注意一点,那就是一定要采用大家都认可的、有实际价值的东西,不能用大家都摸不清价值的东西,或者过于虚拟的东西,如免费课程、免费活动资格等。免费的东西一定要实实在在、可感知,最好以实物为主。

2. 福利

福利跟免费是有区别的,免费是不用钱,不需要什么资格或条件,而福利不一样,其核心是爆款、轰动效应、口碑传播。做福利模式的目的是筛选精准客户,所以需要设置门槛,达到要求才有福利。例如餐厅里每次吃完饭会送小吃,如馒头、水果、特产等,但这些都是会员才能享有的福利,非会员既不送也不卖。

3. 买赠

赠品是实实在在的商品,同时还可以提升门店员工的积极性,员工卖出多少会有相应的奖励。买赠的方式有买二送一、买一送一等,很多店面、餐厅都会用这种方式。买赠一来可以促进销量,二来也可以让客户拼团从而引流。这里要注意,赠品要跟顾客买的东西相互匹配,比如顾客买了西装,你送衬衣、领带就很配套,但如果你送洗发水,或其他不相关的东西,那就会很难起到积极作用。

4. 抵用

我们常看到买多少减多少的现金券或者购物券,这种方式主要是为了把进店人群转化成消费人群。到店客户消费后,给予一定面额的现金抵用券,此方式就是为了提升复购的捆绑式销售。同时抵用还可以用在其他场合,把那里的客流吸引到自己店里。比如游泳馆可以与旁边钢琴教学的店合作,教音乐的可以跟旁边教跳舞的合作,互送抵用券,利用这种相关但又不是直接竞争者的门店相互引流,是一种非常实用的方法。

5. 抽奖

门店可以联合商城等机构做抽奖活动,导流到自己店。很多商场里都有这种活动,顾客买完东西出来凭小票到门店抽奖。抽奖只是作为一种引流活动的补充,建议不要作为主打,因为效果和吸引力相较于其他引流方式较弱。

6. 拼团

拼团包括两人、三人、多人、家庭等方式。例如很多写字楼下面的小餐厅普遍都会面临一个问题:中午吃饭人多忙不过来,到了晚上写字楼里的上班族都回家了,店里就门可罗雀。店老板可以做拼团模式,只要桌子坐满,顾客就有拼团优惠价,用很低的价格吃到大餐。这样的模式无形中提升了来店客流。

 任务评价

表 5 - 10　学习任务评价表

评价项目	评价内容	评价标准	评价方式		
			自我评价	小组评价	教师评价
职业素养	学习积极性	学习态度端正,能积极认真学习(1~10分)			
	学习主动性	能够独立思考,主动完成学任务(1~10分)			
	团队合作意识	与同学协作融洽,团队合作意识强(1~10分)			
专业能力	线上店铺数据优化	熟练掌握线上店铺数据优化的方法(1~10分)			
	线下门店数据优化	熟练掌握线下门店数据优化的方法(1~10分)			
创新能力	提出具有创新性、可行性的建议	加分奖励(1~10分)			
合　　计					
指导教师		学生姓名			
日　　期					

任务 2　优化店铺内容

任务描述

琳达："肖峰,你觉得在优化店铺方面除了引流还有哪些可以做?"

肖峰："我认为店铺销量是否好,引流是一个重要的手段,但最关键还是店铺产品的展示,好的展示能让顾客一眼看到产品的亮点及卖点。"

琳达："你说得很对。店铺优化还有一个关键点就是对店铺内容的优化,包括店铺的主图优化、详情页优化等。"

任务实施

店铺内容优化通常是通过视觉来传递的,视觉是传达信息的重要途径,不同的视觉效果带来的影响巨大,因此提升店铺视觉效果将会为店铺带来更高的转化。

店铺视觉的提升主要从商品和店铺装修两方面来展开。商品的视觉因素包括商品的主图、视频、详情页,而店铺装修主要为店铺主页的装修。

实施步骤 1　主图优化

高质量主图对店铺引流作用很大,好的主图能够吸引顾客点击,获取顾客信任,最终促进转化,主图优化的关键如图 5-3-4 所示。

图 5-3-4　主图优化的关键

主图的优化方法主要包括以下几种方法。

1. 多色多款展示

我们需要把商品的全部都介绍给顾客,包括不同的款式、颜色、材质等,这样顾客才能够全方位地了解我们的商品,案例可参考图 5-3-5。

2. 细节卖点提炼展示

顾客对我们商品的了解只能源于图片,想要让顾客更喜欢你的商品,那就要把它的优点展示出来,把优点转化为卖点以此来提高顾客想要下单的意愿,案例可参考图 5-3-6。

图 5-3-5　多色多款案例展示

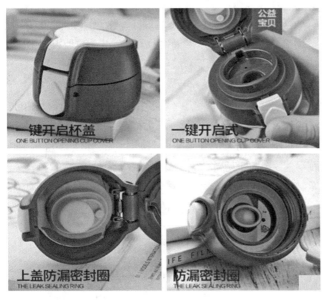

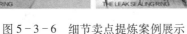

图 5-3-6　细节卖点提炼案例展示

图 5-3-7　添加营销活动案例展示

3. 添加营销活动

营销活动是推动顾客直接下单的撒手锏。在顾客犹豫要不要下单的时候,用营销活动吸引他,推动顾客下单。营销活动一般有很多种类,如第二件半价、满减等这些都是比较常见的,案例可参考图 5-3-7。

4. 主图视频展示

在主图位置上传短视频能让顾客有更加直观的视觉体验,全方位展现商品优势,有助于提高成交转化率。短视频时长需 60 秒,尺寸建议为 1∶1,内容要突出商品核心卖点,案例可参考图 5-3-8。

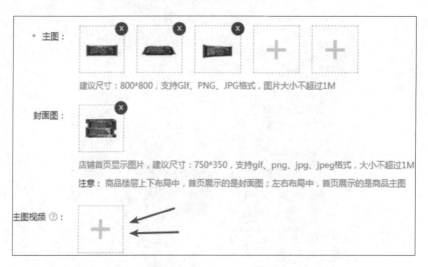

图 5 - 3 - 8　主图视频案例展示

实施步骤 2　详情页优化

当用户点击商品看详情页的时候,其实他已经算是一个潜在用户了,有 50% 的概率会购买该商品,因为你的主图吸引了他的点击,那么决定他是否会咨询客服达成最后的成交取决于你的详情页。因此,详情页是尤为重要的一环,是决定这个订单最终能否成交的关键。

1. 首屏是关键

详情页要包含文案、产品介绍、产品展示、详细信息等,这么多信息用户一下子是记不住的,所以我们要做的就是尽量让用户记住。举个例子,图 5 - 3 - 9 为一个卖口红的新店的详情页首屏。这种其实是不合格的,因为详情页一般有 10~15 屏,而用户最容易记住的其实是首屏,图上的字数太多,很难给用户一个记忆点,而且唯一的加大高亮背景的字也没传达产品的特点。

我们再看一个案例,图 5 - 3 - 10 为某口红的首屏,文字非常简单,只有 4 个字——持久保湿,但这 4 个字给出了这支口红的卖点,也很容易让用户深深地记住。

图 5 - 3 - 9　首屏主题不明确案例展示

图 5 - 3 - 10　首屏卖点突出案例展示

2. 设计一个记忆点加深用户记忆

就像上图 5 - 3 - 10 一样,它的记忆点就是产品的卖点——持久保湿。当然,卖点还可以是其他的。图 5 - 3 - 11 是小米发布的一款手机,它的这个记忆点就是它的产品卖点——3 200万+4 800 万前后双旗舰相机。

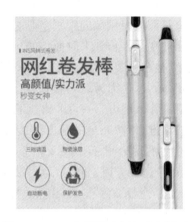

图 5 - 3 - 11 加深用户记忆案例展示 1　　　图 5 - 3 - 12 加深用户记忆案例展示 2

图 5 - 3 - 12 为文案类的首屏案例,图上卷发棒的记忆点就是一句卖点+文案:高颜值实力派,秒变女神。当然,图中最重要的部分是"网红"这两个大字,结合起来你会发现它传递的意思是:就算你长得不好看,用了它也能秒变女神。

 任务评价

表 5 - 11　学习任务评价表

评价项目	评价内容	评价标准	评价方式		
			自我评价	小组评价	教师评价
职业素养	学习积极性	学习态度端正,能积极认真学习(1~10分)			
	学习主动性	能够独立思考,主动完成学任务(1~10分)			
	团队合作意识	与同学协作融洽,团队合作意识强(1~10分)			
专业能力	店铺内容优化	熟练掌握店铺内容优化的操作(1~20分)			
创新能力	提出具有创新性、可行性的建议	加分奖励(1~10分)			
合　计					
指导教师		学生姓名			
日　期					

阅读拓展

让数据开口，波司登通过"上云"解决库存问题

波司登是羽绒服领域的领军企业之一，在全国设有几千个零售网点，产销规模巨大。很多传统老牌企业在新零售到来时面临的挑战比新企业还要大，对波司登来说也是如此。

事实上，整个服装行业都陷入了一种奇怪的缺货困境：一方面门店缺货，另一方面门店的库存却又很多。这是因为对一家有着几千个门店的品牌商来说，要想精准地预测在什么时间把什么货挪到什么地方是一件非常困难的事情。货是有的，但货源没有在正确的时间出现在消费需求的地方，货源充足的地方可能卖不完，货源不足的地方有人想买却买不到。高库存"冻"住了企业的现金流，高缺货又严重影响了消费者的体验。

于是，在经过多方讨论和考察后，波司登决定与阿里云合作，利用互联网中间件技术搭建一个全新的"零售云平台"。在零售云平台中设有库存中心，通过库存中心，波司登将原本分散在各地的仓库、门店的数据，以及与线下割裂开的线上库存数据全部整合在一起。运营者无需再去各个分散的系统中查数据，通过零售云平台全部可以一览无余。

阿里云为波司登量身定做的零售云平台，不仅包括库存中心，还包括全局共享的用户中心、交易中心和订单中心等。也就是说，依托零售云平台，波司登将整条交易链上的"人""货"、交易信息汇聚成一个能够即时动态变化的"水池"，上层的业务模块和业务流程可以随时调用池中的"水资源"。

凭借基于库存中心的自动补货系统，波司登将库存转移到后方，在试点区域采取了不设置经销商仓库，而由系统自动为经销商门店和直营门店补货的策略，依托零售云平台的智能补货系统，波司登有效地减少了因缺货造成的损失。

项 目 小 结

一、数据化管理的概念

数据化管理是指运用分析工具对客观、真实的数据进行数据分析,并将分析结果运用到生产、营运、销售等各个环节中的一种管理方法,根据管理层次可分为业务指导管理、营运分析管理、经营策略管理、战略规划管理四个由低到高的层次。

二、数据化管理的意义

量化管理;最大化销售业绩、最大化生产效率;有效地节约企业成本和费用;组织管理、部门协调的工具;提高企业管理者决策的速度和正确性。

三、数据化管理的流程

分析需求、收集数据、整理数据、分析数据、数据可视化、分析报告、应用。

四、数据收集的原则

实效性、准确性、数据全面性、精确性、直观性。

五、数据收集来源

内部数据库报表、互联网、市场调查、物联网数据。

六、线上零售分析的常用指标

(1)流量指标:浏览量、访客数、跳失率。

(2)转化指标:注册转化率、客服转化率、收藏转化率、加购转化率、成交转化率。

(3)营运指标:成交指标、订单指标、退货指标、采购指标、库存指标、供应链指标。

(4)会员指标:注册会员数、活跃用户数、会员复购率、平均购买次数。

七、线上零售数据分析

漏斗分析、销售额公式。

八、线下零售分析常用指标

(1)销售指标:成交率、完成率。

(2)顾客指标:客单价、件单价、连带率。

(3)追踪指标:进店率、接触率、触摸率。

(4)效率指标:坪效、人效。

(5)竞争状态:市场占有率、竞品指数。

九、线下零售数据分析

线下销售额分析、促销中的分析。

十、零售商品数据分析常用指标

(1)采购指标:广度为采购的商品品类数、宽度为采购的 SKU 数、深度为采购的商品总数量与采购的 SKU 总数的比值。

(2)库存指标:

$$平均库存＝(期初库存+期末库存)÷2$$

库存天数＝期末库存金额÷(某个销售期的销售金额÷销售期天数)

库销比＝期末库存金额÷某个销售期的销售金额×100%

有效库存比＝有效库存金额÷总库存金额×100%

货龄＝商品的年龄

售罄率＝某段时间内的销售数量÷(期初库存数量+期中进货数量)×100%

动销率＝某段周期内销售过的商品 SKU 数

÷(期初有库存的商品 SKU 数+期中新进商品 SKU 数)×100%

十一、零售商品的数据分析
分类分析、库存分析。

十二、优化流量来源
线上小程序商城引流、线下门店引流。

十三、优化店铺视觉呈现
主图优化、详情页优化。

第1关　单选题

1. 对数据化管理的意义描述错误的是(　　　)。

　A. 树立领导的权威　　　　　　　　　　B. 组织管理、部门协调的工具

　C. 最大化销售业绩、最大化生产效率　　D. 有效地节约企业成本和费用

2. 数据收集的原则不包括(　　　)。

　A. 实效性　　　　　B. 准确性　　　　　C. 整洁性　　　　　D. 精确性

3. 数据化管理中数据的收集方法有(　　　)。

　A. 内部数据库　　　B. 互联网　　　　　C. 市场调查　　　　D. 以上都是

4. 访客数,即独立访客,一台设备为一个独立访问人数。一般以天为单位来统计 24 小时内的 UV 总数,一天之内重复访问的只算一次。访客数的缩写为(　　　)。

　A. PV　　　　　　　B. TP　　　　　　　C. UV　　　　　　　D. ROI

5. 线下店铺销售坪效的计算公式是(　　　)。

　A. 销售额÷店铺员工数　　　　　　　　B. 销售额÷店铺面积

　C. 销售额÷店铺租金　　　　　　　　　D. 店铺租金÷店铺面积

6. 下面关于零售商品数据分析中采购三度的描述错误的是(　　　)。

　A. 广度为采购的商品品类数

　B. 宽度为采购的 SKU 数

　C. 深度为采购的商品品类数与采购的 SKU 总数的比值

D. 商品的宽度代表了商品的丰富可供选择的程度,宽度越大的店铺消费者挑选的余地就越大

7. 线下门店引流的方法不包括(　　)。

A. 免费　　　　　　　B. 福利　　　　　　　C. 砍价　　　　　　　D. 买赠

8. 主图的优化方法包括(　　)。

A. 多色多款展示　　　　　　　　　　B. 细节卖点提炼展示

C. 添加营销活动　　　　　　　　　　D. 以上选项都是

第 2 关　多选题

1. 数据中台的出现原因是?(　　)

A. 为了弥补数据和前台之间,速度不匹配的问题

B. 聚合和治理跨域的数据,将数据抽象封装成服务,对前台提供数据服务

C. 出现的响应能力跟不上的问题

D. 提高团队效率

2. 数据赋能中台分为哪几个部分?(　　)

A. 会员管理平台　　　　　　　　　　B. 商品管理平台

C. 门店管理平台　　　　　　　　　　D. 销售分析平台

3. 数据化管理的流程包含?(　　)

A. 收集数据　　　　B. 整理数据　　　　C. 分析数据　　　　D. 分析报告

4. 数据收集的原则有哪些?(　　)

A. 实效性　　　　B. 准确性　　　　C. 全面性　　　　D. 精准性

E. 直观性

5. 常用的营运指标有哪些?(　　)

A. 成交指标　　　　B. 访客数　　　　C. 订单指标　　　　D. 浏览量

E. 采购指标

项目 6

新零售营销

 项目描述

　　新零售营销以企业或产品与消费者之间的深度沟通和认同为目标,从关心人的显性需求转向关心人的隐性需求,以一种互动的、人性化的营销模式为消费者提供更多的关怀,与消费者建立更长期的合作伙伴关系。

　　本项目从社交媒体营销、短视频营销、内容营销等新的营销模式及营销策略的制订讲述新零售的营销模式。

通过本项目学习,你将掌握到
◇ 社交媒体营销的方法与技巧
◇ 短视频营销的方法与技巧
◇ 内容营销的发展与要点
◇ 新零售营销方案的制订

模块 1　新零售营销方式

 学习目标

☆知识目标：(1) 了解社交媒体的定义和特点；

　　　　　　(2) 了解短视频营销的定义和优势。

☆能力目标：(1) 掌握社交媒体营销策划方法；

　　　　　　(2) 掌握短视频营销的方法。

☆素养目标：(1) 通过不同营销方式的学习，树立以"消费者"为核心的新零售营销思维，培养专业的服务意识；

　　　　　　(2) 通过营销方案的制订，提升对网络运营的敏感程度。

任务 1　社交媒体营销

 任务描述

　　新零售店铺目前已经有了一定的销量和基础，为了进一步扩大店铺的销量与影响，打算做一波营销活动。

　　琳达："肖峰，麻烦你最近做一份关于新零售店铺的社交媒体内容营销的策划方案。"

　　肖峰："好的。"

 知识加油站

　　社交媒体　社交媒体是指互联网上基于用户关系的内容生产与交换平台，使人们彼此之间用来分享意见、见解、经验和观点的工具和平台，现阶段主要包括社交网站、微博、微信、博客、论坛、播客等。

　　社交媒体营销　社交媒体营销是一个创建内容的过程，可以根据每个社交媒体平台进行内容定制，以推动用户参与和共享。

 任务实施

　　肖峰接到任务后，准备先了解什么是社交媒体，再打算根据社交媒体的特点以及方法制订店铺的营销方案。

实施步骤 1　认识社交媒体

社交媒体(Social Media)是指互联网上基于用户关系的内容生产与交换平台,是人们彼此之间用来分享意见、见解、经验和观点的工具和平台,现阶段主要包括社交网站、微博、微信、博客、论坛、播客等,参见图 6-1-1。社交媒体传播的信息已成为人们浏览互联网的重要内容,不仅制造了人们社交生活中争相讨论的一个又一个热门话题,更吸引传统媒体争相跟进。

图 6-1-1　社交媒体平台

社交媒体传播应该是大批网民自发贡献、提取、创造新闻资讯,然后传播的过程。有两点需要强调,一是人数众多,一个是自发的传播。如果缺乏这两点因素的任何一点,就不会构成社交媒体的范畴。社交媒体的产生依赖的是 WEB2.0 的发展,如果网络不赋予网民更多的主动权,社交媒体就失去了群众基础和技术支持,失去了根基。

如果没有技术支撑那么多的互动模式和产品,网民的需求只能被压制无法释放。如果没有意识到网民对于互动和表达自我的强烈愿望,也不会催生那么多眼花缭乱的技术。社交媒体正是基于群众基础和技术支持才得以发展。

社交媒体自 2008 年始就已是互联网一大趋势。无论是对消费者、企业还是销售商来说,社交媒体都是一个热门的话题。现如今,社交媒体领域不仅存在很多权威,还有很多创业公司、专门的书籍及社交媒体公司。在许多企业中,聘请社交媒体战略家和社区管理员,并制订相应的宣传方案等,人们对社交媒体加以利用的做法非常普遍。

小贴士

以消费者为中心的精准营销

在新零售模式下,精准营销就是在精准定位商品的基础上,依托大数据与线上、线下各类渠道,利用现代化信息工具和社会媒体,与精准目标消费群体进行个性化的沟通并进行推广的营销方式。

精准营销一般遵循以下的步骤:精准定位——创建消费者大数据库——评估并锁定有价

值的消费者——了解消费者的接触点和偏好——整合多种营销方式——与消费者建立多次、长期的关系。

实施步骤2 了解社交媒体营销

1. 社交媒体营销的定义

社交媒体营销是一个创建内容的过程,可以根据每个社交媒体平台进行内容定制,以推动用户参与和共享。

2. 社交媒体营销的重要性

(1) 个人因素:受人口统计学(年龄、性别、文化等)影响的个人兴趣和观点。

(2) 心理因素:个人对营销信息的反应取决于他们的看法和态度。

(3) 社会因素:家庭、朋友、受教育程度、社交媒体、收入等都会影响消费者的行为。

3. 社交媒体营销的特点

与搜索引擎、电子邮件等其他网络营销相比,社交媒体营销是以信任为基础的传播机制,用户的主动参与性高,能够影响网民的消费决策,并且为品牌提供了大量被传播和被放大的机会。社交媒体用户黏性和稳定性高,定位明确,可以为品牌提供更细分的目标群体。社交媒体营销的市场仍在不断扩大,它不再是朋友们共享的场所,而成为一种全新的商业竞争模式。

4. 社交媒体营销的优点

(1) 社交媒体营销可以满足企业不同的营销策略。作为一个不断创新和发展的营销模式,越来越多的企业尝试着在社交媒体上施展拳脚,无论是开展各种各样的线上活动的产品植入,还是市场调研了解在目标用户集中的城市开展调查了解用户对产品和服务的意见,以及病毒营销等,所有这些都可以在这里实现。

(2) 社交媒体营销可以有效降低企业的营销成本。社交媒体营销"多对多"的信息传递模式具有更强的互动性,受到更多人的关注。随着网民网络行为的日益成熟,用户更乐意去获取信息和分享信息,社区用户显示出高度的参与性、分享性与互动性。社交媒体营销传播的主要媒介是用户,主要方式是"众口相传"。因此与传统广告形式相比,社交媒体营销无须大量的广告投入,相反因为用户的参与性、分享性与互动性的特点很容易加深对一个品牌和产品的认知,容易产生深刻的印象,从媒体价值来分析形成的传播效果。

(3) 可以实现目标用户的精准营销。社交媒体营销中的用户通常都是认识的朋友,用户注册的数据相对来说都是较真实的。企业在开展网络营销的时候可以很容易对目标受众按照地域、收入状况等进行用户的筛选,来选择那些属于自己的用户,从而有针对性地与这些用户进行宣传和互动。如果企业营销的经费不多,但又希望能够获得一个比较好的效果,可以只针对部分区域开展营销。

(4) 社交媒体营销是真正符合网络用户需求的营销方式。社交媒体营销模式的迅速发展恰恰是符合了网络用户的真实需求,它代表了网络用户的特点,是符合网络营销发展的新趋势,没有任何一个媒体能够把人与人之间的关系拉得如此紧密。无论是朋友的一篇日记、推荐的一个视频、参与的一个活动,还是朋友新结识的朋友,都会让人们在第一时间及时地了解和关注到身边朋友们的动态,并且与他们分享感受。只有符合网络用户需求的营销模式才能帮助企业发挥更大的作用。

5. 社交媒体的营销方式

社交媒体营销方式主要有事件营销、口碑营销、病毒营销、饥饿营销及免费营销等,详细内容可见图6-1-2。其中病毒营销、事件营销适用于品牌前期宣传,因为这两类的营销方式影响范围广、更能抓住用户的注意力,让用户快速建立起品牌的形象。在用户对品牌建立了初步的认知度之后,口碑营销可以增加用户对品牌的认可度。

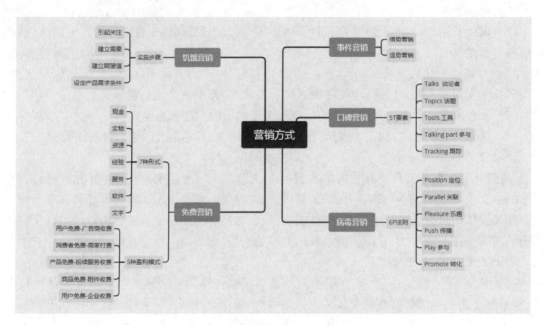

图6-1-2　社交媒体营销方式

实施步骤3　了解社交媒体的作用以及在企业中的案例

1. 社交媒体对企业的作用

企业可以通过社交媒体进行公司品牌宣传,如果能建立专门的部门为佳,也可以通过社交媒体进行客户服务、在线订单、满意度调查、促销活动、广告、互动产品展示等。

2. 社交媒体在企业中的应用案例——GAP

GAP自2008年以来业绩渐渐摆脱多年的颓势,股价拾级而上,它为何能令顾客重新拥抱这个品牌,又可以在众多竞争对手(ZARA等)中脱颖而出,交出这么亮丽的业绩?

(1)重新拥抱时装潮流。潮流并不单由品牌创造,GAP的活动整合时尚潮流的群体、影响及利用社交媒体将消费者变成内容创造者,为品牌打造口碑,深化"GAP=时尚"的形象。

(2)重组生产链,将产品设计到上架的时间缩短1/3,快速响应"顾客"口味的变化及减低库存的压力。

(3)多品牌管理,由平民品牌(Old Navy)到奢侈品牌(Intermix),GAP发挥各品牌在各自市场的优势,再配合不同的商业模式(如outlet、franchises等),在不同市场攻城略地。

(4)重视顾客体验,尤其用户在实体店和网购的交互体验。目前网上销售占了GAP整体销售额的14%,趋势已形成。GAP在促进后台信息的透明化、网购信息的呈现以及改善物流作业和信息交流上进行了大量的投资。他们相信用户在实体店和网购的交互体验得到改善,有助于网上销售,也有助于实体店解决库存积压的问题,达到货如轮转的目的。

（5）GAP 以"社交+数字+消费者体验"这种方式使其回归品牌创立的价值、重燃顾客热情、引导优秀的内容创作者为其创造口碑,以"真实"吸引消费者,鼓励人们以乐观主义、个人主义等 GAP 的品牌核心价值创造内容,以及注重顾客的购买体验等。在以上营销策略中,其中有一个比较经典的案例就是 GAP 的人人都可以做摄影师,案例可参考图 6 - 1 - 3。

图 6 - 1 - 3 GAP 人人都可以做摄影师

实施步骤 4 制订营销策划方案

肖峰通过对社交媒体内容的学习,做了一份关于店铺的社交媒体营销策划方案,框架如图 6 - 1 - 4所示。

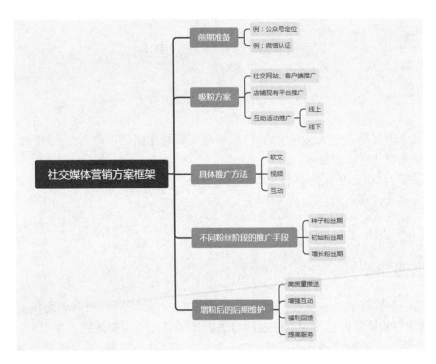

图 6 - 1 - 4 社交媒体营销策划方案框架

任务评价

表 6 - 1　学习任务评价表

评价项目	评价内容	评价标准	评价方式		
			自我评价	小组评价	教师评价
职业素养	学习积极性	学习态度端正,能积极认真学习(1~10分)			
	学习主动性	能够独立思考,主动完成学任务(1~10分)			
	团队合作意识	与同学协作融洽,团队合作意识强(1~10分)			
专业能力	社交媒体营销	了解社交媒体营销的概念及特点(1~20分)			
创新能力	提出具有创新性、可行性的建议	加分奖励(1~10分)			
合　计					
指导教师			学生姓名		
日　期					

任务 2　短视频营销

任务描述

新零售店铺不仅需要做社交媒体的营销,随着各种短视频平台的大热,做好短视频营销对店铺同样起着积极作用。

琳达:"肖峰,你的社交媒体营销方案已经没什么问题,你了解一下短视频营销,也做一份店铺的短视频营销方案吧。"

肖峰:"好的。"

知识加油站

视频营销　视频营销是主要基于视频网站为核心的网络平台,以内容为核心、创意为导向,利用精细策划的视频内容实现产品营销与品牌传播目的的营销活动。

短视频营销　短视频营销是内容营销的一种,主要借助短视频,通过选择目标受众人群,并向他们传播有价值的内容,这样吸引用户了解企业品牌产品和服务,最终形成交易。做短视频营销,最重要的就是找到目标受众人群和创造有价值的内容。

任务实施

接到琳达的任务后,肖峰准备先分别了解一下短视频营销的内容及其优势,然后着手制作方案。

实施步骤 1 认识短视频营销

1. 视频营销的概念

视频营销是主要基于视频网站为核心的网络平台,以内容为核心、创意为导向,利用精细策划的视频内容实现产品营销与品牌传播目的的营销活动。视频营销一般会通过以下几种方式来做营销:品牌植入、企业文化植入、微博/SNS/论坛/IM/QQ空间的精准推广、网站媒体电视媒体发布、产品植入及品牌故事制作等,具体见图6-1-5。

2. 视频营销的特点

(1)对于专业营销策划来说,做视频是一个专业性相对较高的工作,同时耗费的步骤也较多,需要编导、策划、摄像、后期、运营等步骤,且缺一不可。对于整体团队和创作过程的专业度要求也比较高,这也保证了视频营销区别于传统营销的独一无二性。

(2)视频营销可观性更强,相对于文字、图像,视频对于观众的冲击力更大,能够形成的记忆也更深刻。而且视频对于文字、图像来说,更加便于观看与理解,观看方式也更加轻松,人们更乐意看。

图6-1-5 视频营销方式

(3)视频营销互动增多,尤其是短视频由于其新鲜度较高,且现在的智能手机、软件本身的功能越来越完善,人们对于喜欢的视频可以有多种表达喜爱的方式,如点赞、评论、转发甚至翻拍等,这大大加强了营销与被营销之间的互动性,也使得人们更容易接受、更喜闻乐见。

3. 短视频营销常用方式

短视频营销所花费的成本和预算相对低廉,尤其适合资源有限的中小企业。作为视觉营销的一种形式,短视频营销更契合人类作为视觉动物的信息接受习惯。除此之外,短视频营销更有适用于移动端、有利于搜索引擎优化、分享便捷反馈即时等优势。以下是品牌使用短视频营销的七种常见方式,让我们看看这些大品牌是如何充分利用视觉营销来提高粉丝参与度的。

(1)拍摄产品短片,解答客户疑问。拍摄产品短片,为客户解答疑问是短视频营销最基本的应用,很多品牌使用短视频营销就从这里开始。有时候,简短的视频短片就可以快速并有效地解答客户的疑问。整理出你的客服部门最常收到的问题,就可以制作相关的视频短片去解

答这些问题。

（2）将产品制作过程整合成视觉展示。如果说一张图片就可以道尽千言万语的话，那么一段15秒的视频中表达的内容更是远远超过想象。将产品的制作过程拍摄成一支短视频展现给潜在客户，是一种利用短视频功能的营销方式，如咖啡馆可以借机展示他们的咖啡制作工艺，时尚沙龙可以展示客户的变身过程等。

（3）创意众筹鼓励粉丝产生UGC（用户原创内容）。

（4）假日视频。圣诞节、情人节、感恩节等节假日成了品牌商与消费者互动的关键节点，随着短视频的兴起，假日营销也进入了新的纪元，以假日为主题的短视频营销成为品牌商与消费者建立强关系的方式。

（5）增强与粉丝之间的互动，邀请粉丝通过标签上传内容。邀请你的粉丝和客户通过上传带有标签的视频参加有奖活动，或者宣传相关的品牌活动，这是一个利用短视频功能拉近和客户距离的方法。

（6）展现品牌文化。我们经常听到有人说品牌应该更"人性化"，而社会化媒体用实时实地与客户的互动将这条界限变得越来越模糊。短视频营销提供了一个让你充分展示品牌文化和特点的机会，让你在竞争者中脱颖而出。对于短视频营销来说，品牌商需要在很短的时间内表达重点，并将其表现给粉丝看，与此同时也在向粉丝们传递自己的品牌文化。

（7）强调特殊优惠和活动。短视频是个推广优惠活动的绝佳机会。将镜头转向你的产品，并加入个性化的元素，配合相应的促销信息绝对比传统营销方式更能提高转化率。

实施步骤2　短视频营销案例分析

近些年，随着网络、流量等基础门槛降低，短视频日渐火爆。抖音、快手、微视、秒拍、玩拍、趣拍等应用群雄逐鹿，随着微信的短视频功能的上线，可谓开启了中国的小视频时代。

以下是奥利奥"饼干都要泡一泡"的短视频营销成功案例。

还记得奥利奥经典的"扭一扭、舔一舔、泡一泡"的广告吗（见图6-1-6）？电视广告以非常欢快的音乐作为开始，并且一直延续着快乐的基调，让人感觉清新愉悦。小男孩A问另一个小孩B："你为什么在跑步啊？"不仅是小男孩A的疑问，也是观众的疑问。小男孩B的回答："新的奥利奥，跑热了才能吃。"这更加勾起了大家的好奇心，到底是什么奥利奥跑热了才能吃。小男孩A说："冰激凌风味的奥利奥，我也要。"说完两个小孩一起跑起来，让观众忍俊不禁。接下来还是演绎了奥利奥经典的吃法"先扭一扭，再舔一舔，泡一泡"，表现出新冰激凌风味的奥利奥凉凉的、好多夹心、滑滑的等特点，新口味与经典吃法的结合独具匠心。最后再次强调全新冰激凌风味只有奥利奥，更进一步加深观众对于青少年、儿童是奥利奥的主要目标市场的印象，同时儿童不仅能吸引同龄小朋友的关注，也会受到其他年龄阶层观众的喜爱。

图6-1-6　奥利奥"扭一扭、舔一舔、泡一泡"经典广告案例

"扭一扭,舔一舔,泡一泡",这种吃法一传十,十传百,从爸爸妈妈那里传给小孩子,小孩子也传达给家人和朋友。分享奥利奥的时刻就是分享家人在一起的甜蜜时刻,这一理念使得奥利奥成为为家庭传遍欢乐的使者。其创意符合广告主创新的价值观,以独特创意满足消费者需求,同时也履行承诺,带给消费者最优的产品质量保证。

实施步骤3　了解短视频营销的优势

短视频营销是将"视频"和"互联网"结合,具有感染力强、形式内容多样、创意新颖、主动传播性强、传播速度快、成本低廉等优点。

如今短视频已经成为现代人生活中必不可少的一部分,日渐成为大众在上下班途中、吃饭期间以及睡觉前等碎片化时间里消遣的主要娱乐方式。短视频在近几年里持续高速增长,并且涌现出了许多优秀的创作者和内容平台,他们正在悄然改变传统品牌的营销方式。

1. 成本更低

短视频营销也属于网络营销的一种,与传统的广告营销少则百万元、多则千万元的资金投入相比,短视频营销的低成本极具竞争力,这也是短视频营销的优势之一。

2. 覆盖更快捷

短视频因为其特性,能够迅速在网络上传播开来,再加上用时短,适应现在快节奏的生活,更为广大受众所喜爱。值得关注的是,受众可以对自己感兴趣的短视频进行转发传播,这样更有利于短视频营销的覆盖。

3. 下单更高效

一般消费者在看电视广告后其实较少会产生购买的行为,因为电视广告营销的购买方式通常是电话购买、实体店购买。而短视频营销的高效性在于消费者可以通过短视频的展示直接对产品进行购买。

4. "存活"时间更久

以电视广告为例,如果想要持续向大众展示商品,企业就需要持续投入资金,否则就停播,所以电视广告存活的时间与投入的资金成正比。而短视频则不会因为费用问题而停止传播,即使后期不投入资金,也依旧会在网络上传播。

5. 可以分析衡量效果

由于短视频营销具有网络营销的特点,我们可以对视频的传播和营销效果进行分析和衡量。通常我们会用浏览量、收藏量和转发量的数据来分析效果。

综上所述,短视频营销既具有图文所不具备的营销优势,同时又完美地结合了视频营销的优点,并拥有自己独特的适应快节奏环境的特色,为自身在营销方面积攒了不少优势,从而更好地为企业所用,推动产品的销售。

实施步骤4　短视频营销方案的制订

肖峰通过对社交媒体内容的学习,做了一份关于店铺的短视频营销策划方案,参考模板见图6-1-7。同学们通过学习也可以做一份关于店铺短视频营销的方案,快动手试试吧!

一、前期准备

1. 账号定位

2. 账号注册

3. 账号认证

二、内容制作

1. 视频内容方向确认

2. 视频内容脚本撰写

3. 视频内容拍摄准备

4. 视频内容拍摄

三、账号运营推广

1. 发布时间

2. 发布频率

3. 视频画质

4. 标题撰写

5. 关注热门话题

四、后期粉丝维护

1. 高质量内容输出

2. 增强互动

3. 回馈

4. 提高服务

图 6-1-7　抖音内容营销方案参考模板

小贴士

自媒体营销的要点

自媒体是当下营销的一个媒体形式,要实现自媒体营销要注意以下几个要点。

足够的粉丝:粉丝是信息传播的最佳渠道之一,只有在一定时间内聚集足够的粉丝数量,才能为营销的有效打下基础。

有价值的内容:优质的内容是保证自媒体良好运营的关键,自媒体只有持续、稳定地生产符合消费者需求、能够为消费者解决问题的内容,才能长久地吸引消费者的关注,并愿意分享自媒体的内容。

任务评价

表6-2 学习任务评价表

评价项目	评价内容	评价标准	评价方式		
			自我评价	小组评价	教师评价
职业素养	学习积极性	学习态度端正,能积极认真学习(1~10分)			
	学习主动性	能够独立思考,主动完成学任务(1~10分)			
	团队合作意识	与同学协作融洽,团队合作意识强(1~10分)			
专业能力	短视频营销	掌握短视频营销的概念、特点及方法(1~20分)			
创新能力	提出具有创新性、可行性的建议	加分奖励(1~10分)			
合　计					
指导教师		学生姓名			
日　　期					

任务3 内容营销

 任务描述

　　肖峰经过了之前的学习和动手设计短视频方案,他向琳达汇报了他的进度,随后琳达给他布置了新的任务。

　　琳达:"肖峰,公司新零售项目营销方案你完成得不错,你认为营销的关键点是什么?"

　　肖峰:"我认为营销关键还是要与产品有关。"

　　琳达:"是的,营销关键还是要产品符合消费者需求,你好好研究一下内容营销。"

　　肖峰:"好的。"

 **知识加油站**

　　内容营销　内容营销是通过合理的内容创建、发布及传播,向用户传递有价值的信息,从而实现营销目的的策略,在本质上是指导如何做营销的一种思维方式。

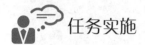任务实施

实施步骤1 了解内容营销的概念及方式

所谓内容营销,指的是以图片、文字、动画等介质传达有关企业的相关内容来给客户信心,促进销售。他们所依附的载体,可以是企业的 LOGO(VI)、画册、网站、广告,也可以是T恤、纸杯、手提袋……根据不同的载体,传递的介质各有不同,但是内容的核心必须是一致的。

内容营销本质上是指导如何做营销的一种思维方式(意味着还有其他思维)。它是一种战略指导思想,要求企业能生产和利用内外部价值内容,重中之重是特定人群主动关注,也就是内容自带吸引力,让消费者找你。

相反,传统营销以品牌与消费者进行大规模单项沟通为代表,关注点在于如何找到消费者。传统营销与内容营销的本质区别如图 6-1-8 所示。

图 6-1-8 传统营销与内容营销的本质区别

内容营销一般通过影视、微博、直播、抖音、微视等手段进行,具体内容如图 6-1-9 所示。

图 6-1-9 内容营销方式

实施步骤2　了解内容营销的注意事项

（1）了解自己的内容信息：无论是来自内部还是外部，这些关于自身品牌具有的信息都应该了解。

（2）让内容变得富有价值：通过调研、面访、座谈、街头访问等方法，获得受众与品牌之间的信息和数据，为内容做准备。

（3）重视内容的交付：内容信息在发布及交付到受众前，都需要认真地考虑不同的内容策略及表现形式。

（4）选择合适的平台发布内容：了解内容及目标受众活跃的渠道，集中精力在该渠道曝光内容。通过客观数据、技术及经验跟踪发布效果且持续跟踪，并根据自身设定的效果标准，对渠道优劣淘汰。

（5）进一步助推及优化结果：在过程中关注细节，提高曝光度。内容营销是一个循环的系统，需要持续运作，并针对成果进行持续优化。

实施步骤3　掌握内容营销实施重点

（1）用客户的用语来描述内容。

（2）关注垂直领域的价值和需求，如数码相机、智能手机、汽车等领域。

（3）创意的表达：

• 写好标题，但是切记成为标题党；

• 关注内容的创意呈现形式，可以是图表、图片、视频等；

• 内容的有趣，创意描述。

（4）雇用优秀的写手。

（5）引用网民的评语、论调。

（6）让内容更容易被找到。

（7）让内容分享更容易，在内容的发布传播渠道中，需考虑转载的便利性，如分享到微博客等社交媒体平台的按钮。

实施步骤4　内容营销案例分析

1. 案例一：《中国有嘻哈》网络综艺节目

备受瞩目的网络综艺节目《中国有嘻哈》（见图6-1-10），是一档锁定90、00后的大型Hip-hop音乐选秀节目。该节目聚焦细分人群，建立内容连接点与连接强度，所以成为当年最火的现象级网综。

《中国有嘻哈》通过四个关键词：个性化、关联性、有价值、持续性，做到了聚焦人群的细分与洞察，建立了个性化沟通。不仅收获了海量粉丝，还掀起一场全民嘻哈狂潮。而同样注重这一群体的品牌商们就可以借助这一娱乐性内容IP，结合90后消费群体的行为特征，从内容的不同维度进行个性化的沟通，提升品牌的知名度和话题度。

2. 案例二：NIKE广告宣传片《Last》

普通人在社会上占了大多数，所以我们的目标用户也极有可能就是一个普通人。普通人对于普通人的遭遇更能引起共鸣，所以对于内容营销来说，真实、有个性的普通人就自然而然成为主角。在Nike的广告宣传片《Last》中（见图6-1-11），一个普通小女孩成为主角。这是

图6-1-10　《中国有嘻哈》案例

图6-1-11　NIKE广告宣传片《Last》

一场已经结束的马拉松比赛,工作人员已经在清理跑道了,但是女孩依旧在坚持奔跑。

之后出现"just do it"这个行动呼唤的时候,观众会不自觉地引发情感共鸣。这种让普通人影响普通人的模式,也是让内容营销拥有很强大效果的原因之一。

小贴士

内容营销与传统营销的差异

首先,与传统营销直接展示商品、在广告词中重复品牌名称的做法不同,内容营销是通过为用户提供解决方案、帮助他们解决某个实际问题来培养消费者对产品的信任,然后才引导消费者购买商品。当用户对产品和品牌信任度达到一定水平时,就会自发购买产品。

其次,在内容营销中,为用户提供的解决方案与产品不是割裂的关系,优质的解决方案是产品的一个组成部分,也可以是产品的核心,营销活动要兼顾解决方案与产品营销两个维度。

 任务评价

表 6-3　学习任务评价表

评价项目	评价内容	评 价 标 准	评价方式		
			自我评价	小组评价	教师评价
职业素养	学习积极性	学习态度端正,能积极认真学习(1~10分)			
	学习主动性	能够独立思考,主动完成学任务(1~10分)			
	团队合作意识	与同学协作融洽,团队合作意识强(1~10分)			
专业能力	内容营销	熟练掌握内容营销的概念、特点及方法(1~20分)			
创新能力	提出具有创新性、可行性的建议	加分奖励(1~10分)			
合　　计					
指导教师		学生姓名			
日　　期					

 阅读拓展

1 400 万孩子喜欢的凯叔讲故事,是这样做内容运营的

凯叔讲故事自诞生以来,之所以深受小朋友和家长喜爱,除了因内容优质外,也离不开其运营策略。现在来看看凯叔讲故事是如何做内容运营的。

2014 年央视财经频道《财富故事会》主持人王凯辞职创业做了"凯叔讲故事"公共号,不到两年公共号积累了 400 万粉丝,联合有三次创业经验的朱一帆在 2016 年打造了"凯叔讲故事"App。至 2018 年 3 月累计用户数达 1 400 万+,App 上积累故事数达 4 000+,其中有将近一半的故事都是原创;2017 年 5 月主打硬件产品《凯叔西游记》发布会,同期 B 轮融资 9 000 万人

民币;2018 年 3 月,完成 B+轮融资 1.56 亿人民币。

1. 理解产品

凯叔讲故事的内容基本都是男声,对于很多家庭来说是必备良品——填补爸爸的缺失感。同时凯叔讲得又特别好,一个故事里各种角色不同的声音都模仿得非常精彩,小孩大人都爱听。因为家里有小孩,所以对这款产品的理解很直接:对有孩子的家庭来说,凯叔讲故事就是刚需。

2. 理解产品的目标用户

针对凯叔讲故事这款产品的用户比较特殊,内容是针对 0~12 岁孩子的,但真正使用产品的用户主要是 80 后和 90 后的爸爸妈妈,一、二线城市 28~38 岁的女性用户居多。所以,在内容运营上,需要考虑孩子的同时,还要考虑 28~38 岁已成为妈妈的女性用户,因为最终产生收益的来源是这些妈妈。

3. 内容规划

凯叔讲故事的内容规划可以是多个维度,最容易想到的就是按孩子按年龄和性别划分,这一点在注册凯叔讲故事 App 上就有体现。父母为了更方便快捷地获取适合自己孩子的故事,是非常愿意提供孩子年龄和性别的。

4. 如何生产故事

作为内容运营人员,要跟进每一个故事从无到有到制作优化最后到上传后台的全过程,必须全程严格跟进,每一个制作完毕的故事必须从头到尾逐字听,对于讲错的、讲漏的、有噪声的、配乐效果有误等所有环节严格审核,确保万无一失方可上线,这是对用户最起码的尊重。

5. 搭建故事管理后台

这一个环节的工作看似是技术人员完成的,但实际上必须是内容运营人员提出并跟进。内容运营者必须非常清楚地知道需要一个什么后台辅助来开展工作,要具备产品思维,知道如何给技术提需求。

6. 给故事打标签

所谓标签,就是用一些概括性的词汇或者短语来描述某一内容。一个内容往往只属于一个类别,但却可以拥有多个标签。作为内容类的产品,在按类别上传每一个内容的时候也给它打上标签,如恐龙大陆里面有 7 个故事,每个故事内容不同,单个内容包含以下元素:图片、标题、故事时长、点击次数、标签,精细化运营要做到每个故事都有自己的标签,因为每个故事内容都不同,标签自然也不同。恐龙大陆第一集根据其内容提炼的标签可以是:寻找新天地、小三角龙走失、恐龙作战,这三个标签基本覆盖了整个故事的始终。

以上看似和内容运营没关系,但实际上是必不可少的工作:在深入理解产品和用户以后基本就解决了运营工作开始前的底层逻辑,我们已经很清楚要运营的是什么产品,这个产品给什么人提供什么服务。只有这样我们才能更清楚地知道要生产什么内容,如何抓住用户的痛点推荐有价值的内容,从而产生交易。

模块 2　新零售营销策划

学习目标

☆知识目标：(1) 了解营销发展的新趋势；
　　　　　　(2) 掌握新零售趋势下营销模式的新特征。

☆能力目标：(1) 掌握新零售线下门店营销；
　　　　　　(2) 掌握新零售线上店铺营销。

☆素养目标：(1) 通过整体营销方案设计，提升营销内容创作素养；
　　　　　　(2) 通过不同营销方式的学习，树立以消费者为核心的新零售营销思维，培养专业的服务意识。

任务 1　新零售模式下营销的特征

任务描述

社交媒体营销、短视频营销都只是营销细分的一种营销方式，有新零售模式就会有关于新零售的营销。肖峰了解了社交媒体营销和短视频营销后，被琳达叫到了办公室。

琳达："肖峰，你已经知道了社交媒体营销和短视频营销，那么今天你需要开始做店铺的新零售营销，你知道要怎么做吗？"

肖峰："我认为既然是新零售营销，我就要了解新零售营销的特征以及新零售趋势下线上与线下营销如何协作。"

琳达："你的方向是对的，但也要注意细节。"

肖峰："好的。"

知识加油站

全域营销　全域营销是在新零售体系下以消费者运营为核心，以数据为能源，实现全链路、全媒体、全数据、全渠道的一种智能营销方式。

任务实施

肖峰接到任务后，开始准备了解新零售趋势下营销模式的特征。

实施步骤 1　了解传统营销的概念

营销学是关于企业如何发现、创造和交付价值以满足一定目标市场的需求，同时获取利润的学科。营销学用来辨识未被满足的需要，定义、量度目标市场的规模和利润潜力，找到最适合企业进入的市场细分和适合该细分的市场供给品。

营销经常由企业组织中的一个部门专门负责，这样其实有利有弊。利在于便于集中受过营销训练的群体专门从事营销工作；弊在于营销不应该仅限于企业的一个部门来进行，而应该在企业所有活动中体现出来。

与营销相关的名称包括市场细分（segmentation）、目标市场选择（targeting）、定位（positioning）、需要（needs）、欲求（wants）、需求（demand）、市场供给品（offerings）、品牌（brands）、价值和满足（value and satisfaction）、交换（exchange）、交易（transaction）、关系和网络（relationships and networks）、营销渠道（marketing channel）、供应链（supply chain）、竞争（competition）、营销环境（marketing environment）和营销策划方案（marketing programs）等，这些术语构成了营销职业的词汇库。

曾有人问哪一个词语可以精准地定义营销？菲利普·科特勒大师（见图6-2-1）给出的答案是需求管理，识别未满足的用户需求，估计需求量大小，从而确定细分人群和目标市场，并进入之。4P营销理论，即生产怎样的产品（product）、设定怎样的价格（price）、选择怎样的渠道（place）、进行怎样的推广（promotion），这就是科特勒眼中的营销。

“现代营销学之父”
—— 菲利普·科特勒

图6-2-1　现代营销学之父菲利普·科特勒

实施步骤 2　了解传统营销的特征

1. 传统营销的模式

传统营销模式一般是由代理商模式、直营模式、传统广告终端模式及传统电话销售模式组成。

（1）代理商模式。它是渠道功能的重要承担者，中间商是可以全部或者部分参与分销渠道的实际物流、促销流、市场信息流等。

（2）直营模式。它通过登门入户拜访或者是扫马路的形式来做自己的营销推广。

（3）传统广告终端模式。广告发布的形式与内容多，模式包含报纸媒体的软文模式、广播电台的电台讲座模式、电视的专题片模式等。

（4）传统电话销售模式。该模式通过电话与客户进行有效沟通，了解客户需求，寻求销售机会并完成销售业绩。

2. 传统营销的特征

（1）以消费者需求为中心，实行目标市场营销。

（2）运用市场营销组合手段，全面满足消费者的需求。

（3）树立整体产品概念，刺激新产品开发，满足消费者整体需求。

（4）通过满足消费者需求而实现企业获取利润的目标。

3. 传统营销的弊端

时代的发展使得消费者的习惯发生了改变，传统营销的劣势愈发显现：传统营销模式的工作量大，效率偏低，并且销售覆盖面比较窄；也无法得知用户的真实需求，从而增加客户的经营成本；传统广告模式投入比较大，费用高、回款慢，经营风险大；同时用户也无法直观地了解产品，造成了消费者信赖度偏低。

实施步骤3　掌握新零售营销的特征

1. 新零售营销模式的改变

新零售是一个全新的时代，在这个时代营销方略也要随之改变，怎样适应时代找到自己的营销之路，将决定零售商在这个时代所处的位置，以及可以分走多少的财富。

（1）颜值激发兴趣，让产品自带流量。如今是一个看"脸"的时代，形象决定价值。人都是视觉动物，我们对一个人的印象，首先来源于某人的"形象"，长得漂亮，穿着得体，会天然地获得人们好感。对人是这样，对产品更是如此。消费者对某个产品的喜好，首先来源于产品的形象，好的形象会在消费者的心里形成极佳的印象，会更容易获得消费者的认可，反之同理。

所以，在这个万物皆媒介、产品即营销的社会化媒体时代，产品包装不仅仅代表外包装功能价值，还承载了产品的附加值。包装不仅是产品的保护膜，更是产品最好的广告平台，是促进品牌与用户"连接"互动的关键利器。85后、90后甚至00后作为新晋消费主力，崇尚个性，对设计感强、颜值高的产品有莫名的好感。从可口可乐的台词瓶、味全每日C的文字瓶，到江小白酒瓶文案，围绕产品包装进行营销的经典案例层出不穷，"颜值"俨然已经成为创意营销的宠儿。

（2）单一营销场景转变为多元化的营销场景。对很多品牌来说，营销的不确定性正在增加。随着智能手机的不断普及，原本割裂的认知场景和交易场景已经深度融合，消费者的购买模式也在剧烈变化，过去上下游之间那种割裂的营销策略已经不再适用。原有的靠"地段、地段、地段"法则抢夺市场和营销的方式正在变得过时，消费者的购物方式除了逛街或去最近的商场，他们现在的购物途径还包括电脑、手机以及不久之后的智能汽车等。

新零售时代下的消费场景是多元化的，商场、便利店、自媒体、朋友圈、微博、抖音、智能终端、VR等，消费者可以从各种渠道获得商品相关的信息，这就要求新营销需要以场景为核心，发力场景的连接、融合、创建；以数据驱动的用户觉察作为通路，帮助品牌和消费者高效沟通，做到内容全渠道的随处可触达。品牌需要在各个接触点满足消费者的内容需求，从过去单一渠道、单一营销表现方式，转变为全渠道营销、全方位的表现形式。营造和品牌有密切关系的新使用和购买场景（特别是互联网技术赋能的户外场景），提升转化。

（3）通过个性化营销激发消费欲望。"如何从客户的移动与行为数据中，判断客户的消费潜力与消费意愿，然后利用有针对性地推广来吸引客户参与体验。"纽约大学商学院高斯

(Anindya Ghose)教授在他的新书《点击》(Tap)中点出了移动数字营销的实质。

传统的营销方式获客不够精准,在新零售主导的大数据时代,营销的起点不再是创意,而变成了数字洞察。消费者的个人资料和交易记录甚至他们的社交关系等都可被收集,如此就能够给消费者精准画像。企业可以更好地理解消费者的偏好甚至预测消费者下一步消费行为。在充分了解消费者信息的基础上,通过对数据的分析,针对不同消费者的不同特性,制订精确的营销策略,进行千人千面的传播,可提高营销活动响应率,从而提升企业的利润。同时,这会让客户对企业和品牌产生信任,因为企业了解他们,并且似乎能够预测他们的需求。

总的来讲,新零售时代下的营销调整目标就是全渠道用户资产的数据化管理。数据可视、可追踪、可优化,打通消费者认知、兴趣、购买、忠诚及分享反馈的全链路,利用对消费者行为偏好的了解,结合移动互联网"永远在线"的属性,创造灵活柔软的个性化营销方法,从而为消费者和商家带来更大价值。

2. 新零售营销模式——全域营销

(1) 全域营销的概念。全域营销是在新零售体系下以消费者运营为核心,以数据为能源,实现全链路、全媒体、全数据、全渠道的一种智能营销方式。真正的营销永远是以人为核心,新零售的语境里,在了解人、了解消费者的基础上,产出具有相关性的内容,我们运营的不仅是货,更是品牌和消费者的关系。

全域营销第一个特点是数据和工具,我们做营销要用海量的、全域的、全量的消费者数据进行分析。全媒体和全渠道都是关于消费者触点的概念。全链路分为两种解读,一种是消费者跟品牌关系的全链路,另外一种是品牌在营销上所做的决策和行动的全链路。所以全域营销就是以运营人和品牌为核心,用数据来支持,提供这些工具型的产品,能够让人在不同的触点,有最相关内容的体现,完成一个人和品牌之间,或者说品牌在运营它和消费者关系全链路、全周期上的一个行为闭环。

(2) 全域营销案例——瑞幸咖啡:① 瑞幸咖啡发现市场空白区间,以消费者运营为核心,以价格为切入点找到市场定位(案例可参考图6-2-2);② 以数据为能源,利用工具实现全域营销(案例可参考图6-2-3)。

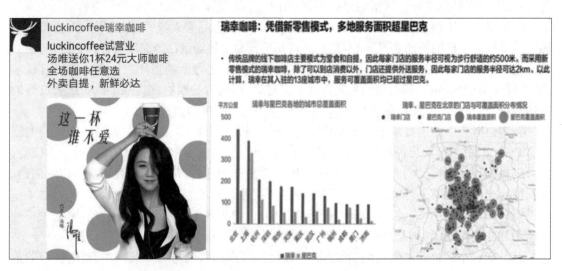

图6-2-2　瑞幸咖啡全域营销案例展示1

〈强品牌战略〉

价值主张:专业咖啡新鲜式	获取新用户:注册即免费获得一张24元咖啡券
品牌主张:改变,才能改变	购买方式:**APP下单、顺丰送达指定位置或门店自提**
代言人:选择张震、汤唯,为产品注入文艺、知性的调性。	获取信任:**APP下单后可观看现场制作视频**
口号:这一杯,谁不爱	用户满意:30分钟慢必赔
LBS/广告:朋友圈LBS广告+分众楼宇广告,围绕门店半径1.5km范围内饱和式占领受众心智。	裂变传播:APP分享的朋友下单后双方都获得一张免费咖啡券
公关:国际咖啡节、国际电影节、QQ、小米、头条等企业联合营销、品牌发布会、媒体/自媒体KOL	数据驱动:DAU(日均活跃用户)、ARPU(每用户平均收入)、AARRR(acquisition获取、activation激活、retention留存、revenue收入、referral推荐)

luckincoffee瑞幸咖啡
luckincoffee试营业
汤唯送你1杯24元大师咖啡
全场咖啡任意选
外卖自提,新鲜必达

数字营销:**APP+短信方式直接触达用户**

发展策略:快速开店,优先获取注册用户建立流量池,再通过AARRR运营提升DAU和ARPU,达到规模效应后供应链成本、管理和营销费用分摊、平均用户获取成本将大幅降低,最终实现盈利。

虽然任何用户新注册都有一张24元的免费咖啡券,但是luckin在这里埋伏了一个小花招:"订单满35元免6元的外送费"。估计绝大多数用户贪图这个小便宜都会给订单加满35元。

图6-2-3 瑞幸咖啡全域营销案例展示2

3.新零售时代下引发的思考

(1)新零售发展的驱动力是新技术。新零售的产生本身就是移动互联网、物联网和大数据等技术日益成熟的结果。随着人工智能、AR/VR等技术更加成熟,应用门槛大幅降低,新技术层出不穷,部分领先的零售企业将不断应用最新的科技,提升消费者的全程体验,同时降低运营成本。

(2)场景化体验渗透产品和服务。首先,产品会根据场景设计功能,强化用户体验。就拿跑步来说,用户经常性地会半途而废,这时微信就开启了微信运动功能,通过记录用户步数、和好友PK等模式进行运动激励。一个单纯的跑步运动,变成了一个包含诸多场景的运动体验。其次,产品体验不足时,建立适当的服务场景打动客户。通过场景来打动客户的购买欲望,激发消费者的共鸣,促进产品和服务的销售。再次,通过大数据分析预知消费场景,提升客户体验。通过消费者的大数据分析,企业可轻松整理客户需求、预判客户使用场景,优化产品和服务。

(3)无人零售快速扩张。作为连接生产与消费的流通环节,传统零售企业对全供应链控制能力较弱,信息传导响应不及时,供需错配导致企业库存高、周转率低、商品同质化等问题不断加剧。目前随着人工智能和物联网技术的飞速发展,无人零售已经具备加速发展的客观条件,加之资本入局,无人零售将进入快速扩张阶段。如现在能够到处都看到的无人贩卖机、咖啡机等,也将成为新零售形态中不可或缺的一部分。

小贴士

新媒体社群管理员需要具备的特质

拥有良好的自我管理能力,能够以身作则,率先遵守群规。

拥有责任心和耐心,能够认真履行社群管理的职责。

团结友爱,遇事从容淡定,决策果断,懂得顾全大局。

赏罚分明,能够灵活运用社群规则对成员的不同行为做出合理的奖惩。

 **任务评价**

表 6 - 4　学习任务评价表

评价项目	评价内容	评价标准	评价方式		
			自我评价	小组评价	教师评价
职业素养	学习积极性	学习态度端正,能积极认真学习(1~10分)			
	学习主动性	能够独立思考,主动完成学任务(1~10分)			
	团队合作意识	与同学协作融洽,团队合作意识强(1~10分)			
专业能力	营销的方法	了解传统营销的特点及方案(1~20分)			
创新能力	提出具有创新性、可行性的建议	加分奖励(1~10分)			
合　计					
指导教师			学生姓名		
日　期					

任务 2　新零售线下门店体验营销

 任务描述

　　琳达:"肖峰,你前期对不同环境下的营销做了梳理,你了解新零售线下门店的体验营销吗?"

　　肖峰:"我还不够了解。"

　　琳达:"好的,那你再去详细了解一下,为后期的营销方案做准备。"

 **知识加油站**

　　体验营销　体验营销是让消费者获得好的体验,使其对产品和品牌产生好感,进而发生消费行为的一种营销方式。在这种营销方式中,通过看、听、用、参与等手段,充分刺激和调动消费者的感官、思考、情感、行动、联想等感性或理性因素来重新定义、设计的一种新的思考方式。

任务实施

新零售趋势下越来越多的线上店铺的局限性,需要结合线下体验来相互辅助。

实施步骤1　了解线下体验营销

1. 线下体验营销的概念

体验营销是让消费者获得好的体验,使其对产品和品牌产生好感,进而发生消费行为的一种营销方式。在这种营销方式中,通过看、听、用、参与等手段,充分刺激和调动消费者的感官、思考、情感、行动、联想等感性或理性因素来重新定义、设计的一种新的思考方式。

体验营销的核心是让消费者通过体验和互动,从理智和情感层面上令消费者产生兴趣和消费欲望,并提升对品牌的认同。这一过程当中,体验营销最基本的特征就是体验需求和消费者参与,除此以外,还有品牌的个性特征、体验主题以及注重消费者在消费过程中的体验。

对于品牌来说,选择体验营销主要是依据产品或者服务本身存在的体验特性,能够通过体验最大化地突出利益点,吸引消费者花费一定的代价来获得消费过程的体验感觉。

2. 体验营销的优势

(1) 直观、全面地展现品牌和产品特色。

(2) 线下体验能够通过感官刺激消费者的购买欲望。

(3) 互动咨询提升消费者的好感度与满意度。

(4) 更好地塑造品牌形象,留下品牌记忆点。

3. 体验营销的实现方式

体验营销一般通过知觉体验、情感体验、思维体验、行为体验以及其他体验来实现。

(1) 知觉体验,即感官体验,将视觉、听觉、触觉、味觉、嗅觉等知觉器官应用在体验营销上,引发消费者购买动机和增加产品的附加价值。

(2) 情感体验,即体现消费者内在的感情与情绪,使消费者在消费中感受到各种情感,如亲情、友情、爱情等。

(3) 思维体验,即以创意的方式引起消费者的惊奇、兴趣,对问题进行集中或分散的思考,为消费者创造认知和解决问题的体验。

(4) 行为体验,指通过增加消费者的身体体验,指出他们做事的替代方法,替代的生活形态与互动,丰富消费者的生活,从而使消费者被激发或自发地改变生活形态。

(5) 相关体验,即以通过实践自我改进的个人渴望,使别人对自己产生好感。它使消费者和一个较广泛的社会系统产生关联,从而建立对某种品牌的偏好。

4. 用户画像

(1) 用户画像。在消费者主权的时代,用户更愿意为体验买单,怎样捕捉到用户动态多变的需求,成为现下商业模式变革制胜的关键。

企业和商户进行消费者画像的描绘分析,了解消费者行为,重新建立与顾客之间的关系,并将信息反馈至生产端形成一个消费闭环,企业、市场、消费者三者之间的关系如图6-2-4所示。要想构建消费场景,第一步就是准确获取用户画像,围绕消费者的"痛点"和"喜点"以及市场"热点"展开。精确的定位和需求获取能为用户提供最佳的消费体验,节省成本,降低

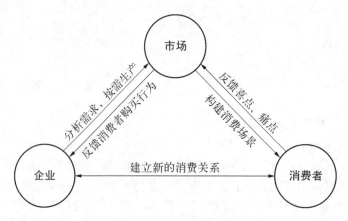

图 6-2-4　企业、市场、消费者之间的关系

库存,提高效率,整合零售渠道。

（2）用户画像的应用。用户画像是经过选取、分类、裂变之后形成的用户角色,再对这一类用户角色的生活形态、消费形态、家庭形态、社交形态、环境形态等进行描绘。

进行用户画像一般步骤如下：调研准备和数据收集、寻找变量因素、搭建关键变量框架、归纳综合特征/聚类典型用户、填充人物形象、输出结果。

用户画像在场景、数据、社区三个方向中的应用升级：聚焦喜好,创造用户需求为导向的消费场景;聚集行为,打造数据赋能的强劲竞争力;聚焦情感,形成相同价值观的社群。

5.常见的线下营销活动

线下门店比较常见的营销活动有发代金券、福利券、礼品、限时抢购、买二赠一等,案例可参考图 6-2-5。

图 6-2-5　线下门店案例图

6. 线下常用的营销手段

线下常用的营销手段一般有四种：体验升级、智能化、线上化以及数据化，具体内容如图6-2-6所示。

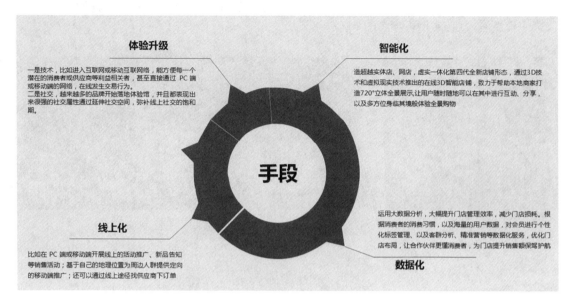

图6-2-6 线下门店营销手段

7. 线下营销的会员体系

如今是线上线下全面进入会员的时代，线下门店会员体系的管理方法如图6-2-7所示。

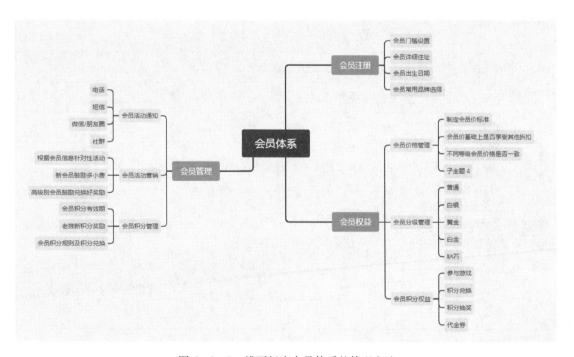

图6-2-7 线下门店会员体系的管理方法

实施步骤 2 线下体验营销案例分析——海底捞

海底捞秉承服务至上、顾客至上的理念，为顾客提供个性化服务，如免费美甲、免费按摩、甩面等营销活动。

这一系列服务充分应用了体验营销的行为、情感、思维、知觉等多种方式，利用各种营销手段吸引消费者入店，案例可参考图 6-2-8。

图 6-2-8 海底捞线下营销活动案例展示

 任务评价

表 6-5 学习任务评价表

评价项目	评价内容	评价标准	评价方式		
			自我评价	小组评价	教师评价
职业素养	学习积极性	学习态度端正，能积极认真学习(1~10分)			
	学习主动性	能够独立思考，主动完成学任务(1~10分)			
	团队合作意识	与同学协作融洽，团队合作意识强(1~10分)			
专业能力	体验营销	熟练掌握体验营销的概念、特点及方法(1~20分)			
创新能力	提出具有创新性、可行性的建议	加分奖励(1~10分)			
合　计					
指导教师		学生姓名			
日　期					

任务3 新零售线上店铺营销

任务描述

琳达:"肖峰,对于店铺营销你做好准备了吗?"

肖峰:"我对线上营销具体方式还不是特别清楚。"

琳达:"好的,你继续学习一下这方面的知识,为完成产品的营销做准备。"

任务实施

实施步骤1 了解线上店铺的营销手段及营销宣传

1. 店铺包装

好看的商品不一定有好品质,但好品质的商品一般来说看起来都挺不错。在这个"颜值当道"的时代,店铺包装已然成为刺激线上店铺流量、提升店铺收益的"超级核武器"。

店铺包装需注意以下几点,案例可参考图6-2-9。

(1)品牌识别,避免千店一面。

(2)合理布局,提升空间利用率。

(3)界面互动,提升买家好感。

(4)店铺分类要清晰明了。

(5)注重店铺风格,提升商品格调。

(6)店铺公告要符合大众审美。

(7)个性化店标。

图6-2-9 店铺包装案例展示

2. 商品页/详情页包装

店铺商品页/详情页包装需注意以下几点,案例可参考图 6-2-10。

(1) 注意窗口图、颜色及尺码。

(2) 注意活动海报、关联营销。

(3) 注意产品详情页或者建立详情页模板。

图 6-2-10　商品页/详情页案例展示

3. 线上体验——会员体系

店铺需要主动与会员进行互动,不断提升会员活跃度,从而避免会员的流失。线上会员营销策略如图 6-2-11 所示。

图 6-2-11　线上会员营销策略

4. 产品试用

产品试用有利于提高产品入市速度;能够有针对性地选择目标消费群体;在吸引消费者购买的同时,可以在消费者中形成传播效应;可以提高品牌知名度和品牌亲和力。产品试用案例可参考图6-2-12。

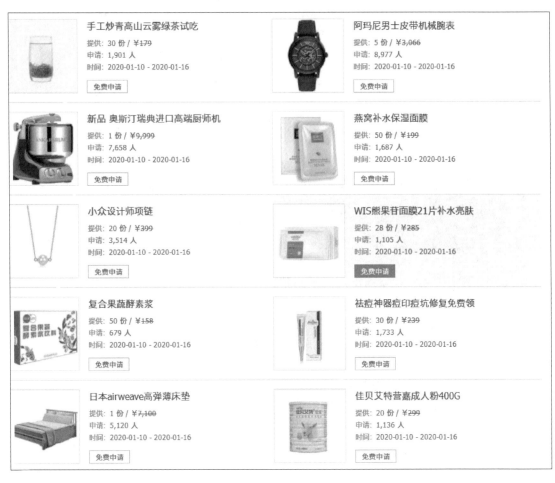

图6-2-12 线上产品试用案例展示

5. 其他线上店铺营销手段

其他线上店铺营销手段有:打折促销、红包/优惠券/满就送、好评上图返现、使用体验、抽奖活动、派送红包转发、拆盲盒、IP联名、秒杀、拼团等,案例可参考图6-2-13。

6. 线上营销宣传

线上营销宣传需注意以下几点。

(1)选对、用对形象代言人:选对契合品牌的代言人,做好借势与其粉丝的互动,才算是成功营销的关键。

(2)善用微信朋友圈:做好朋友圈内视觉营销,善用图片,并匹配合适的文字。

(3)善用微博/头条:善用微博/头条,提高话题参与度,提高流量。

(4)善用抖音等小视频工具。

图 6-2-13　其他线上店铺营销手段案例展示

实施步骤2　了解线上、线下整合营销的优势

人们的生活已经离不开网络,网络营销越来越受到关注,很多企业在推广产品时充分利用线上和线下进行营销。线上、线下整合营销具备以下优势。

（1）线上、线下整合营销渠道多、触点多。

（2）线上、线下联动互补,实现共赢。

（3）方式灵活,形式多样。

（4）划分受众人群,传播更精准。

（5）参与性强,更容易产生消费冲动。

实施步骤3　营销方案设计

通过对新零售整体营销方案设计的学习,肖峰已经熟悉了线上店铺、线下门店的营销内容。根据线上、线下内容的整合,肖峰做了一份整合营销方案,模板如图 6-2-14 所示。大家可以通过参考肖峰营销方案的模板,自己来做一份整合营销方案。

线上线下整合营销参考模板

一、引流+营销
二、线上线下整合营销
三、全面数字化

图 6-2-14　线上线下整合营销参考模板

 任务评价

表 6-6 学习任务评价表

评价项目	评价内容	评价标准	评价方式		
			自我评价	小组评价	教师评价
职业素养	学习积极性	学习态度端正,能积极认真学习(1~10分)			
	学习主动性	能够独立思考,主动完成学任务(1~10分)			
	团队合作意识	与同学协作融洽,团队合作意识强(1~10分)			
专业能力	线上店铺营销	熟练掌握线上店铺营销的特点及方法(1~20分)			
创新能力	提出具有创新性、可行性的建议	加分奖励(1~10分)			
合　计					
指导教师		学生姓名			
日　期					

 阅读拓展

喜茶 威猛先生:内服外用完美去油

喜茶与多个品牌的跨界合作是茶饮行业的经典案例。喜茶与家喻户晓的清洁品牌威猛先生,开展了一场生动形象有趣的跨界营销。在联名款产品中,威猛先生由令人着迷热情黄变成了大片的生机绿,让整个跨界产品充满了生态感。

被称为"现压现榨"的夏季饮料,原料有着油柑鲜果,而威猛先生有着清洁的功效,于是,喜茶充分利用谐音梗,表达出此饮品有着"去油"的效果。这或许就是,联合营销产生奇妙化学反应的有趣之处。

为了实现营销声量与流量的最大化,让整个营销在契合传播主题的基础上,能够让消费者领悟到品牌营销中的深意,此次跨界联合的宣传主题被定为是"内服外用完美去油""内服"喜茶,"外用"威猛先生,给人一种极度清洁的效果。

同时为了降低消费者对品牌营销主题的误会,喜茶与威猛先生还联合推出了一个视频短片,将营销主题中的"去油"用动画的形式表现了出来,让人能够迅速明白品牌想要阐述的内容。并且营销从年轻人的角度出发,"油腻"是一个"贬义词",喜茶的此次联合通过"去油"的

方式与年轻的喜好正好契合,让人看见了一个清爽、有趣的喜茶。以此实现喜茶的这波针对年轻人的营销。

　　此营销内容一出,网友的评论褒贬不一,产生了激烈的讨论。正是这样具有争议的营销,为喜茶与威猛先生的这波营销在社交媒体上形成讨论,产生了话题效应。

项目小结

一、社交媒体营销

社交媒体营销是一个创建内容的过程,可以根据每个社交媒体平台进行内容定制,以推动用户参与和共享。

二、社交媒体的应用

三、内容营销的手段

内容营销一般通过影视、微博、直播、抖音、微视等手段进行营销。

四、视频营销的概念及优势

视频营销是主要基于视频网站为核心的网络平台,以内容为核心、创意为导向,利用精细策划的视频内容实现产品营销与品牌传播目的的营销活动。视频营销成本更低,覆盖更快捷,下单更高效,"存活"时间更久,可以分析衡量效果。

五、营销的概念

营销学是关于企业如何发现、创造和交付价值以满足一定目标市场的需求,同时获取利润的学科。营销学用来辨识未被满足的需要,定义、量度目标市场的规模和利润潜力,找到最适合企业进入的市场细分和适合该细分的市场供给品。

六、传统营销的特征

(1)以消费者需求为中心,实行目标市场营销。

(2)运用市场营销组合手段,全面满足消费者的需求。

(3)树立整体产品概念,刺激新产品开发,满足消费者整体需求。

(4)通过满足消费者需求而实现企业获取利润的目标。

七、新零售营销模式的改变

(1)颜值激发兴趣,让产品自带流量。

(2)单一营销场景转变为多元化的营销场景。

(3)通过个性化营销激发消费欲望。

八、新零售模式的特征——全域营销

全域营销是在新零售体系下以消费者运营为核心,以数据为能源,实现全链路、全媒体、全数据、全渠道的一种智能营销方式。

九、体验营销的优势

(1)直观、全面地展现品牌和产品特色。

(2)线下体验能够通过感官刺激消费者的购买欲望。

(3)互动咨询提升消费者的好感度与满意度。

(4)更好地塑造品牌形象,留下品牌记忆点。

十、线上、线下整合营销的优势

(1)线上、线下整合营销渠道多、触点多。

(2)线上、线下联动互补,实现共赢。

（3）方式灵活,形式多样。

（4）划分受众人群,传播更精准。

（5）参与性强,更容易产生消费冲动。

第 1 关　判断题

1. 社交媒体营销是一个创建内容的过程,可以根据每个社交媒体平台进行内容定制,以推动用户参与和共享。

2. 内容营销本质上是指导如何做营销的一种思维方式。

3. 体验营销是让消费者获得好的体验,使其对产品和品牌产生好感,进而发生消费行为的一种营销方法。

4. 关于新零售营销模式的改变——兴趣激发的描述是否正确:颜值激发兴趣,让产品自带流量。

5. 关于新零售营销模式的改变——多元化的描述是否正确:单一营销场景转变为多元化的营销场景。

6. 关于新零售营销模式的改变——个性化的描述是否正确:通过个性化营销激发消费欲望。

7. 全域营销是在新零售体系下以消费者运营为核心,以数据为能源,实现全链路、全媒体、全数据、全渠道的一种智能营销方式。

8. 菲利普·科特勒用客户管理这个词来精准定义了营销。

9. 营销学是关于企业如何发现、创造和交付价值以满足一定目标市场的需求,同时获取利润的学科。营销学用来辨识未被满足的需要,定义、量度目标市场的规模和利润潜力,找到最适合企业进入的市场细分和适合该细分的市场供给品。

10. 新零售的出现,促使营销模式发生了改变,迎合了时代的需求。

11. 零售是一个全新的时代,在这个时代营销方略也要随之改变,怎样适应时代找到自己的营销之路,将决定你在这个时代所处的位置,以及你可以分走多大的财富。

12. 新零售模式的改变有兴趣激发、多元化、个性化。

第 2 关　单选题

1. 以下选项不属于社交媒体营销方式的是(　　)。
   A. 媒体营销
   B. 口碑营销
   C. 饥饿营销
   D. 免费营销、事件营销

2. 关于社交媒体重要性的相关要素,以下说法错误的是(　　)。
   A. 个人因素
   B. 心理因素
   C. 社会因素
   D. 以上选项都不对

3. 短视频营销的优势有(　　)。

A. 成本低、存活时间久、可以分析衡量效果

B. 下单更高效、覆盖更快捷

C. 成本低、下单更高效、覆盖更快捷

D. 成本低、存活时间久、可以分析衡量效果、下单更高效、覆盖更快捷

4. 是谁提出了需求管理可以精准定义营销？（   ）

　　A. 菲利普·科特勒 　　　　　　　　B. 史玉柱

　　C. 叶茂中 　　　　　　　　　　　　D. 曾仕维

5. 现代营销学之父-菲利普·科特勒,曾用一个词语精准地定义了营销,请问这个词语是什么？（   ）

　　A. 需求管理 　　　　B. 用户管理 　　　　C. 营销管理 　　　　D. 人员管理

6. 传统的营销模式有哪些？（   ）

　　A. 代理商、直营模式

　　B. 代理商、直营模式、传统广告终端

　　C. 直营模式、传统电话销售

　　D. 代理商、直营模式、传统广告终端、传统电话销售

7. 新零售营销模式的改变有哪些？（   ）

　　A. 个性化 　　　　　　　　　　　B. 兴趣激发

　　C. 多元化 　　　　　　　　　　　D. 个性化、兴趣激发、多元化

8. 新零售营销模式的新特征是什么？（   ）

　　A. 全域营销 　　　　　　　　　　B. 传统广告终端

　　C. 传统电话销售 　　　　　　　　D. 直营模式

9. 体验营销的实现方式有哪些？（   ）

　　A. 知觉、情感、思维、行为及其他一些体验方式

　　B. 知觉、情感、思维及其他一些体验方式

　　C. 知觉、情感及其他一些体验方式

　　D. 情感、思维、行为及其他一些体验方式

10. 下列选项属于传统营销弊端的有（   ）。

　　A. 运用市场营销组合手段,全面满足消费者的需求

　　B. 树立整体产品概念,刺激新产品开发,满足消费者整体需求

　　C. 传统广告模式投入大,费用高,回款慢,经营风险大

　　D. 通过满足消费者需求而实现企业获取利润的目标

11. 下列选项属于体验营销优势的有（   ）。

　　A. 直观、全面地展现品牌和产品特色

　　B. 通过感官刺激消费者的购买欲望

　　C. 互动咨询提升消费者的好感度与满意度

　　D. 以上选项都是

12. 线上、线下整合营销的优势不包括（   ）。

　　A. 线上、线下整合营销渠道多、触点多 　　　B. 线上、线下相互独立,互不干扰

　　C. 方式灵活、形式多样 　　　　　　　　　　D. 划分受众人群、传播更精准

13. 新媒体的营销方式不包括(　　　)。

    A. 事件营销　　　　　　B. 饥饿营销　　　　　　C. 口碑营销　　　　　　D. 地推营销

第3关　多选题

1. 内容营销的手段有哪些?(　　　)

    A. 影视　　　　　　　　B. 微博　　　　　　C. 直播　　　　　　D. 抖音/微视

2. 以下属于线上营销策略的有(　　　)。

    A. 优惠券、老会员优惠　　　　　　　　　B. 以老带新、有吸引力的礼品

    C. 微信营销体系　　　　　　　　　　　　D. 推荐返利制度

3. 以下对传统营销的特征说法正确的是(　　　)。

    A. 以消费者需求为中心,实行目标市场营销

    B. 运用市场营销组合手段,全面满足消费者的需求

    C. 树立整体产品概念,刺激新产品开发,满足消费者整体需求

    D. 通过满足消费者需求而实现企业获取利润的目标

4. 体验营销的优势有哪些?(　　　)

    A. 直观、全面地展现品牌和产品特色

    B. 线下体验能够通过感官刺激消费者的购买欲望

    C. 互动咨询提升消费者的好感度与满意度

    D. 更好地塑造品牌形象,留下品牌记忆点

参 考 文 献

1. 廖利军.新零售运营与实践[M].北京：电子工业出版社,2020.
2. 李忠美.新零售运营管理[M].北京：人民邮电出版社,2020.
3. 老夏.新零售实战[M].北京：电子工业出版社,2018.
4. 时胜利.新零售全渠道营销实战[M].北京：人民邮电出版社,2019.
5. 张箭林.新零售模式运营全攻略[M].北京：人民邮电出版社,2019.
6. 付君锐.社区电商新零售时代下的电商变革[M].北京：中国商业出版社,2020.
7. 苗李宁.新零售实体店O2O营销与运营实战[M].北京：化学工业出版社,2018.
8. 任德山 毛双民.中国大历史[M].广州：世界图书出版公司,2020.